PRINCIPES
DE COMPOSITION
ET DE STYLE

SUIVIS D'UNE

ÉTUDE DES GENRES DE LITTÉRATURE

EN VERS ET EN PROSE,

PAR ALFRED BOUGEAULT,

PROFESSEUR DE LITTÉRATURE ET D'HISTOIRE.

SECONDE ÉDITION

Revue et corrigée par l'Auteur.

PARIS,

LIBRAIRIE DE L. HACHETTE ET Cie,

Rue Pierre-Sarrasin, 14, près de l'École de Médecine.

1853.

PRINCIPES
DE COMPOSITION
ET DE STYLE.

SAINT-PÉTERSBOURG ET MOSCOU,

CHEZ LES PRINCIPAUX LIBRAIRES.

SÈVRES. — IMP. DE M. CERF, GRANDE-RUE, 144.

PRINCIPES
DE COMPOSITION
ET DE STYLE,

SUIVIS D'UNE

ÉTUDE DES GENRES DE LITTÉRATURE

EN VERS ET EN PROSE,

PAR ALFRED BOUGEAULT,

PROFESSEUR DE LITTÉRATURE ET D'HISTOIRE.

SECONDE ÉDITION

Revue et corrigée par l'Auteur.

PARIS,

LIBRAIRIE DE HACHETTE ET Cie,

RUE PIERRE-SARRASIN, 12.

1853.

AVERTISSEMENT.

Quel est le but de toute éducation littéraire? C'est enseigner à parler et à écrire avec grâce, avec élé-ance, avec talent; c'est de former le goût et l'imagi-ation; c'est, enfin, d'apprendre à juger sainement les uvrages d'esprit.

La littérature forme donc la base essentielle de utes nos connaissances; elle se mêle à toute notre e : c'est le flambeau de l'intelligence. L'homme en ui n'est pas développé le goût littéraire, a comme n sens de moins : il ne peut participer aux plus ouces et aux plus pures jouissances de la vie intellec-elle.

L'éducation littéraire embrasse l'homme tout entier. lle n'a pas pour but, sans doute, de ne former que des ttérateurs de profession; elle est simplement une ini-ation à la vie de la pensée. Elle n'est ennemie ni des iences ni des arts; au contraire, elle les aide de ses mières; elle grandit en tout l'horizon de l'esprit hu-ain.

L'utilité de la littérature n'est contestée par personne. uels sont les moyens les plus convenables pour développer dans la jeunesse le sentiment littéraire? Il y en a de deux sortes : les uns sont pratiques, les autres théoriques. Les moyens pratiques sont la lecture, l'étude des bons auteurs, et l'exercice de la composition ; les moyens théoriques sont l'étude des règles de l'art d'écrire et l'histoire critique de la littérature.

Selon nous, il faut faire marcher de front ces diverses études, qui doivent s'éclairer et se soutenir mutuellement pour aboutir au même résultat. La théorie n'est rien sans la pratique, nous le savons; les poétiques et les rhétoriques ne suffiront jamais, seules, pour former un poète ou un orateur. Mais on ne peut nier que les préceptes ne soient aussi d'une utilité indispensable pour diriger les premiers essais de la jeunesse, pour éclairer son goût et former son jugement ; autrement, il faudrait supposer que l'art d'écrire peut être livré à l'arbitraire, et que le caprice, le hasard doit être le seul maître en fait d'éducation. Tout art, toute science a des principes, des règles dont on ne peut s'écarter impunément ; sans cela, le bon goût ne serait plus qu'un mot vide de sens. Étudier les préceptes en même temps que la pratique, c'est la condition indispensable du succès.

De plus, il y a dans un art, quel qu'il soit, des termes de convention, une nomenclature adoptée, une langue particulière qu'il faut apprendre pour s'initier aux secrets de cet art. La technologie littéraire est d'un usage commun, mais elle n'est pas toujours bien comprise. Combien n'avons-nous pas vu de jeunes élèves se servir des mots *goût*, *imagination*, *talent*, *génie*, *beau*, *sublime;* parler de la *poésie lyrique*, de l'*élégie*, de l'*épopée*, etc. ; et quand on leur demandait une explication précise de chacun de ces objets, rester court, ou balbutier des non sens !

Le livre que nous présentons aujourd'hui à la jeunesse renferme deux parties distinctes qui peuvent s'étudier simultanément : la première est une *théorie générale de l'art d'écrire;* la seconde, *une étude des genres de littérature* en vers et en prose. Nous avons cherché à y rendre les idées littéraires aussi simples, aussi claires que possible. Nous croyons cet ouvrage utile aux élèves qui, après avoir terminé les classes de grammaire, veulent commencer un cours suivi, raisonné, progressif de littérature, où la pratique s'appuie constamment sur les préceptes.

L'histoire de la littérature, si intéressante et si utile quand elle est bien faite, suppose toujours une connaissance suffisante des principes de l'art d'écrire, et des genres tant en vers qu'en prose ; sinon elle est peu profitable, et souvent même inintelligible. Comment analyser Corneille, Racine, Molière, si l'on ne connaît pas les règles principales de l'art dramatique; Bossuet, si l'on ne sait ce que c'est que l'éloquence; J.-B. Rousseau, Lamartine, si l'on n'a pas étudié la nature et les formes de la poésie lyrique; Bernardin de Saint-Pierre, Châteaubriand, Delille, si l'on n'a une idée du genre didactique et descriptif? Préciser ses idées, se rendre compte de ses connaissances; c'est le seul moyen de les fixer à jamais dans son esprit.

Voilà pourquoi, dans cet ouvrage, nous avons voulu être à la fois court et complet. Nous y avons exposé tout ce qui peut servir de base aux études littéraires. Nous en avons banni toute citation latine. Les textes que nous donnons comme exemples à l'appui des règles sont généralement courts ; il eût été facile de les multiplier et de les étendre ; mais les chrestomathies sont toujours là pour fournir au besoin des modèles.

La plupart des traités sur l'art d'écrire sont des rhétoriques où l'on enseigne fort au long la manière de composer un discours. Mais l'enseignement littéraire n'a pas pour but de ne former que des orateurs. Combien peu de jeunes gens trouvent dans la suite l'application de ces préceptes ! Quelles sont les femmes qui ont à écrire des oraisons à la manière de Cicéron et de Démosthène? Ces exercices, il est vrai, sont excellents pour former la pensée et le style; mais il ne faut pas se renfermer exclusivement dans le discours; surtout il ne faut pas débuter par là, car c'est le genre de composition le plus difficile.

Nous avons voulu, dans la première partie, généraliser l'enseignement de l'art d'écrire. Nous avons fait une part pour la rhétorique et le discours, mais brève et succincte. Nous avons donné une place convenable au style épistolaire. Enfin, après avoir posé les règles de la description, de la narration et de la dissertation, nous avons parlé de l'analyse critique, en en donnant un modèle qui puisse guider dans ce genre de travail : nous recommandons cet exercice comme un excellent moyen de former le goût et le jugement.

La seconde partie, qui contient l'étude des genres, est précédée d'une sorte d'esthétique générale. Nous y parlons de la poésie, non pas seulement comme forme littéraire, mais aussi comme expression suprême de la création divine et des créations humaines dans tous les arts; nous la montrons partout, comme l'auréole de l'inspiration et de l'imagination dans le *génie* et le *talent*. Nous cherchons à préciser ce qu'on entend par *idéal*; ce que c'est que le *beau* et le *sublime*, soit dans la nature, soit dans leur rapport avec la poésie et les arts. Puissions-nous avoir rendu ces notions assez nettes et assez claires pour qu'elles soient accessibles à tous et faciles à retenir !

Après avoir exposé une étude complète des genres de composition en vers, nous avons introduit un abrégé des règles de la versification française. Nous croyons cette étude d'une utilité incontestable, non pour former des poètes, — les vrais poètes sont aussi rares que les fleurs de l'aloès, — mais pour donner à la jeunesse une idée de l'harmonie du vers. On ne peut ni bien lire ni bien comprendre la poésie française, si l'on n'a pas quelques notions de la prosodie. Qui empêcherait même d'exercer les élèves au mécanisme du vers? On fait bien faire aux jeunes gens, dans nos colléges, de mauvais vers latins pendant plusieurs années. En faisant comprendre aux élèves que de mauvais vers français ne sont pas de la poésie, on les garantirait peut-être pour toujours de la manie de rimer; ils auraient plus d'oreille, plus de goût, et moins de prétentions.

L'étude des genres en prose qui termine l'ouvrage renferme un tableau complet de l'éloquence, de l'histoire et du roman; nous avons fait un historique de ce dernier genre, dont nous avons signalé avec soin les dangers et les abus.

Sur l'observation qu'on nous a faite que nous avions été trop sobre de citations et d'exemples, nous avons ajouté, dans cette seconde édition, un certain nombre de morceaux littéraires pour appuyer les préceptes; pourtant nous supposons toujours, ou que les élèves ont entre les mains une chrestomathie, ou que le maître y supplée par des lectures choisies d'après son goût et selon les besoins des élèves.

PREMIÈRE PARTIE.

PRINCIPES

DE

COMPOSITION ET DE STYLE.

CHAPITRE PREMIER

DE L'ART DE LA COMPOSITION EN GÉNÉRAL.

La composition littéraire est le talent de *trouver* des idées, de les *disposer* avec ordre, et de les *exprimer*, de les revêtir d'un style convenable.

On voit par cette définition qu'il y a nécessairement trois opérations à faire en composant : l'*invention*, la *disposition* et l'*élocution*.

1° L'invention consiste à trouver ce que l'on doit dire. Si le sujet a été indiqué à l'avance, il faut le méditer profondément, afin d'en pénétrer toutes les parties. Cette méditation, en échauffant l'imagination, mettra en mouvement les idées, fera revivre les souvenirs, et fournira les ressources nécessaires pour préparer l'ensemble du travail.

2° La disposition a pour but de mettre en ordre les idées fournies par l'invention, c'est-à-dire de tracer le plan général que l'on doit suivre, de manière que chaque chose soit mise à sa place, que les idées s'enchaînent naturellement : de cet ordre naît la clarté, et les *transitions* d'une partie à l'autre se présentent d'elles-mêmes.

3° L'*élocution*, qu'on appelle aussi *style*, consiste à exprimer ses idées par la parole ou par l'écriture. Quand on a travaillé son sujet par la réflexion et qu'on en a disposé les parties avec ordre, le moment est venu de se livrer à l'élan de l'esprit et de l'imagination. Si l'écrivain a bien médité son sujet, s'il s'est fait un plan, « il s'apercevra aisément, dit Buffon, de l'instant auquel il doit prendre la plume ; il sentira le point de maturité de la production de l'esprit ; il sera pressé de la faire éclore ; il n'aura même que du plaisir à écrire ; la chaleur naîtra de ce plaisir, se répandra partout, et donnera de la vie à chaque expression ; tout s'animera de plus en plus ; le sentiment se joignant à la lumière, l'augmentera, la fera passer de ce qu'on a dit à ce qu'on va dire, et le style deviendra intéressant et lumineux. »

Il est donc important de profiter de ce premier mouvement de verve qui suit la méditation ; il est ordinairement fécond en sentiments vifs, en pensées nobles et élevées ; c'est une flamme qui est d'autant plus précieuse qu'elle dure moins longtemps. Combien de chefs-d'œuvre littéraires et artistiques sont dus à cette inspiration, quand elle s'est manifestée chez des hommes de génie !

Mais quand même on ne sentirait pas cet entraînement qui porte à écrire, ce n'est pas une raison pour abandonner la composition : bien des personnes attendraient en vain l'inspiration du ciel ; elle n'est accordée qu'à un petit nombre d'élus. La plupart du temps la composition est un travail lent et réfléchi, auquel doit présider la volonté ferme de réussir. Sans cette volonté énergique, qui soutient le travail et l'étude, il est impossible d'arriver au succès.

D'ailleurs il s'agit surtout, en écrivant, non de faire vite, mais de faire bien. De la précipitation naissent forcément beaucoup d'imperfections dans l'ensemble et d'incorrections dans les détails. C'est pour cela que Boileau enseignait à Racine à faire *difficilement des vers faciles.* La légèreté dans le travail ne produit jamais que des œuvres faibles et médiocres. Les discours de Démosthène *sentaient l'huile*, disaient ses adversaires : aussi ont-ils conquis l'admiration des siècles.

C'est pourquoi ce premier travail de la composition ne suffit pas ; celui qui s'en contenterait prouverait qu'il a l'esprit léger et présomptueux, et en même temps qu'il s'inquiète peu de se perfectionner dans l'art d'écrire. Il faut donc revenir sur son ouvrage, le corriger, le polir, le limer avec le plus grand soin :

> Polissez-le sans cesse et le repolissez ;
> Ajoutez quelquefois, et souvent effacez.
>
> BOILEAU, *Art poét.*

Il est impossible que, dans le premier jet, une quantité de fautes ne nous soient échappées : ce sont des constructions embarrassées, des mots répétés ou impropres, parfois même des pensées fausses ; il s'agit de faire disparaître tous ces défauts. Le travail de la révision est donc d'une importance extrême : il faut se juger soi-même sévèrement, examiner l'ensemble et les détails, retrancher, ajouter, éclaircir selon le besoin, et même recommencer, s'il est nécessaire. C'est ainsi qu'en ont usé tous les grands écrivains qui ont voulu arriver à la perfection. Buffon, à l'âge de soixante ans, disait qu'il apprenait encore tous les jours à écrire. Les jeunes gens qui se contentent de jeter leurs idées sur le papier, sans réflexion, sans ordre, qui ne relisent pas avec un soin scrupuleux leurs compositions, peuvent être assurés que leurs progrès seront nuls, et qu'ils écriront toujours mal.

Il ne faut pourtant pas tomber dans l'excès contraire, et corriger sans cesse de manière à enlever à un ouvrage son

1.

animation, son naturel, sa facilité : il y a des bornes à tout.

> Souvent la peur d'un mal nous conduit dans un pire.
>
> BOILEAU.

§ I. DES QUALITÉS NÉCESSAIRES A LA COMPOSITION.

Pour arriver à bien écrire, il faut observer certaines règles, sans lesquelles la composition serait un exercice peu profitable ; les principales sont : 1° l'*unité*, 2° l'*ordre*, 3° la *convenance*.

1° Aucune œuvre n'est parfaite si elle ne possède l'*unité*, c'est-à-dire si les diverses parties ne forment un tout homogène, où rien ne soit disparate ni choquant. C'est cet ensemble qui constitue l'harmonie. Ce qui rend admirable les œuvres du Créateur, c'est l'unité harmonieuse qui y brille : cherchons à reproduire cette harmonie dans nos ouvrages, et nous parviendrons à la beauté.

Pour qu'une composition soit *une*, il faut que toutes ses parties se rapportent à un centre commun, c'est-à-dire à une idée ou à un fait général. On ne doit jamais perdre le sujet de vue ; il faut éviter les digressions qui nous jetteraient à côté, et rendraient la composition obscure et traînante.

L'unité n'empêche pas de mêler au sujet la variété, si cela est nécessaire : on évite ainsi l'uniformité et la monotonie ; c'est le bon sens et le goût qui doivent guider en cela.

A l'unité de matière, il faut joindre l'unité de ton et de style ; si l'on commence d'une manière gaie et enjouée, il ne faut pas prendre tout-à-coup une allure froide et sévère ; le style de la comédie choquerait dans la tragédie, et réciproquement.

2° L'*ordre* naît de l'unité. Si toutes les parties de la composition s'enchaînent et vont au même but, les idées se rangent d'elles-mêmes dans un ordre naturel ; cette liaison produit la clarté, et de la clarté naît l'intérêt, marque infaillible de succès.

Si la composition est bien ordonnée, on évitera les longueurs, qui rebutent l'attention du lecteur, et lui causent de la fatigue et de l'ennui à la place du plaisir qu'il croyait trouver.

3° La *convenance* consiste à se conformer aux exigences du sujet que l'on traite, à tenir compte de sa propre position et du but que l'on veut atteindre. Il est plus facile à chacun de sentir les convenances que de les expliquer dans un livre théorique, car elles peuvent varier à l'infini, selon les circonstances.

Par exemple, si le sujet est léger, il ne faut pas le traiter en style grave et pompeux; on ne doit pas raisonner là où il convient d'exprimer du sentiment. Le théâtre grec, admirable en soi, ne serait pas goûté sur notre scène ; une fable doit être courte, sinon elle perd son charme et ennuie le lecteur.

Evitez aussi de développer certaines parties au détriment des autres, mais donnez à chacune une étendue convenable : c'est surtout de la justesse des proportions que naît l'harmonie de l'ensemble.

Il arrive souvent qu'avant d'aborder le sujet on se lance dans de longs détours, on s'enfonce dans les antécédents, on développe outre mesure le préambule, et puis le temps ou les idées manquent pour traiter le sujet lui-même : c'est comme si l'on faisait une statue qui aurait une tête monstrueuse et un corps maigre et fluet. Pour éviter cet écueil, tracez-vous un plan général, et entrez aussitôt dans le vif de la question.

> Le sujet n'est jamais assez tôt expliqué.
>
> BOILEAU.

CHAPITRE II.

MOYENS DE SE PRÉPARER A LA COMPOSITION.

Il y a plusieurs moyens de se préparer à la composition. Distinguons d'abord la *préparation immédiate* et la *préparation éloignée.*

§ I. PRÉPARATION IMMÉDIATE.

Nous avons dit plus haut que la première condition pour écrire est de méditer à fond son sujet, de *réfléchir* dans le calme et le silence de l'esprit, pour trouver ce que l'on doit dire. On ne peut trop recommander aux jeunes gens cette réflexion préliminaire, sorte de gymnastique intellectuelle qui formera leur jugement en excitant leur imagination : tout dépend de là, facilité, succès, et plaisir dans les études.

« C'est, dit Buffon, pour n'avoir pas assez réfléchi sur son sujet qu'on se trouve embarrassé, et qu'on ne sait par où commencer à écrire... Pour bien écrire, il faut pleinement posséder son sujet... Pour peu qu'il soit compliqué, il est bien rare qu'on puisse l'embrasser d'un coup-d'œil, ou le pénétrer en entier d'un seul et premier effort : on ne peut donc trop s'en occuper ; c'est le seul moyen d'affermir, d'étendre et d'élever ses pensées : plus on leur donnera de substance et de force par la méditation, plus il sera facile de les réaliser ensuite par l'expression. »

On peut être embarrassé de commencer son travail, soit parce qu'on entrevoit à la fois un grand nombre d'idées, soit parce que le sujet paraît aride, difficile, et qu'on ne trouve rien à dire.

Dans le premier cas, il est bon de jeter à la hâte et en abrégé sur le papier les diverses pensées qui s'offrent à l'esprit; on fera ensuite un choix, on tracera son plan d'après ce canevas improvisé; et l'on se mettra ensuite à écrire dans un ordre convenable.

Dans le second cas, il faut stimuler son esprit, en secouer la paresse, creuser ses souvenirs, ses impressions, ses lectures passées, chercher tout ce qui se rattache de près ou de loin au sujet indiqué; et si l'on y met de la bonne volonté, on ne restera jamais à sec, on sera même étonné de voir le sujet se féconder comme de lui-même.

Nous avons dans l'esprit beaucoup plus de ressources que nous ne pensons: il faut avoir en soi-même quelque confiance, se mettre à l'œuvre sans trop craindre de mal faire, et se persuader que si l'on ne réussit pas tout d'abord, c'est faute d'exercice et de pratique: tout viendra avec le temps, le travail et la persévérance.

> D'abord il s'y prit mal; puis un peu mieux, puis bien;
> Puis enfin il n'y manqua rien.
>
> LA FONTAINE.

Écrire n'est pas créer dans le sens propre du mot; c'est presque toujours se souvenir, et combiner les idées que l'on a acquises dans la société, dans la lecture, dans l'étude; il n'y a que les hommes de génie qui créent véritablement, et les hommes de génie sont rares. Les premiers essais de composition d'un élève ne sont ordinairement que des imitations, des réminiscences: c'est la marche de la nature. Plus tard, quand l'esprit est mûr et formé, on peut arriver à se faire une manière à soi, originale et indépendante.

Un bon moyen de donner à l'imagination l'impulsion dont elle manque, c'est de lire, avant de composer, quelques passages d'un bon auteur, analogues au sujet que l'on doit traiter; les chrestomathies fournissent toujours des morceaux de ce genre. On se met ainsi en train, et les idées viennent plus facilement. Si l'on a à traiter un sujet historique, il est bon de lire dans un historien les faits relatifs à l'époque ou aux évènements dont il est question. Si c'est un discours, il faut se mettre en esprit dans la situation même du personnage qu'on fait parler. Si c'est une narration, une description, il faut se figurer que l'on *voit* ce qu'on raconte ou ce qu'on peint. On écrira ainsi avec vérité, avec charme ; le style prendra la couleur locale; enfin les difficultés s'aplaniront.

L'*imitation* est l'exercice le plus profitable à ceux qui débutent dans la composition, surtout quand ils écrivent dans une langue étrangère avec laquelle ils ne sont pas entièrement familiarisés. C'est le meilleur moyen de se former à la fois la pensée, le jugement et le style ; on se pénètre peu à peu des tours, des images, de l'harmonie des bons auteurs ; on s'enrichit la mémoire ; le goût se forme ; on acquiert le sentiment du beau, qui est l'idéal auquel doivent aspirer tous les arts. On peut ensuite voler de ses propres ailes.

Un exercice d'imitation dont un élève studieux peut tirer un grand profit, c'est celui qui consiste à lire avec attention des morceaux choisis, et à les reproduire ensuite soi-même, en s'efforçant de suivre, soit de près, soit de loin, la marche de l'auteur, ses idées et son style. Cette méthode n'est pas nouvelle, puisque Cicéron la conseille dans son dialogue de l'*Orateur*.

Les recueils de morceaux choisis ne manquent pas pour s'aider dans ce travail : c'est au maître à en régler l'application d'après la force et les facultés de l'élève. Peu d'exercices sont à la fois plus faciles et plus profitables ; il n'y a même guère d'autre moyen d'initier les commençants aux secrets de la composition. Les livrer tout d'abord à eux-mêmes, c'est les décourager; ils feront des efforts inutiles, et se persuaderont qu'il leur est impossible d'écrire. Après s'être exercés quelque temps à reproduire un

modèle, ils s'habitueront à penser par eux-mêmes; ils n'imiteront plus que de loin; ils pourront transporter dans un autre genre les pensées de l'auteur; enfin ils se sentiront assez forts pour traiter sans secours tous les sujets qu'on pourra leur proposer. C'est alors qu'ils pourront acquérir une manière à eux, et s'élever jusqu'au vrai talent.

Il va sans dire que toute composition ou imitation doit être soumise à la correction d'un maître; c'est une condition essentielle de progrès; sans cela, on retomberait toujours dans les mêmes fautes sans s'en apercevoir:

Un sage ami, toujours rigoureux, inflexible,
Sur vos fautes jamais ne vous laisse paisible.

BOILEAU.

§ II. PRÉPARATION ÉLOIGNÉE.

J'entends par préparation éloignée tout ce qui peut contribuer à développer l'intelligence de la jeunesse, à orner sa mémoire et son cœur, à former son jugement, son goût et son style. Ce résultat s'obtient; 1o par l'*étude et l'observation* en général; 2o par la *lecture;* 3o par la *traduction;* 4o par la *conversation*.

1o L'étude et l'observation.

On ne peut écrire que sur ce que l'on *sait*; or le savoir s'obtient par l'étude; de même l'enfant ne peut parler qu'en apprenant des mots et en les appliquant aux choses, ce qui lui donne des *idés*.

Tout ce que nous apprenons, à mesure que nous avançons en âge, forme ce qu'on appelle l'*instruction*. Le mot *éducation* désigne plus particulièrement le développement moral et les manières qui distinguent une personne bien élevée.

L'instruction peut s'acquérir partout, dans l'étude de la nature, dans les livres, dans les voyages, dans nos rapports avec le monde :

> Quiconque a beaucoup vu
> Peut avoir beaucoup retenu.
>
> La Fontaine.

L'étude suppose toujours l'observation : on n'acquiert de solides connaissances qu'en réfléchissant beaucoup, en cherchant à se rendre compte de tout ce qu'on voit, en remontant des effets aux causes.

Écrire, c'est exprimer ce que l'on sait : plus un écrivain est instruit, plus il a de facilité pour écrire, plus il trouve d'idées applicables au sujet qu'il traite. Il est sans doute impossible de tout savoir, d'embrasser à la fois les sciences, les arts et les lettres : il est même certain qu'en voulant trop étendre son instruction, on ne peut rien approfondir, on n'acquiert que des connaissances superficielles : l'étude doit toujours nous conduire à une spécialité, sinon nous devenons impropres à exercer une fonction sociale, et nous sommes condamnés à ramper dans la médiocrité.

Mais, tout en nous adonnant à une étude particulière, nous devons chercher à acquérir des connaissances générales, qui ne nous laissent rien ignorer de ce que tout le monde sait, et nous permettent de figurer avec honneur dans la société. C'est pour cela que dans l'éducation même des jeunes personnes on introduit de nos jours, outre les arts, des notions élémentaires de diverses sciences. Plus l'âme est cultivée, plus elle sent sa noblesse, mieux elle comprend Dieu, mieux elle sait goûter ce qui est beau et bon.

La nature est le grand livre que nous ne devons jamais nous lasser d'étudier ; c'est une source intarissable d'idées et d'émotions ; elle nous en apprend plus que les auteurs, et surtout elle donne à nos pensées plus de fraîcheur et de justesse. Si nous avons à décrire les phénomènes de la nature, les splendeurs du soleil à son lever ou à son coucher, la lumière se jouant en mille nuances autour de notre globe, le calme d'une belle nuit, un orage, la mer et ses mille aspects merveilleux, la campagne et ses charmes enivrants ; si nous voulons peindre l'homme et la société avec les vertus, les passions ou les travers qui nous présentent sans cesse un drame ou une comédie vivante, il vaut mieux interroger notre mémoire et nos impressions que les livres ; nos compositions auront une couleur plus vraie, nous y ferons circuler davantage la chaleur et la vie.

La jeunesse doit aussi s'exercer à sentir, à apprécier, à juger les beaux-arts, quand même elle ne serait pas appelée à les cultiver. Sans être peintre, musicien, sculpteur ou antiquaire, on peut apprendre à connaître ce qui constitue le mérite et la beauté d'une peinture ou d'une statue, à se laisser émouvoir par les accords de l'harmonie musicale, à admirer les monuments de l'architecture chez les différents peuples et dans les divers styles qui ont produit des chefs-d'œuvre.

Ne restons pas non plus étrangers aux merveilles de l'industrie moderne, aux prodigieuses découvertes qui agrandissent chaque jour le domaine de la science, et tendent à transformer les rapports des hommes entre eux ; visitons les ateliers, les manufactures ; cherchons à nous faire expliquer les procédés et les machines qui ont centuplé la puissance humaine : toutes ces connaissances, en satisfaisant notre curiosité, ouvriront à notre imagination des perspectives sans bornes.

Laissons-nous enflammer d'une noble ardeur pour la famille, la patrie et l'humanité. L'amour de nos semblables chassera de nos cœurs l'égoïsme, vile passion qui éteint toute impulsion généreuse, et dessèche dans leur germe les plus beaux sentiments. La famille nous présentera l'image du bonheur et des vertus domestiques. La patrie est une autre famille à laquelle nous devons aussi amour, dévouement et respect. L'humanité nous montrera dans tous les hommes des frères qui ont, comme nous, une destinée immortelle.

Enfin, descendons au fond de notre âme, pour y sentir palpiter et vivre cette partie immortelle de nous-mêmes, qui nous rapproche de Dieu. Étudions ces facultés intellectuelles qui nous font sentir, penser et raisonner ; donnons-leur une direction juste et élevée ; écoutons la voix infaillible de la conscience, qui nous fait toujours discerner le bien du mal : cette loi morale, en épurant nos cœurs, fortifiera aussi notre esprit.

Laissons surtout notre âme s'émouvoir à la voix douce et pénétrante de la religion. Ne perdons pas de vue un instant l'Être infini, puissant et bon, source éternelle de beauté, d'amour et d'intelligence ; c'est de lui que tout vient, c'est à lui que tout doit remonter par une aspiration naturelle d'adoration et de reconnaissance. La religion est la science suprême de la vérité : elle seule peut révéler l'origine et le but de notre existence ; elle élève nos cœurs à Dieu par la *foi*, elle les touche et les enflamme par la *charité*, elle les soutient par l'*espérance*, en proposant comme récompense à nos vertus une immortalité de bonheur. Quelle source abondante de pensées et de sentiments pour l'écrivain qui se laisse aller à ces bienfaisantes inspirations !

2° *La lecture.*

La lecture est le moyen qui conduit le plus directement et le plus sûrement à l'art d'écrire. Elle développe le fond de nos connaissances, elle les agrandit ; elle nous forme à la fois le cœur et l'esprit ; elle nous initie aux secrets de la langue et aux finesses du style ; enfin, elle nous offre des modèles variés de composition. En lisant, nous devons faire comme les abeilles, qui vont picorer les fleurs, s'arrêtant aux plus parfumées, et puisant de çà, de là, ce miel délicieux qu'elles vont ensuite déposer dans leurs rayons.

De même que les abeilles savent faire un choix parmi les fleurs, nous devons choisir avec soin nos lectures : il y a des fleurs vénéneuses, il y a des livres où circule le poison.

Il en est des livres comme des amis : un petit nombre suffit ; ce n'est pas la quantité, mais la qualité que nous devons rechercher. Attachons-nous aux bons modèles, à ces ouvrages que l'admiration universelle et une critique éclairée nous signalent comme dignes de fixer notre attention. *Il faut*, dit Pline, *lire beaucoup, mais non beaucoup de choses*. Celui-là réussira le mieux dans l'art d'écrire, qui aura lu le plus souvent et avec le plus de fruit un petit nombre d'excellents ouvrages, et moins d'ouvrages médiocres.

Il faut rechercher, non les ouvrages les plus amusants, mais les plus utiles. Ce conseil ne plaît pas toujours à la jeunesse, qui ne voit souvent dans la lecture, qu'un amusement pour son imagination frivole ; mais en mûrissant, elle en comprendra la justesse, et finira par mépriser les livres futiles qui l'ont enthousiasmée un instant. Les mauvais livres gâtent le cœur et le goût : ils n'apprennent rien ; ils égarent l'imagination et faussent le jugement. Ceci s'applique surtout à ce déluge de romans écrits à la hâte, qui inondent les littératures modernes. Je plains celui qui ne sait pas mieux utiliser son temps et ses loisirs.

Mais, dira-t-on, quels livres choisir ? Les bons ouvrages ne manquent pas. Consultez un maître, un ami sage et éclairé ; il vous indiquera ceux qui conviennent le mieux à votre âge, à vos études, à l'état de votre âme et de votre esprit. Choisissez de préférence les ouvrages historiques ; vous apprendrez à y connaître les hommes et les peuples, et en même temps à vous connaître vous-même. L'histoire est l'étude de la vérité : on y trouve à la fois le drame, le roman, la philosophie et l'éloquence. Lisez les poètes qui ont le mieux peint l'homme et la nature, leurs riantes images vous délasseront l'esprit ; lisez aussi les critiques célèbres, pour vous habituer à juger avec goût les œuvres littéraires ; ne dédaignez pas les orateurs et les moralistes ; ne reculez pas devant un livre sérieux : vous n'aurez pas à regretter votre temps et vos peines.

Lisez avec attention, avec réflexion, et non à la hâte, pour arriver à la fin du volume : relisez plusieurs fois les livres ou les passages qui vous auront frappé ; vous en comprendrez mieux les beautés ; votre goût se formera rapidement. Appliquez-vous à saisir le plan, la marche de l'auteur, le but qu'il veut atteindre, la vérité, la justesse des pensées et du style. Si vous suivez ces conseils, vous parviendrez infailliblement à savoir écrire.

Bossuet était rempli de la lecture de la Bible ; Démosthène copia plusieurs fois de sa main toute l'histoire de Thucydide, pour s'identifier avec son style.

3° *La traduction.*

La *traduction* est aussi l'un des meilleurs exercices pour former le style, parce qu'elle met à la fois en mouvement l'intelligence, pour comprendre le sens d'une langue étrangère ; le goût, pour saisir les beautés de l'auteur ; le style, pour chercher à le bien rendre. La plupart des grands écrivains se sont exercés à la traduction, et en ont tiré les plus grands fruits. Une bonne traduction n'est jamais l'œuvre d'un écrivain médiocre. Cette lutte des mots contre les mots, des pensées contre les pensées, exerce au plus haut point la sagacité de l'esprit, fait connaître les finesses du langage, le mécanisme du style, les secrets et les ressources de l'art d'écrire ; c'est une gymnastique éminemment propre à développer le talent, et à comprimer les écarts fougueux de l'imagination.

Traduire n'est pas imiter, c'est se rapprocher autant que possible de l'original, le rendre avec fidélité, précision, par des mots qui aient le même sens, ou par des expressions équivalentes ; il faut reproduire non-seulement le sens des idées, mais encore le génie de l'écrivain, la couleur de sa pensée et de son style; c'est ainsi seulement qu'une traduction peut être utile et agréable.

4° La conversation.

La première éducation de l'enfant se fait par la conversation, mais les connaissances sérieuses ne nous viennent guère par cette voie ; les causeries du monde sont généralement superficielles : on peut toutefois y acquérir la connaissance des hommes et des caractères, une manière élégante de s'exprimer, les grâces de la politesse et du bon ton. Si l'on est observateur, on fera son profit de mille choses qui passent inaperçues pour un esprit volage et distrait. Le devoir des jeunes gens dans le monde, c'est de savoir écouter et se taire à propos.

Un genre d'exercice qui réunit à la fois l'utilité de la lecture et le charme de la conversation, c'est de lire, non pas seul, mais avec une personne qui soit en état de sentir les beautés ou les défauts du livre, et de vous communiquer ses impressions.

« J'aime la lecture en général, dit La Rochefoucauld ; celle où il se trouve quelque chose qui peut façonner l'esprit et fortifier l'âme est celle que j'aime le plus,

Surtout, j'ai une extrême satisfaction à lire avec une personne d'esprit; car, de cette sorte, on réfléchit à tout moment sur ce qu'on lit, et des réflexions que l'on fait, il se forme une conversation la plus agréable du monde et la plus utile. »

Si l'esprit des jeunes gens a été bien préparé par les moyens que nous venons d'indiquer, ils acquerront promptement le sentiment du *beau* et du *bon*, qui est le but de tous les arts ; et ils aimeront la *littérature*, les *bonnes lettres*, comme disaient les anciens, les *belles-lettres*, comme disent les modernes. C'est là qu'ils apprendront à penser avec noblesse, à parler avec élégance ; ils sentiront en eux, par cette culture de l'âme, une élévation de sentiments, une puissance de pensée, une satisfaction intime qui leur feront mépriser le vice et chérir la vertu : c'est par là qu'ils verront grandir en eux l'*imagination*, le *goût* et le *talent*.

§ III. DE L'IMAGINATION ET DES IMAGES.

L'imagination est cette faculté de l'âme par laquelle on saisit vivement les objets absents ou présents, fictifs ou réels, pour les modifier, les embellir, les représenter à son gré.

L'imagination de l'écrivain ou de l'artiste est d'autant plus forte que son âme est plus sensible. Celui qui sent vivement, exprime sa pensée avec énergie, avec chaleur ; il s'inspire en composant; son sujet lui apparaît avec des couleurs variées, sa pensée se produit par de vives et brillantes *images*. C'est surtout dans la poésie et dans les arts que l'imagination peut déployer ses richesses.

Mais il faut savoir régler cette faculté capricieuse : si on la laisse dominer exclusivement, elle nous emporte au-delà des bornes, et nous jette dans de bizarres et folles extravagances. L'imagination doit toujours marcher d'accord avec la raison, et c'est même celle-ci qui doit guider l'autre.

Un des effets de l'imagination, c'est d'animer le style d'*images* saisissantes; il y a image quand le mot ou la phrase peint quelque chose à l'esprit. L'image est donc un tableau. Quand le style est revêtu d'images, il prend de la couleur et de l'éclat : on dit alors qu'il est *pittoresque.*

Les images peuvent se rencontrer dans tous les genres de composition, mais elles sont surtout à leur place dans les genres élevés, dans l'éloquence et dans la poésie; sans images, la poésie est froide, nue et décolorée, ou plutôt elle n'existe pas.

C'est par image que l'on dit l'*or* des moissons, l'*émail* des prés, le *feu* de la colère. Il y a image dans ces vers de la Fontaine :

> Un jour sur ses longs pieds, allait, je ne sais où,
> Le héron au long bec emmanché d'un long cou.

dans cette phrase de Bossuet :

> « L'univers allait s'enfonçant dans les ténèbres de l'idolâtrie. »

Relisons la touchante élégie de Millevoye, intitulée *la Chute des feuilles*, nous verrons que ce qui en fait le plus grand charme, ce sont les images.

> De la *dépouille* de nos bois
> L'automne avait jonché la terre :
> Le bocage était sans *mystère*,
> Le rossignol était *sans voix*.
> Triste et mourant à son *aurore*,
> Un jeune malade, à pas lents,
> Parcourait une fois encore
> Le bois cher à ses *premiers ans*.
> Bois que j'aime, adieu! je *succombe*,

Votre deuil me prédit mon sort....

....

Les images doivent être justes, claires et naturelles. Une des plus fréquemment employées est celle qui suppose une ressemblance dans les objets, et une comparaison qui se fait dans l'esprit; les rhéteurs la nomment *métaphore*. Si la comparaison est fausse ou forcée, l'image est obscure ou mauvaise. Il ne faut pas courir après les images, ni en surcharger son style. Que dit-on d'une parure bigarrée de toutes les couleurs? Qu'elle est de mauvais goût. Il en est de même d'un style trop imagé. La simplicité est le vrai caractère de la beauté.

Il ne faut pas confondre les images avec les figures, dont nous parlerons plus loin; toutes les images ne sont pas des figures.

§ IV. DU GOUT.

Le *goût* peut se définir : le sentiment exquis de ce qui est beau.

Pour que le goût soit pur, il doit offrir la *justesse* de l'esprit combinée avec la *délicatesse* du sentiment.

Une personne d'un goût sûr et délicat saisit vivement les beautés et les imperfections d'un ouvrage; un instinct de l'âme les lui fait sentir; la réflexion s'y mêle, et le jugement suit aussitôt.

Le goût a donc son origine dans l'amour du beau. Tous les hommes le possèdent en principe, mais il a besoin d'être formé par l'étude et par l'éducation. Il n'est personne qui ne sente une impression de plaisir à l'aspect des magnificences de la nature, qui ne soit ému par un beau tableau, par une musique harmonieuse; chacun se plaît à une belle représentation dramatique, à la lecture d'un beau livre. Mais voyez comme les émotions sont différentes, comme le plaisir est varié! l'homme instruit, dont le goût est perfectionné par l'étude, découvre mille beautés, mille nuances délicates qui échappent aux esprits sans culture ; il les savoure avec délices, tandis que les autres n'en ont qu'un sentiment confus et incomplet.

Tous les préceptes du monde ne suffisent pas pour donner du goût ; c'est par l'étude et par la comparaison des modèles qu'il se forme : l'enseignement du maître consiste à faire ressortir les beautés, à les montrer aux yeux des élèves, à exciter en eux la délicatesse du sentiment, à former leur jugement par une critique éclairée et impartiale. Nulle étude n'est plus avantageuse sous ce rapport que l'histoire de la littérature, sous la direction d'un guide éclairé. En passant en revue les meilleures œuvres littéraires d'une nation, le jugement et la sensibilité s'exercent, se perfectionnent par un travail de choix et d'exclusion ; le goût acquiert un degré remarquable de finesse et de pureté.

Ce précieux résultat exerce en même temps une influence heureuse sur les compositions auxquelles on applique les élèves, et leur esprit arrive enfin à cette maturité de jugement qui est le triomphe du *bon goût*.

« Le génie enfante, dit Châteaubriand, le goût conserve. Le goût est le bon sens du génie ; sans le goût, le génie n'est qu'une sublime folie. »

Le goût a donc besoin d'être réglé, sinon il s'égare et se perd; il prend l'enflure pour la noblesse, la trivialité pour le naturel, l'emphase des expressions pour la chaleur du sentiment : c'est alors le *mauvais goût*, résultat d'un jugement faux et d'un sentiment perverti. Les lectures sans choix et sans régle contribuent surtout à dépraver le goût.

Il faut avouer que le goût varie selon les temps, les lieux et les individus. Le goût d'une nation change avec ses mœurs ; chaque peuple a un goût particulier, en harmonie avec son caractère ; chaque individu a un goût personnel, qui n'est pas tout-à-fait celui des autres.

L'architecture grecque a été longtemps considérée comme la plus parfaite ; le moyen-âge a créé l'architecture gothique, à laquelle il a donné l'empreinte de sa foi ; et cet art, d'après l'opinion commune aujourd'hui, ne le cède en rien au premier. Le goût littéraire du dix-septième siècle, en France, n'était pas le même que celui de nos jours. La France n'admire pas tout ce qui est applaudi en Angleterre. Que conclure de cette diversité ? Serons-nous obligé d'avouer qu'il n'existe aucun principe en matière de goût ?

Non, sans doute. Nous dirons avec Montaigne que l'homme est *ondoyant et divers*. Il peut y avoir diversité dans le goût sans qu'il soit mauvais : ce qui dépend d'une faculté aussi mobile que le sentiment ne peut être soumis à une règle absolue, mathématique ; la beauté peut revêtir différents aspects, sans cesser d'être la beauté ; on ne la confondra jamais avec la laideur.

Le goût peut donc varier sans être essentiellement mauvais. Mais s'il y a opposition absolue entre les goûts, si l'un trouve laid ce que l'autre trouve beau, il y en a un qui est nécessairement vicieux. Quelle sera la règle générale à suivre pour juger sainement en fait de goût ? 1° Consultons le sentiment intérieur et spontané de notre âme : s'il n'est pas gâté par une mauvaise éducation, ce sera un bon juge, mais non infaillible. 2° Examinons si l'objet en question est conforme à la nature, type de tout art d'imitation : si le rapprochement est possible, ce sera un excellent moyen de juger avec goût. 3° Enfin, le guide le plus sûr, c'est l'admiration générale : ce qui est regardé comme beau par tous les hommes doit l'être infailliblement ; le nier, ce serait nier la lumière. Les œuvres d'Homère, de

Raphaël, de Michel-Ange, de Racine, ne redoutent plus la critique.

La *critique* est l'application raisonnée des lois du goût à l'appréciation des œuvres d'art et de littérature. Son devoir n'est pas seulement de blâmer les défauts, mais aussi de faire ressortir les beautés d'un ouvrage. La critique est nécessaire aux progrès du *talent*.

§ V. DU TALENT, DU GÉNIE.

Le *talent* est une aptitude particulière de l'esprit à réussir dans un travail quelconque. En littérature, il consiste à produire des œuvres qui satisfassent le goût.

Le talent dépend sans doute des facultés naturelles de l'esprit, mais il a besoin d'être développé et perfectionné par l'étude, sinon il reste inconnu, semblable à ces pierres précieuses enfouies dans le sol, qui attendent la main du lapidaire pour briller d'un vif éclat. Dans les arts, un beau talent suppose toujours une vive imagination. Un homme peut réunir plusieurs sortes de talents : ainsi Voltaire a excellé dans la tragédie, dans l'histoire, dans la poésie légère ; Léonard de Vinci se distingua à la fois comme peintre, sculpteur, mécanicien et architecte. On doit remarquer qu'en général, plus le talent d'un homme est varié, moins il a de profondeur : Voltaire en est un exemple.

Il ne faut pas confondre le talent avec le *génie*.

Le génie est le talent porté à sa plus haute puissance. C'est un don de la nature ; l'étude peut le perfectionner et le polir, mais non le donner.

Le propre du génie, c'est de *créer*, de produire des œuvres *originales*, de s'élever au sublime. (Voir, dans la deuxième partie, l'article *Beau* et *sublime*.)

Le talent imite, rassemble ; il peut être vif, brillant, étendu, fin, spirituel, élevé même ; mais il ne dépasse jamais certaines bornes de la condition humaine. Le génie, au contraire, a une marche indépendante : il éclate comme la foudre ; il reçoit du ciel une *inspiration* sacrée qui le pousse à produire de grandes œuvres. Il dépasse les forces de la puissance humaine ordinaire, et semble entrer en communication avec le ciel : c'est pour cela que ses productions atteignent l'*idéal*, et nous transportent d'admiration. Mais cette inspiration du génie, sorte d'exaltation mystérieuse et puissante, ne peut être que momentanée; voilà pourquoi le génie s'élève et s'abaisse tour à tour : Corneille nous en offre de fréquents exemples.

Nous avons voulu, dans ce qui précède, donner aux élèves des préceptes généraux de composition, et leur enseigner les principaux moyens de développer un sujet, de se former le jugement, le goût et l'imagination. L'art d'écrire s'apprend sans doute bien plus par la pratique que par les leçons; mais nous savons par expérience que les règles sont aussi d'un grand secours pour perfectionner le talent. Tout art a des secrets, tout art a une méthode; l'élève ne peut pas tout deviner; il faut l'aider par de bons principes. L'art du maître consiste à faire marcher simultanément la pratique et les règles. C'est dans ce but que nous allons exposer un abrégé de rhétorique, où nous avons surtout recherché la brièveté et la clarté.

PRINCIPES DE RHÉTORIQUE.

CHAPITRE III.

La rhétorique est l'*art de bien dire*, ou d'exprimer convenablement ses pensées.

L'enseignement de la rhétorique a ordinairement pour but l'éloquence; mais nous voulons en appliquer ici les préceptes à tous les genres de composition.

Nous avons vu plus haut que, pour bien parler ou pour bien écrire, il faut trois opérations distinctes : l'*invention*, la *disposition*, et l'*élocution* ; nous reprendrons cette division naturelle.

DE L'INVENTION.

La première condition de l'invention, c'est d'avoir une *idée*.

§ 1. DES IDÉES.

L'*idée*, c'est ce que *voit* l'esprit : c'est la notion d'un fait, soit intérieur, soit extérieur. Les *mots* sont les signes de nos idées.

Les idées sont *physiques*, quand elles représentent des objets matériels : *terre, livre, arbre ;*

Morales, quand elles représentent une chose de l'ordre moral : *orgueil, vertu, sensibilité ;*

Métaphysiques, quand elles s'appliquent aux faits de l'ordre rationnel : *cause, espace, idéal.*

On dit qu'une idée est *abstraite*, lorsque l'on *abstrait*, que l'on sépare les qualités des objets, pour ne considérer ces qualités qu'en elles-mêmes, indépendamment des objets qui les possèdent. Ainsi, les idées de *blancheur*, de *grandeur*, de *beauté*, de *faiblesse*, sont des idées abstraites : nous les acquérons en voyant des êtres *blancs*, *grands*, *beaux*, *faibles*.

Une idée *générale* est celle qui représente toute une classe d'êtres ou de faits ; exemple : La *rose* est une belle fleur.

Les langues, en vieillissant, tendent de plus en plus vers l'abstraction et la généralisation, parce que les peuples qui les parlent prennent de plus en plus une tendance philosophique.

Liaison des idées.

Les idées sont *liées* dans notre esprit, lorsque l'une réveille naturellement le souvenir de l'autre. Ainsi l'idée de *guerre* nous rappelle tout ce qui l'accompagne : la mêlée sanglante, les champs dévastés, les villes ruinées, la douleur des familles ; ou bien encore la patrie sauvée, la gloire des vainqueurs.

Un capitaine français avait amené à Paris un jeune sauvage d'O-taïti : il le conduisit au Jardin des Plantes, où celui-ci se promena sans prendre grand intérêt à tout ce qu'il voyait. Tout-à-coup un bananier s'offre à sa vue : c'est l'arbre de son pays ; il s'élance, l'embrasse en sanglottant, et en s'écriant avec transport : « O-taïti ! O-taïti ! » C'était le cri du cœur, le souvenir de la patrie : le bananier lui rappelait sa terre natale, sa famille, ses amis, toute sa vie passée.

La Laitière et le Pot au lait, de La Fontaine, nous offre un autre charmant modèle d'association d'idées.

Cette association des idées dans l'esprit est d'un grand secours pour celui qui parle et qui écrit. La conversation ordinaire ne se soutient que par ce moyen. La personne qui cause avec le plus de charme est celle qui sait le mieux enchaîner ses idées et celles des autres par des transitions naturelles. Dans la composition, celui dont les idées se lient facilement trouve sans peine de grandes ressources pour écrire, et il se fait lire avec intérêt ; mais il faut observer que si les notions sont mal assorties, elles nous égarent et peuvent fausser notre jugement.

§ II. DU JUGEMENT ET DE LA PROPOSITION.

En comparant deux idées entre elles, notre esprit forme un *jugement*.

Le jugement énoncé par la parole se nomme *proposition.*

La proposition est *affirmative* ou *négative*, selon qu'on énonce un rapport de convenance ou de disconvenance entre l'objet dont on parle et son attribut.

Des phrases.

La phrase consiste en une ou plusieurs propositions formant un sens complet.

La manière d'exprimer ses idées et de tourner les phrases s'appelle *diction*, *élocution* ou *style* : nous en reparlons plus loin en détail. Nous devons exposer d'abord les différents moyens qui peuvent aider l'écrivain dans l'invention.

CHAPITRE IV.

Il se présente naturellement trois manières de développer un sujet : 1° décrire, raconter des *faits*, ce qui s'adresse à l'imagination ; 2° émouvoir, en cherchant à exciter les *passions*; 3° prouver, en s'adressant à l'esprit par le *raisonnement.* Cette division est à peu près celle des anciens rhéteurs, qui ramènent l'éloquence à ces trois points : *plaire, toucher*, *instruire.*

§ I. DES FAITS.

Tout sujet renferme un fait capital, et des faits accessoires qu'il s'agit de développer. C'est en envisageant le sujet sous tous les aspects, extérieurs et intérieurs, que l'on parviendra à en tirer toutes les ressources qu'il contient. Voici quelques moyens qui pourront aider dans ce travail.

1° *La définition.*

Pour bien déterminer l'objet dont on parle, il faut le définir. La *définition* consiste à donner une explication claire et précise d'une chose. Si l'on veut définir en philosophe, on caractérisera l'objet le plus brièvement possible ; mais l'orateur, le poète donnera à sa définition plus d'étendue et d'ornements : il pourra peindre l'objet par des traits caractéristiques et saillants, et faire une sorte d'accumulation des causes, des effets et des circonstances.

Ainsi, un dialecticien dira d'un ami : *C'est un autre nous-même*. La Fontaine donnera à sa définition cette forme gracieuse :

Qu'un ami véritable est une douce chose !
Il cherche vos besoins au fond de votre cœur ;
Il vous épargne la pudeur
De les lui découvrir vous-même :
Un songe, un rien, tout lui fait peur,
Quand il s'agit de ce qu'il aime.

2° *L'énumération des parties.*

La définition suffit pour donner une idée d'un sujet simple ; mais si le sujet est complexe, s'il prête au développement, on peut le détailler et en faire un tableau par l'*énumération* des parties qui le composent.

Racine, voulant peindre la *bonté de Dieu,* emploie ce moyen, dans le premier chœur d'*Athalie* :

Tout l'univers est plein de sa magnificence ;
Chantons, publions ses bienfaits.
Il donne aux fleurs leur aimable peinture ;
Il fait naître et mûrir les fruits :
Il leur dispense avec mesure
Et la chaleur des jours et la fraîcheur des nuits ;

Le champ qui les reçut les rend avec usure.
Il commande au soleil d'animer la nature.
Et la lumière est un don de ses mains ;
Mais sa loi sainte, sa loi pure,
Est le plus riche don qu'il ait fait aux humains.

3° La cause et l'effet ; les antécédents et les conséquents.

Un fait, un évènement a toujours une cause, et peut produire des effets auxquels l'écrivain doit savoir emprunter des développements, s'il le juge convenable.

Si j'ai à peindre une inondation, rien n'est plus naturel que de remonter aux causes qui l'ont amenée : un orage, le vent, les pluies, la rupture d'une digue ; les effets de l'évènement seront la désolation des villes et des campagnes, la ruine, la misère, etc.

Un fils expose sa vie pour sauver celle de son père : la cause, c'est l'amour filial, la reconnaissance, l'instinct du cœur ; l'effet, c'est la gratitude du vieillard, le bonheur d'avoir réussi, et d'avoir accompli un devoir sacré.

Aux idées de cause et d'effet peuvent se joindre les développements relatifs aux *antécédents* et aux *conséquents*.

Les *antécédents*, c'est ce qui a précédé le fait ; les *conséquents*, ce qui l'a suivi.

Il ne faut emprunter à ces deux derniers moyens que ce qui est absolument nécessaire au sujet, sinon la matière deviendra interminable, elle manquera d'intérêt et de précision. « Pour chanter la guerre de Troie, dit Horace, il ne faut pas remonter à la naissance d'Hélène. »

4° Les circonstances.

Quand on raconte une action, il faut observer avec soin toutes les *circonstances* qui l'accompagnent : c'est là le point important du sujet; c'est là qu'il faut faire briller la vérité, la fidélité, la couleur locale. Sous la plume d'un écrivain habile, les circonstances se développent avec art; elles s'animent pour offrir un tableau pittoresque : la composition prend de la chaleur et de la vie.

Les circonstances varient autant que les sujets; on les tire de la *personne*, de la *chose*, du *lieu*, des *moyens*, des *motifs*, de la *manière*, du *temps*.

La *mort de Turenne* et la *mort de Vatel*, par madame de Sévigné, nous offrent des modèles parfaits de l'art de raconter, avec toutes les circonstances qui donnent de l'intérêt au récit. C'est aussi ce qui fait le charme des *Récits des temps mérovingiens*, de M. A. Thierry, du *Gil Blas*, de Le Sage, etc.

5° *Les semblables.*

En cherchant dans notre mémoire tout ce qui offre de l'analogie avec celui qui nous occupe, nous trouverons, par les rapprochements et la *similitude*, à lui donner de la clarté et de la force. Nous appellerons à notre aide les *comparaisons*, les *exemples*, les *citations*, les *témoignages*; un souvenir, une phrase, un mot bien appliqué peut faire un excellent effet. L'orateur de la chaire puise une partie de son autorité dans les Livres saints et dans les Pères de l'Église; l'orateur du barreau invoque les lois, les coutumes, les témoins; le philosophe et l'historien recourent aux traditions du passé.

Le Franc de Pompignan, dans sa belle ode sur la mort de J.-B. Rousseau, fait un rapprochement habile et plein d'effet entre ce poète et Orphée :

Quand le premier chantre du monde
Expira sur les bords glacés
Où l'Hèbre, effrayé, dans son onde
Reçut ses membres dispersés,

Le Thrace, errant sur les montagnes,
Remplit les bois et les campagnes
Du cri perçant de ses douleurs;
Les champs de l'air en retentirent,
Et dans les antres qui gémirent
Le lion répandit des pleurs.

La France a perdu son Orphée.....

6° *Les contraires.*

Une opposition, une différence fait souvent mieux ressortir l'objet dont on parle; en disant ce qu'une chose n'est pas, on fait comprendre ce qu'elle est : c'est en cela que consistent les *contraires.*

« Voulez-vous la paix, préparez la guerre, *dit un historien latin* (*Tite-Live*).

Le vrai sage n'est pas celui qui vante la sagesse, mais celui qui la cultive; il n'a pas la vertu sur les lèvres, mais dans le cœur, etc.

7° *Les convenances et les mœurs.*

Dans tout ce qu'on écrit, il faut observer les *convenances*, c'est-à-dire, les bienséances qui tiennent aux personnes, à l'âge, au temps, aux lieux, aux genres de composition. Il est difficile de donner là-dessus des règles positives; les bienséances se sentent mieux qu'elles ne s'enseignent : ce sont les délicatesses du sentiment de l'écrivain; elles tiennent à mille nuances qui varient dans chaque circonstance.

L'éducation seule peut nous donner ce tact exquis de parler et d'écrire toujours comme il convient. Considérez dans le monde un homme bien élevé : son ton est parfait, ses manières simples, naturelles; il est aimable sans prétention, agréable sans fadeur. Tel autre, au contraire, moins façonné aux convenances, a des manières lourdes et disgracieuses : s'il veut plaire, il se rend ridicule ; il ne dit rien à propos, il fait des bévues grossières, il manque d'éducation.

Il en est de même de l'écrivain : les convenances, chez lui, c'est l'éducation qu'il a puisée dans les bons auteurs et dans les principes d'un bon maître ; mais c'est surtout l'expression de son caractère et de *ses mœurs*, par lesquelles il s'attire la confiance et l'estime.

> Que votre âme et vos mœurs, peintes dans vos ouvrages,
> N'offrent jamais de vous que de nobles images.
>
> BOILEAU.

Il faut donc, avant tout, que l'auteur soit animé de sentiments vertueux : la bonne foi, la bienveillance, la probité, la générosité, doivent respirer dans ses paroles. S'il pense noblement, il s'exprimera de même. C'est un devoir rigoureux, quoique malheureusement trop méconnu, de respecter la conscience publique, la décence et les mœurs. L'homme de bien se fait sentir dans ses écrits ; on le suit avec plaisir, on l'aime, on se laisse doucement persuader par sa parole.

Les bienséances dont nous venons de parler concernent principalement l'écrivain. Disons un mot de celles qui sont relatives aux lecteurs et aux auditeurs.

Il ne faut jamais perdre de vue les personnes auxquelles on s'adresse : de l'état de nos rapports avec elles dépendent en partie le ton, le plan, la manière que nous devons adopter. On n'écrit pas à un ami comme on écrit à un père ou à un supérieur. Un livre composé pour la jeunesse doit avoir un autre caractère que celui qui est écrit pour l'âge mûr. L'orateur, dans la chaire sacrée, n'a pas le même langage que l'orateur du barreau. Si l'on veut consoler une personne, il ne faut pas prendre un ton léger qui semble insulter à sa douleur.

L'art des convenances consiste à modifier son langage d'après le genre de composition, le sujet, l'état des personnes, leur âge, leur éducation, leur rang, leur caractère, leur nation, etc.

Un modèle qu'on ne peut trop étudier sous le rapport des mœurs et des convenances, c'est Racine : l'art et le sentiment se réunissent chez lui pour atteindre la perfection; tout y est exquis, rien ne choque; le goût même le plus délicat ne trouve rien à reprendre. Combien peu d'auteurs méritent un tel éloge!

§ II. DES PASSIONS.

On entend généralement par passions, de vifs mouvements de l'âme qui nous portent vers un objet ou nous en détournent. Si quelque chose plaît, on le recherche, on le désire, on l'aime; si quelque chose déplaît, on le fuit, on le repousse, on le hait.

Toutes les passions peuvent donc se rapporter à ces deux chefs, l'*amour* et la *haine*.

Les passions tiennent essentiellement à notre nature; on ne peut être homme sans passions; elles n'ont en elles-mêmes rien de mauvais ; tout dépend de l'usage qu'on en fait. Dans leurs limites naturelles, elles consistent à aimer le bien et à détester le mal.

La règle des passions, c'est le sentiment du devoir, c'est-à-dire la conscience. L'homme, sollicité d'un côté par le bien et de l'autre par le mal, a son libre arbitre pour choisir. S'il fait le bien, il est vertueux ; s'il fait le mal, il est criminel.

Le but de notre nature est la recherche du bonheur ; un entraînement irrésistible nous y pousse. Mais c'est ici que bien des personnes s'égarent. Le vrai bonheur n'est pas dans la satisfaction de tous nos désirs; il est dans la vertu, dans la pratique du devoir ici-bas, et dans la récompense éternelle de la vertu après la mort.

Les passions en littérature, c'est l'emploi que l'on fait des sentiments de l'âme pour émouvoir et intéresser ; l'orateur s'en sert pour toucher ses auditeurs et entraîner leur conviction.

Il est impossible d'écrire sans employer une passion quelconque. L'écrivain qui sent le plus vivement est celui qui a le plus de succès. Le théâtre n'est autre chose que le jeu des passions, c'est-à-dire la vie humaine avec ses combats divers.

L'histoire, c'est le drame des peuples ; la poésie lyrique peint les émotions intimes de l'âme ; le roman, les passions de la vie commune. L'éloquence entraîne autant par le pathétique que par le raisonnement. C'est partout le cœur humain avec ses joies et ses douleurs, ses amours et ses haines.

La première condition pour émouvoir les autres, c'est d'être ému soi-même.

> Pour me tirer des pleurs, il faut que vous pleuriez.
>
> BOILEAU.

Les larmes en effet sont contagieuses; la sensibilité se propage par un frémissement électrique, qui passe rapidement d'un cœur à un autre : il est impossible de voir une personne émue sans ressentir une émotion analogue ; c'est par là qu'on voit souvent au théâtre, des larmes couler de tous les yeux ; c'est par là que Massillon, dans son sermon *Sur le petit nombre des élus,* faisait lever tout son auditoire par un mouvement unanime d'épouvante.

Pour réussir à manier les passions en écrivant, il faut avoir l'imagination vive : l'âme qui est fortement frappée, comme un timbre sonore, fait vibrer fortement son émotion dans ses paroles. Il est des auteurs qui singent la passion, et écrivent à froid des morceaux pathétiques ; mais ils se trahissent bientôt; leur ton devient faux et déclamatoire; ils pèchent malgré eux contre le naturel et la vérité. On ne peut se méprendre au vrai langage du cœur; car *c'est le cœur qui rend éloquent,* dit Quintilien.

N'oublions pas toutefois que la sensibilité, comme l'imagination, doit être guidée par le jugement et la raison. La passion dont on n'est pas maître peut entraîner à l'extravagance : de là l'oubli des convenances, le mauvais goût, la fausseté dans le jugement. Il faut aussi une certaine sobriété dans l'emploi des passions; une émotion violente ne peut durer longtemps; elle briserait le cœur. En tout l'exagération est pernicieuse : un orage momentané purifie l'atmosphère et rafraîchit la terre; un ouragan qui se prolonge renverse et détruit tout, ne laissant derrière soi que désastres et ruines. Les passions sont les orages du cœur.

Les jeunes gens que le contact du monde n'a pas encore corrompus, sont animés naturellement de passions nobles et généreuses; leurs sentiments sont purs; ils aiment le bien et la justice par instinct, par goût; le mal leur répugne, l'injustice les irrite. Qu'ils se laissent aller dans leurs compositions à ces élans de l'âme; qu'ils ne prennent des passions humaines que ce qu'elles ont de pur et d'élevé; ils perfectionneront ainsi leur sensibilité et leur imagination; ils s'affermiront dans la voie du bien. Mais qu'ils se gardent surtout de ces lectures dangereuses où les passions, peintes sous des couleurs attrayantes, peuvent pervertir leur esprit et leur cœur.

§ III. DU RAISONNEMENT.

Ce n'est pas tout de plaire et de toucher, il faut aussi savoir convaincre par les preuves : c'est le but du *raisonnement.*

L'art de raisonner se nomme *dialectique*; il fait partie de cette division de la philosophie qu'on nomme *logique*, qui a pour but d'apprendre à penser et à parler avec justesse.

On appelle *argument* ou *preuve* les raisons dont on appuie les vérités qu'on veut démontrer. L'emploi des arguments se nomme *argumentation*.

Raisonner, c'est tirer un jugement d'autres jugements déjà connus, en les comparant entre eux.

La forme la plus générale du raisonnement se nomme *syllogisme;* on peut y joindre l'*enthymème*, le *dilemme*, le *sorite*, l'*induction* et l'*exemple*.

1° *Du syllogisme*.

Le syllogisme est un argument composé de trois propositions, dont la dernière est une conséquence des deux précédentes.

Supposons que je veuille prouver *qu'il faut aimer la vertu*; j'établis d'abord cette vérité générale, que personne ne conteste : *Il faut aimer ce qui nous rend heureux*; j'en rapproche ensuite une autre vérité également incontestable : *or la vertu nous rend heureux*; et j'en tire la conclusion naturelle, qu'il fallait prouver : *donc il faut aimer la vertu.*

La première proposition se nomme *majeure*, la seconde *mineure*, la troisième *conclusion*; les deux premières ensemble se nomment *prémisses.*

Voici un autre exemple du *syllogisme* ;

Tout ce qui nous avilit est odieux ;
Or le mensonge nous avilit ;
Donc le mensonge est odieux.

Le syllogisme est juste quand la conclusion est contenue dans les prémisses, et que les prémisses le font voir.

Voici un syllogisme dont on reconnaît facilement la fausseté : Les Français sont braves ; or les Espagnols ne sont pas Français ; donc les Espagnols ne sont pas braves.

2° *De l'enthymème.*

On appelle *enthymème* un syllogisme dont on omet une prémisse qu'il est facile de suppléer ; ainsi l'on dira :

Le mensonge nous avilit,
Donc il est odieux.

Dans la composition littéraire, on présente rarement le raisonnement sous la forme de l'enthymème, plus rarement encore sous celle du syllogisme ; cette manière sèche et pédantesque ne convient guère qu'aux mathématiques ou à la philosophie. Un écrivain, quand il raisonne, a soin de déguiser l'argument, de l'embellir, de l'étendre ; il change l'ordre des propositions à son gré. Ainsi il dira :

Gardons-nous de nous laisser aller au mensonge ; c'est un vice odieux qui dégrade notre âme, qui nous avilit à nos propres yeux et aux yeux de nos semblables, etc.

De cette manière, le raisonnement n'a pas moins de force, et il a plus de grâce.

3° *Du dilemme.*

Le *dilemme* est la réunion de deux arguments dont l'alternative est inévitable, et qui mènent à la même conclusion : on l'a appelé *poignard à double lame, qui frappe en deux sens.* Un général faisait ce dilemme à une sentinelle qui avait laissé surprendre son camp :

Ou tu étais à ton poste, ou tu n'y étais pas :
Si tu étais à ton poste, tu nous as trahis ;
Si tu n'y étais pas, tu as enfreint la discipline ;
Donc, dans l'un ou l'autre cas, tu mérites la mort.

Dans la tragédie d'*Athalie*, Mathan fait ce dilemme en parlant du jeune Éliacin :

> A d'illustres parents s'il doit son origine,
> La splendeur de son sang doit hâter sa ruine ;
> Dans le vulgaire obscur si le sort l'a placé,
> Qu'importe qu'au hasard un sang vil soit versé ?

4° *Du sorite.*

Le sorite (amas) est une série de propositions dont la seconde doit expliquer l'attribut de la première ; la troisième, l'attribut de la seconde, et ainsi de suite jusqu'à la conséquence. Ainsi, pour prouver que la négligence amène le vice, je fais le sorite suivant : La négligence produit l'oisiveté, l'oisiveté amène l'ignorance ; l'ignorance cause l'oubli du devoir ; l'oubli du devoir conduit au vice ; donc la négligence peut amener le vice.

5° *De l'induction.*

L'*induction* est un argument par lequel on tire une conclusion générale de plusieurs faits particuliers. Exemple : La santé, la vie, la gloire, la beauté, les plaisirs, les honneurs, les richesses, ne sont que vanité : donc tout n'est que vanité.

6° *De l'exemple.*

L'*exemple* est un genre de raisonnement fréquemment employé ; il consiste à conclure par des rapports de *ressemblance* ou d'*opposition*.

Ainsi : votre père s'est distingué par ses vertus, donc vous devez marcher sur ses traces.

Votre frère est souvent puni pour sa paresse, donc vous ne devez pas suivre son exemple.

7° *Des sophismes.*

Ce que nous avons dit des différentes espèces d'argument suffit pour habituer les jeunes gens à penser, à écrire avec précision, à raisonner avec justesse. Ils n'ont pas besoin d'être des dialecticiens consommés ; c'est surtout le bon sens qui doit les guider. Pour compléter cette matière, nous ajouterons un mot sur les *sophismes*.

On appelle ainsi des raisonnements spécieux, qui sont faux, mais qui ont une apparence de vérité. Il faut un esprit sagace pour démêler l'erreur d'un sophisme : en voici quelques exemples :

Ignorance du sujet. C'est quand on ne s'entend pas sur la question même, et qu'on veut prouver ce qui n'a pas besoin de l'être.

Ambiguïté des termes. Ce sophisme consiste à abuser du sens des mots, en les prenant tantôt dans une acception, tantôt dans une autre, pour égarer l'esprit. Tel est le raisonnement suivant : Gassendi était petit ; or Gassendi était un philosophe ; donc Gassendi était un petit philosophe.

Pétition de principe. C'est reproduire en termes différents la question elle-même. Tel est ce sophisme dans Molière : *Pourquoi l'opium fait-il dormir ? Parce qu'il a une vertu dormitive.*

Le *cercle vicieux* rentre dans la pétition de principe ; il donne pour preuve le fait même qui est à prouver. Exemple : Pourquoi n'aimez-vous pas le travail ? Parce que je suis paresseux. Pourquoi êtes-vous paresseux ? Parce que je n'aime pas le travail.

Conclure du particulier au général, ou du relatif à l'absolu. Exemple : La médecine ne guérit pas toujours ; donc la médecine est une science vaine.— On abuse des sciences et des arts ; donc l'ignorance est préférable.

Prendre pour cause ce qui ne l'est pas. Exemple : En 1811, année de la comète, il y a eu d'excellents vins; donc les comètes amènent de bonnes vendanges. C'est par le même sophisme qu'on dit qu'une chose porte malheur, et que la lune produit des changements de temps, etc.

CHAPITRE V.

DE LA DISPOSITION.

La *disposition* est cette partie de la rhétorique qui apprend à mettre dans un ordre convenable les éléments d'une composition quelconque fournis par l'invention.

Il ne suffit pas d'avoir trouvé les choses que l'on veut dire, il faut savoir les arranger dans l'ordre le plus naturel et le plus intéressant, de manière à donner à l'ensemble de l'unité et de l'harmonie.

L'ordre est une condition essentielle de la beauté : la nature nous en offre le modèle et l'exemple; les anciens étaient tellement frappés de cette vérité, qu'ils ont donné à l'univers le nom de *Cosmos*, qui signifie ordre.

Les arts, qui imitent la nature, doivent aspirer comme elle à l'*ordre*, à l'*harmonie*. Quelle est la condition essentielle d'un beau tableau? C'est l'ordre : si les objets y étaient confus, déplacés, pêle-mêle, l'œil les repousserait avec dégoût.

« Voyez, dit Quintilien, ces formes isolées, ces membres » épars, mais finis et parfaits : en ferez-vous une statue, si » vous ne savez les unir? Dans le corps humain, si vous » mettez une partie à la place d'une autre, quoique le reste » demeure comme il était, n'aurez-vous pas un monstre?

» et les muscles et les nerfs feront-ils leurs fonctions, pour » peu qu'ils soient dérangés? Les grandes armées où se » met la confusion s'embarrassent et se défont elles-» mêmes. L'univers ne se maintient que par l'ordre; si » cet ordre venait à se troubler, tout périrait.»

§ I. DU PLAN.

On appelle *plan* l'ordre dans lequel on dispose les différentes parties d'un ouvrage ou d'une composition.

Il n'y a pas de règle absolue à établir sur la manière de construire un plan; il dépend toujours de la matière elle-même, du genre de composition et du but que l'on veut atteindre. Tout ce que l'on peut dire, c'est qu'il faut se tracer un plan, et y introduire trois qualités essentielles : l'*unité*, la *simplicité* et la *division*.

L'*unité* et la *simplicité* du plan ont pour but d'empêcher l'auteur de se perdre dans les détails de son œuvre. Il doit tout ramener à une pensée générale. La division de l'ouvrage doit se rattacher à certaines pensées secondaires qui dépendent de la pensée principale : de là naissent l'ordre et la lumière. Le lecteur ou l'auditeur qui comprend sans peine la marche des idées, voit avec plaisir toutes les parties s'enchaîner et se déployer sans confusion. Il connaît le point de départ, il entrevoit le but, et l'ouvrage lui fait éprouver dans toute son étendue une satisfaction intime : c'est ainsi qu'on se sent rempli d'admiration devant un monument dont l'ensemble forme un tout harmonieux.

La *division* a pour but d'éviter les redites, et d'empêcher les parties de se confondre et de rentrer les unes dans les autres.

Il faut avoir soin de disposer les matières par gradation, de manière que l'intérêt aille toujours croissant. Le grand art est de ménager l'attention du lecteur : si l'on épuise tout d'abord sa curiosité, le reste devient froid et languissant.

Chaque genre de littérature a ses règles, et nécessite un plan particulier : une ode ne se compose pas comme un drame (1). Dans les ouvrages même les moins importants, il y a un art de combiner les parties qu'il ne faut pas négliger : l'ode, l'élégie, l'épigramme empruntent souvent leur charme à la manière habile dont elles sont disposées. Quoique le genre épistolaire doive presque tout son agrément au naturel et à l'abandon, il ne faut pas croire qu'une lettre puisse être écrite sans ordre ni plan. Une lettre d'affaires doit être simple, méthodique et précise. Une lettre familière demande moins d'étude, mais il faut pourtant y distribuer les pensées avec un certain ordre : sans avoir un plan bien arrêté, le simple bon sens nous indiquera la manière de tout dire avec simplicité et sans confusion.

§ II. DE LA DISPOSITION ORATOIRE.

La rhétorique explique ordinairement fort au long le plan que doit suivre un orateur dans la composition d'un discours. Comme notre but est d'appliquer la rhétorique à tous les genres d'écrire, nous ne ferons qu'indiquer sommairement la disposition oratoire : il est rare, du reste, qu'on ait à l'employer dans toute son étendue.

Un discours peut renfermer six parties : l'*exorde*, la *proposition*, la *narration*, la *confirmation*, la *réfutation*, la *péroraison*.

1° *Exorde*.

L'exorde est le début et l'annonce du discours. Il doit préparer les auditeurs à la connaissance du sujet, et en même temps provoquer leur *attention* et leur *bienveillance*.

Le ton de l'exorde dépend de la nature du sujet, et de

(1) Nous indiquons, dans la seconde partie de l'ouvrage, le plan qui convient spécialement à chaque genre d'ouvrage.

la position de l'orateur à l'égard de l'auditoire. L'exorde sera *simple*, si le sujet n'a pas grande importance ou doit être discuté froidement; *insinuant*, si l'orateur a besoin de ménager les passions ou les préjugés de ses auditeurs; *pompeux*, si la majesté du sujet permet d'étaler tout d'abord les richesses de l'éloquence; *véhément*, si la passion qui anime l'orateur et les auditeurs lui permet d'entrer brusquement en matière en lançant la foudre.

On peut lire comme modèles l'exorde insinuant du plaidoyer de M. Desèze pour Louis XVI; l'exorde pompeux de l'oraison funèbre de Bossuet sur la mort de la reine d'Angleterre: *Celui qui règne dans les cieux*...; l'exorde véhément du discours de Clytemnestre à Agamemnon, dans l'*Iphigénie* de Racine:

> Vous ne démentez point une race funeste;
> Oui, vous êtes le sang d'Atrée et de Thyeste:
> Bourreau de votre fille, il ne vous reste enfin
> Que d'en faire à sa mère un horrible festin.
> Barbare!...

Exorde de l'Oraison funèbre de Turenne, par Fléchier.

> Tout le peuple d'Israël le pleura avec de grands gémissements; il pleura longtemps et il disait: Comment est mort cet homme puissant qui sauvait le peuple d'Israël?

§ Je ne puis, Messieurs, vous donner une plus haute idée du triste sujet dont je viens vous entretenir, qu'en recueillant ces termes nobles et expressifs dont l'Écriture se sert pour louer la vie et déplorer la mort du sage et vaillant Machabée. Cet homme qui portait la gloire de sa nation jusqu'aux extrémités de la terre, qui couvrait son camp d'un bouclier, et forçait celui des ennemis avec l'épée; qui donnait à des rois ligués contre lui des déplaisirs mortels, et réjouissait Jacob par ses vertus et par ses exploits, dont la mémoire doit être éternelle; cet homme qui défendait les villes de Juda, qui domptait l'orgueil des enfants d'Ammon et d'Esaü, qui revenait chargé des dépouilles de Samarie, après avoir brûlé sur leurs propres autels les dieux des nations étrangères ; cet homme que Dieu avait mis autour d'Israël comme un mur d'airain où se brisèrent tant de fois toutes les forces de l'Asie ; et qui, après avoir défait de nombreuses armées, déconcerté les plus forts et les plus habiles généraux des rois de Syrie, venait tous les ans, comme le moindre des Israélites, réparer avec ses mains triomphantes les ruines du sanctuaire, et ne voulait d'autre récompense des services qu'il rendait à sa patrie, que l'honneur de l'avoir servie ; ce vaillant homme, poussant enfin avec un courage invincible les ennemis qu'il avait réduits à une fuite honteuse, reçut le coup mortel, et demeura comme enseveli dans son triomphe.

« Au premier bruit de ce funeste accident, toutes les villes de Judée furent émues, des ruisseaux de larmes coulèrent des yeux de tous les habitants. Ils furent quelque temps saisis, muets, immobiles. Un effort de douleur rompant enfin ce long et morne silence, d'une voix entrecoupée de sanglots que formaient dans leurs cœurs la tristesse, la pitié, la crainte, ils s'écrièrent : *comment est mort cet homme puissant qui sauvait le peuple d'Israël?* A ces cris, Jérusalem redoubla ses pleurs; les voûtes du temple s'ébranlèrent ; le Jourdain se troubla, et tous ses rivages retentirent du son de ces lugubres paroles : *comment est mort cet homme puissant qui sauvait le peuple d'Israël ?* »

2° *Proposition.*

La *proposition* est l'exposition simple, claire et précise du sujet que l'on va traiter. Quand le sujet est compliqué, il faut le partager en plusieurs parties que l'on développe séparément ; c'est l'objet de la *division*, qui est surtout employée par les orateurs de la chaire.

Fléchier, après le magnifique exorde cité plus haut, où il s'élève au-dessus de lui-même, continue son discours par l'*exposition* suivante :

« Chrétiens, qu'une triste cérémonie assemble en ce lieu, ne rappelez-vous pas en votre mémoire ce que vous avez vu, ce que vous avez senti il y a cinq mois ? Ne vous reconnaissez-vous pas dans l'affliction que j'ai décrite ? Et ne mettez-vous pas dans votre esprit, à la place du héros dont parle l'Écriture, celui dont je viens vous parler? La vertu et le malheur de l'un et de l'autre sont semblables, et il ne manque aujourd'hui à ce dernier qu'un éloge digne de lui... Quelle matière fut jamais plus disposée à recevoir tous les ornements d'une grave et solide éloquence que la vie et la mort de Turenne ? Où brillent avec plus d'éclat les effets glorieux de la vertu militaire ? Conduites d'armées, siéges de places, prise de villes, passages de rivières, attaques hardies, retraites honorables, campements bien ordonnés, combats soutenus, batailles gagnées, ennemis vaincus par la force, dissipés par l'adresse, lassés et consumés par une sage et noble patience ? Où peut-on trouver tant et de si puissants exemples que dans les actions d'un homme sage, modeste, libéral, désintéressé, dévoué au service du prince et de la patrie ; grand dans l'adversité par son courage, dans la prospérité par sa modestie, dans les difficultés par sa prudence, dans les périls par sa valeur, dans la religion par sa piété ? Quel sujet peut inspirer des sentiments plus justes et plus touchants, qu'une mort soudaine et surprenante, qui a suspendu le cours de nos victoires, et rompu les plus douces espérances de la paix?

» Retenons nos plaintes, Messieurs, il est temps de commencer son éloge, et de vous faire voir comment cet homme puissant triomphe des ennemis de l'État par sa valeur, des passions de l'âme par sa sagesse, des erreurs et des vanités du siècle par sa piété. Si j'interromps cet ordre de mon discours, pardonnez un peu de confusion dans un sujet qui nous a causé tant de troubles. Je confondrai quelquefois peut-être le général d'armée, le sage, le chrétien. Je louerai tantôt les victoires, tantôt les vertus qui les ont obtenues. Si je ne puis raconter tant d'actions, je les découvrirai dans leurs principes ; j'adorerai le Dieu des armées, j'invoquerai le Dieu de paix, je bénirai le Dieu des miséricordes, et j'attirerai partout votre attention, non pas par la force de l'éloquence, mais par la vérité et la grandeur des vertus dont je suis engagé de vous parler. »

3° *Narration.*

La *narration* se place ordinairement à côté de la proposition : elle contient le récit des *faits* qui se rattachent au sujet ; mais ce récit peut se placer ailleurs, si on le juge à propos.

La narration oratoire diffère de la narration historique ; celle-ci ne recherche que le vrai ; l'autre doit être faite en vue de la cause que l'on défend : sans détruire la vérité, elle appuie sur les circonstances favorables. et glisse légèrement sur celles qui pourraient nuire. On cite toujours comme un modèle d'habileté la narration de la mort de Claudius, dans le plaidoyer de Cicéron pour Milon.

La bataille de Rocroy, dans l'Oraison funèbre du prince de Condé, par Bossuet, est une admirable narration, pleine de mouvement et de grandeur.

« A la nuit qu'il fallut passer en présence des ennemis, comme un vigilant capitaine, le duc d'Enghien reposa le dernier, mais jamais il ne reposa plus paisiblement. A la veille d'un si grand jour, et dès la première bataille, il est tranquille, tant il se trouve dans son naturel, et l'on sait que le lendemain, à l'heure marquée, il fallut réveiller d'un profond sommeil cet autre Alexandre. Le voyez-vous comme il vole à la victoire ou à la mort ? Aussitôt qu'il eut porté de rang en rang l'ardeur dont il était animé, on le vit presque en même temps pousser l'aile droite des ennemis, soutenir la nôtre ébranlée, rallier les Français à demi vaincus, mettre en fuite l'Espagnol victorieux, porter partout la terreur, et étonner de ses regards étincelants ceux qui échappaient à ses coups.

» Restait cette redoutable infanterie de l'armée d'Espagne, dont les gros bataillons serrés, semblables à autant de tours, mais à des tours qui sauraient réparer leurs brèches, demeuraient inébranlables au milieu de tout le reste en déroute, et lançaient des feux de toutes parts. Trois fois le jeune vainqueur s'efforça de rompre ces intrépides combattants, trois fois il fut repoussé par le valeureux comte de Fontaines, qu'on voyait porté dans sa chaise, et, malgré ses infirmités montrer qu'une âme guerrière est maîtresse du corps qu'elle anime ; mais enfin il faut céder. C'est en vain qu'à travers les bois, Bech précipite sa marche pour tomber sur nos soldats épuisés : le prince l'a prévenu ; les bataillons enfoncés demandent quartier ; mais la victoire va devenir plus terrible pour le duc d'Enghien que le combat.

» Pendant qu'avec un air assuré il s'avance pour recevoir la parole de ces braves gens, ceux-ci, toujours en garde, craignent la surprise de quelque nouvelle attaque ; leur effroyable décharge met les nôtres en furie. On ne voit plus que carnage ; le sang enivre le soldat, jusqu'à ce que ce grand prince, qui ne peut voir égorger ces lions comme de timides brebis, calma les courages émus, et joignit au plaisir de vaincre celui de pardonner. »

4° *Confirmation.*

La *confirmation* est la partie où l'on prouve la vérité que l'on a annoncée dans la proposition. C'est là le nerf et la substance du discours : l'orateur doit y déployer tout son art. De la manière de distribuer les preuves dépend souvent le succès. Il n'y a pas de règles à donner là-dessus ; Cicéron et Quintilien recommandent seulement de commencer et de finir par les moyens les plus convaincants. Il faut aussi faire un choix parmi les preuves, négliger celles qui sont légères, et ne s'attacher qu'à celles qui peuvent vraiment influer sur la conviction de l'auditeur.

5° *Réfutation.*

La *réfutation* se lie naturellement à la confirmation : elle consiste à détruire les preuves et les objections qu'on nous oppose. C'est ici qu'il faut appeler à son aide la dialectique, savoir démêler le faux du vrai, découvrir les sophismes déguisés sous les fleurs de l'éloquence. C'est surtout au barreau et à la tribune que la réfutation est importante : l'orateur sacré en a aussi souvent besoin pour combattre les passions et les erreurs.

Nous citerons, comme modèle de confirmation et de réfutation réunies, un fragment du plaidoyer de Lally-Tollendal, qu'il écrivit pour réhabiliter la mémoire de son père. On sait que ce dernier, gouverneur de nos colonie de l'Inde, y avait éprouvé de grands revers; il avait de ennemis, qui l'accusèrent de ces désastres, et le firent condamner : il mourut sur l'échafaud.

« Quel sera le crime de l'homme du roi, qui, trompé dès le début de son expédition, frustré de la moitié des forces qu'on s'était engagé à lui fournir, enchaîné bientôt par une puissance absolue, dépourvu de tous moyens, sans vivres, sans argent, sans vaisseaux, sans soldats, traversé par mille obstacles, oublié de sa cour, tandis que les ennemis recevaient des renforts multipliés de la leur; malgré l'excessive infériorité de ses forces, malgré l'esprit de sédition et de vertige répandu dans une armée qui n'a ni solde, ni nourriture ; malgré la désertion journalière et la défection totale de cette armée sans cesse quittant ses drapeaux pour aller joindre l'ennemi, trouve moyen de faire la guerre pendant trois ans sans interruption ; prend dix places, en manque une, et la manque parce que son escadre l'abandonne et laisse la mer libre à l'escadre ennemie ; gagne dix batailles, en perd une, et la perd, parce qu'une partie de ses troupes disparaît au commencement de l'action, et le laisse sur le champ de bataille, au moment où il fond sur l'ennemi; dispute le terrain pied à pied ; lorsqu'il ne peut plus se défendre, tient pendant cinq mois en échec des forces vingt fois supérieures aux siennes ; et après avoir épuisé toutes les ressources que son zèle et son imagination pouvaient lui suggérer, après avoir payé et nourri de son argent le peu de troupes qui lui restait, est enfin obligé de rendre une ville (1) bloquée par terre et par mer, une ville prise par la famine, où il ne restait pas un grain de riz, où l'on avait mangé les arbres et le cuir, sans autre défense, en un mot, que quelques canonniers, et une poignée de soldats, qui n'avaient plus la force de remuer un canon, même pas celle de se traîner jusqu'aux remparts.

» Quel sera le crime de l'homme de la Compagnie (des Indes), qui, sacrifiant généreusement ses intérêts à ceux de cette Compagnie, lui laisse la totalité des appointements qu'elle lui doit,

(1) Pondichéry.

fournit les magasins de son propre argent, vend jusqu'à ses effets, jusqu'à ceux de son secrétaire, pour nourrir la colonie, et s'expose aux plus grands dangers pour établir dans les différentes administrations, une intégrité et un ordre que n'avaient jamais connus la plupart de ceux qui les dirigeaient?

» Quel sera le crime de l'homme privé qui se dépouille de tout ce qu'il possède, pour son roi et sa patrie ; qui, haï, persécuté, menacé de poison et d'assassinat, sur le point de succomber à l'un et à l'autre, n'exerce pas un seul acte de vengeance quand il en a le pouvoir, et remet à la justice des lois la punition des attentats qu'enfantait le mépris de ces lois ?

» Que cet homme, dominé naturellement par un tempérament vif, emporté par l'excès de son zèle, aigri par les contradictions sans cesse renaissantes, poussé par l'indignation que devaient exciter tant de crimes réunis, se soit laissé aller à des plaintes amères et à des reproches violents ; qu'il ait fait entendre, qu'il ait fait tonner dans toute sa force la voix de cette vérité toujours si effrayante pour les coupables ; qu'il les ait accablés de menaces dont malheureusement il n'a jamais exécuté aucune ; que parmi ces coupables, quelques-uns l'aient été moins, en effet, qu'ils ne lui ont paru l'être ; qu'accoutumé à se voir trompé de toutes parts, à rencontrer partout l'hypocrisie et la scélératesse, il en était presque venu au point de ne pas croire à la vertu dans ces affreux climats ; qu'il ait confondu le citoyen indolent et incapable avec le citoyen perfide et dangereux ; qu'il n'ait pas toujours eu assez de patience avec l'un, assez de dissimulation avec l'autre ; qu'il ait été ou trop prompt ou trop franc dans quelques-uns de ses jugements, ou trop indiscret ou trop dur dans quelques-unes de ses expressions ; que dans ces instants de trouble et d'amertume où tout conspirait à le plonger, il lui ait échappé quelque démarche imprudente dont il n'est jamais résulté de préjudice public, quelque résolution désespérée qui n'a jamais eu d'effet ; qu'enfin, il faille dire de lui, si l'on veut,[1] ce que Tite-Live disait du grand Camille : *Que les génies les plus supérieurs, que les plus grands hommes savent mieux vaincre que gouverner*, était-ce donc là de quoi le condamner à perdre la tête sur un échafaud ? Où en sommes-nous, grand Dieu, si avec de pareils motifs les hommes peuvent faire périr un de leurs semblables ? Et par quel bizarre contraste sommes-nous tout à la fois assez parfaits pour qu'une erreur soit punie de mort; et assez dépravés pour que ceux qui redoutent la vérité puissent conduire au supplice celui qui la dit? »

LALLY-TOLLENDAL.

On voit quelle vivacité d'éloquence, quelle abondance de raisons inspire ici à l'orateur la piété filiale; la douleur, l'indignation percent dans toute sa chaleureuse argumentation: aussi obtint-il la réhabilitation de la mémoire de son père.

6° *Péroraison.*

La *péroraison* est la conclusion du discours. Il y a plusieurs manières de le terminer. Souvent on résume les principales preuves en les groupant avec de nouvelles couleurs et une nouvelle force, pour frapper vivement les esprits et achever de les convaincre, ou bien, si le sujet prête à l'émotion, l'orateur met en œuvre toutes les ressources du pathétique pour frapper un grand coup; il emploie les tours animés, les figures hardies, les expressions énergiques, pour toucher, ébranler, subjuguer les auditeurs. Telle est la péroraison de l'oraison funèbre du prince de Condé, dans Bossuet.

« Jetez les yeux de toutes parts : voilà tout ce qu'a pu la magnificence et la piété pour honorer un héros : des titres, des inscriptions, vaines marques de ce qui n'est plus; des figures qui semblent pleurer autour d'un tombeau, et des fragiles images d'une douleur que le temps emporte avec tout le reste; des colonnes qui semblent vouloir porter jusqu'au ciel le magnifique témoignage de notre néant; et rien ne manque dans tous ces honneurs que celui à qui on les rend.

» Pleurez donc sur ces faibles restes de la vie humaine; pleurez sur cette triste immortalité que nous donnons aux héros. Mais approchez en particulier, ô vous qui courez avec tant d'ardeur dans la carrière de la gloire, âmes guerrières et intrépides! Quel autre fut plus digne de vous commander? Mais dans quel autre avez-vous trouvé le commandement plus honnête? Pleurez donc ce grand capitaine, et dites en gémissant : « voilà celui qui nous menait dans les hasards ! sous lui se sont formés tant de renommés capitaines que ses exemples ont élevés aux premiers honneurs de la guerre ! Son ombre eût pu encore gagner des batailles : et voilà que dans son silence son nom même nous anime ; et ensemble il nous avertit que, pour trouver à la mort quelque reste de nos travaux, et n'arriver pas sans ressource à notre éternelle demeure, avec le roi de la terre il faut encore servir le roi du ciel. » Servez donc ce roi immortel et si plein de miséricorde, qui vous comptera un soupir et un verre d'eau donné en son nom, plus que tous les autres ne feront jamais tout votre sang répandu ; et commencez à compter le temps de vos utiles services du jour que vous vous serez donnés à un maître si bienfaisant.

» Et vous, ne viendrez-vous pas à ce triste monument, vous, dis-je, qu'il a bien voulu mettre au rang de ses amis? Tous ensemble, en quelque degré de sa confiance qu'il vous ait reçus, environnez ce tombeau, versez des larmes avec des prières, et, admirant dans un si grand prince une amitié si commode et un commerce si doux, conservez le souvenir d'un héros dont la bonté avait égalé le courage. Ainsi, puisse-t-il toujours vous être un cher entretien ! Ainsi, puissiez-vous profiter de ses vertus, et que sa mort, que vous déplorez, vous serve à la fois de consolation et d'exemple !

» Pour moi, s'il m'est permis, après tous les autres, de venir rendre les derniers devoirs à ce tombeau, ô prince, le digne objet de nos louanges et de nos regrets, vous vivrez éternellement dans ma mémoire ; votre image y sera tracée, non point avec cette audace qui promettait la victoire ; non, je ne veux rien voir en vous de ce que la mort y efface ; vous aurez dans cette image des traits immortels ; je vous y verrai tel que vous étiez à ce dernier jour, sous la main de Dieu, lorsque sa gloire sembla commencer à vous apparaître. C'est là que je vous verrai plus triomphant qu'à Fribourg et à Rocroy ; et ravi d'un si beau triomphe, je dirai en actions de grâces, ces belles paroles du disciple bien-aimé : « la véritable victoire, celle qui met sous nos pieds le monde en» tier, c'est notre foi.

» Jouissez, prince, de cette victoire, jouissez-en éternellement par l'immortelle vertu de ce sacrifice. Agréez ces derniers efforts d'une voix qui vous fut connue : vous mettrez fin à tous ces discours. Au lieu de déplorer la mort des autres, grand prince, dorénavant je veux apprendre de vous à rendre la mienne sainte : heureux si, averti par ces cheveux blancs du compte que je dois rendre de mon administration, je réserve au troupeau que je dois nourrir de la parole de vie, les restes d'une voix qui tombe et d'une ardeur qui s'éteint. »

BOSSUET.

Pour mieux comprendre la disposition oratoire et suppléer aux citations que nous n'avons pu faire ici, il faut choisir quelque discours éloquent dans Démosthène, Cicéron, Bossuet, Bourdaloue ou Massillon, en faire l'analyse, examiner le plan, la marche, la distribution des parties : ce travail sera d'une grande utilité pour l'intelligence des principes de rhétorique énoncés ci-dessus.

Nous citerons ici, comme contre-partie des discours sérieux, un petit plaidoyer fort spirituel écrit par Colnet, en faveur des *chiens* et des *chats*, à l'occasion d'une proposition de M. Roger, qui voulait que ces animaux fussent soumis à un impôt. On y trouvera toutes les formes habituelles des discours du barreau, la division, le ton, le style : c'est une parodie piquante et originale, que peuvent avouer l'esprit et le bon goût.

Plaidoyer en faveur des chiens et des chats.

. . . . . . Venez, famille désolée,
Venez, pauvres enfants qu'on veut rendre orphelins,
Venez faire parler vos esprits enfantins (1).

RACINE. — *Les Plaideurs.*

Exorde. — « Depuis que j'habite notre petite planète, je n'entends parler que d'abus à réformer. Dans ma jeunesse, on en voulait aux moines. Ils étaient accusés de priver la population d'une

(1) Les orateurs choisissent souvent un texte pour point de départ et idée mère de leur discours : celui-ci est d'une application ingénieuse.

partie de ce qui devait lui revenir, et, quoique cette accusation fût assez mal fondée, en les supprima ; car c'était ainsi qu'on réformait à cette époque. Bientôt tout fut un abus (1) et réformé comme tel. J'ai même vu le moment où les procureurs... (2)

Proposition. « Mais voici bien un autre scandale : nos chiens et nos chats sont en danger ! Un philanthrope veut nous enlever les animaux domestiques que nous chérissons le plus ; il prêche, au dix-neuvième siècle, une croisade contre d'innocentes victimes qui ont des droits sacrés à notre reconnaissance ; et c'est de l'amour du bien public qu'il prétend colorer cet attentat ! C'est l'humanité qu'il invoque pour colorer un projet sanguinaire ! Il faut convenir que la philanthropie est bien barbare, et qu'à force d'humanité, nous sommes devenus bien inhumains ! Quoi qu'il en soit, les victimes ne seront pas égorgées sans réclamation : une voix faible mais courageuse, va s'élever en leur faveur.

Division. « Je plaide pour les chiens et les chats défendeurs, aboyants, miaulants, d'une part ; contre M. Alexandre Roger, chevalier de la Légion-d'Honneur, demandeur, d'autre part.

Confirmation et réfutation. — Défense du chien. « Messieurs, dans un procès de cette nature, la moralité des accusés devant nécessairement influer sur la décision des juges, il conviendrait de rappeler ici les heureuses qualités dont la nature a doué la moitié la plus intéressante de nos clients ; mais si je disais tout ce que valent les chiens, nous aurions trop à rougir (3). Qui, d'ailleurs, ne connaît pas leur douceur, leur fidélité, leur inébranlable attachement? Et à qui pourrais-je apprendre que, rapprochés de nous par un sentiment que notre férocité même ne peut anéantir, ils s'associent à nos peines comme à nos plaisirs, devinent et partagent toutes nos affections, nous protégent dans le danger, combattent et meurent en nous défendant? Ce ne sont point, Messieurs, de ces faux amis du jour, esclaves de la fortune, et toujours prêts à nous abandonner dans l'adversité ;

(1) Il eût été plus correct de dire *tout fut abus*.

(2) Cette réticence est un trait spirituel de perfidie, qui fait un effet comique. La phrase qui suit, *mais voici bien...* est une jolie transition.

(3) On nomme *prétérition* cette figure qui consiste à feindre d'omettre la chose même dont on parle.

martyrs généreux de l'amitié, on les voit s'échapper de l'asile doré de l'opulence, où l'on veut les retenir captifs, et où, comme tant de parasites qui sont loin de les valoir, ils seraient traités magnifiquement, pour retourner dans l'humble galetas du pauvre auquel ils sont attachés par un lien que l'amitié rend indissoluble. Et ce pauvre, que lui restera-t-il si vous lui enlevez son chien? Le malheureux est pestiféré : tout s'éloigne de lui, tout le fuit avec une sorte d'horreur; son chien est le seul être qui, dans la nature entière, se montre sensible à sa misère, l'en console par ses caresses, et l'adoucisse en la partageant. Qui l'aimera, si vous lui arrachez ce compagnon de son infortune? Mais jamais un jugement inique n'ordonnera cette cruelle séparation : je me suis adressé à des cœurs sensibles, les chiens gagneront leur cause.

Défense du chat. « La cause des chats est, je l'avoue, Messieurs, plus difficile à défendre. On a généralement mauvaise opinion de leur caractère, et leurs griffes leur ont fait beaucoup d'ennemis; mais il faudrait aussi se rendre justice. Si les chats sont méchants, nous ne sommes pas très bons. On les accuse d'égoïsme; et c'est nous qui leur faisons ce reproche! Ils sont fripons; qui sait si de mauvais exemples ne les ont pas gâtés? Ils flattent par intérêt; mais connaissez-vous beaucoup de flatteurs désintéressés? Cependant, vous aimez, vous provoquez l'adulation. Pourquoi donc faire un crime aux chats de ce qui, dans la société, est à vos yeux le plus grand de tous les mérites? Je ne parlerai point ici de leur grâce ni de leur gentillesse; je ne vous peindrai point ces minauderies enfantines, ce dos en voûte, cette queue ondoyante, et tant d'agréments divers, à l'aide desquels ils savent si bien nous intéresser à leur conservation. Des motifs plus puissants militent en leur faveur.

» Si vous détruisez les chats, qui mangera les souris? Ce ne sera pas assurément l'auteur du projet qui vous est présenté. On vous parle de souricières!... Des souricières, Messieurs! Eh! qui n'en connaît pas l'influence? Des souricières! c'est un piége qu'on vous tend, gardez-vous bien de vous y laisser prendre? Depuis longtemps les souris, trop bien avisées, savent s'en garantir. Attendez-vous donc à voir au premier jour la gent trotte-menue ronger impunément tous les livres de vos bibliothèques. On s'en consolerait si elles n'attaquaient que ces poëmes fades et ennuyeux dont nous sommes affligés depuis quelques années ! mais leur goût n'est pas très-sur, elles rongeront Racine aussi bien que Pradon. Que dis-je ? nos feuilletons eux-mêmes et nos plaidoyers si beaux et si longs ne seront pas épargnés. D'où je conclus que détruire les chats c'est rétablir le vandalisme.

» Mais je consens que vous fermiez les yeux sur les souris. Songez au moins qu'un ennemi cent fois plus terrible vous menace... Les rats, à qui les chats imposent encore, les rats, Messieurs, sont aux aguets ; ils n'attendent que le moment où vous aurez prononcé l'arrêt fatal que mon adverse partie sollicite, pour entrer en campagne et venir s'établir dans vos habitations, que vous serez forcés, oui, Messieurs, que vous serez forcés de leur abandonner.

Péroraison. « Et vous pouvez hésiter encore ! Catilina est à vos portes (1), et vous délibérez ! Je vous prie, Messieurs, d'excuser cette véhémence : il est difficile de conserver son sang-froid quand on parle des rats. »

COLNET.

CHAPITRE VI.

DE L'ÉLOCUTION ET DU STYLE.

L'*élocution* est la manière d'exprimer sa pensée par la parole ; on emploie souvent le mot *style* dans le même sens ; il y a pourtant une différence entre ces deux termes. Le style, c'est la *manière d'écrire ;* l'élocution, *la manière de parler* ; ce que nous avons à dire ici s'applique à l'un et à l'autre.

(1) Ce mouvement est emprunté à Cicéron ; c'est une métaphore dont l'effet est ici très comique.

« L'élocution, dit Crévier, est à l'éloquence ce que le coloris est à la peinture. L'imagination du peintre invente d'abord les principaux traits du tableau; son jugement met ensuite chaque partie à sa place ; mais le coloris lui est nécessaire pour animer tout l'ouvrage, donner aux objets de l'éclat, et rendre l'expression parfaite. De même, en éloquence, le fond du discours est dans les choses et dans les pensées ; l'ordre et la distribution en forment le dessin et le contour ; mais l'élocution achève l'ouvrage de l'invention et de la disposition ; elle lui communique l'âme et la vie, la grâce et la force. »

Ce qui est dit ici de l'élocution appliquée à l'éloquence peut s'entendre du style dans tous les genres de littérature. C'est la partie importante, essentielle de toute œuvre littéraire; c'est la forme extérieure et sensible de la pensée; sans elle, le travail de l'imagination meurt en naissant.

« Presque toujours, dit Voltaire, les choses qu'on dit frappent moins que la manière dont on les dit ; car les hommes ont tous à peu près les mêmes idées de ce qui est à la portée de tout le monde: l'expression, le style fait toute la différence. Le style rend singulières les choses les plus communes, fortifie les plus faibles, donne de la grandeur aux plus simples. Sans le style, il est impossible qu'il y ait un seul bon ouvrage en aucun genre. »

§ I. ORIGINALITÉ DU STYLE.

Buffon a dit : *Le style, c'est l'homme* ; mot profond et vrai. De même que chaque individu a une physionomie à lui qui ne ressemble à aucune autre, qui le fait distinguer entre mille ; chaque écrivain a un style particulier, expression de sa pensée, physionomie de son âme : sous cette enveloppe parlante, on suit les battements de son esprit, on surprend le secret de son cœur. Ainsi, le style n'est autre chose que la façon dont on exprime sa pensée ; c'est à peu près la même chose que ce qu'on appelle *manière* en peinture. L'auteur qui écrit comme tout le monde n'a point de style, il manque d'*originalité* ; on pourra le lire avec plaisir, mais il n'aura jamais un nom parmi les maîtres.

Pourquoi un connaisseur reconnaît-il au premier coup-d'œil un tableau de Raphaël, de Michel-Ange, de Rembrandt ou de Rubens ? C'est que les œuvres de ces grands peintres ont une touche particulière, qui est le cachet de leur génie. Il en est de même des ouvrages de littérature ; il suffit d'entendre une page d'Homère, de Tacite, de Pascal, de Molière ou de Chateaubriand, pour que le nom de l'auteur vienne aussitôt à l'esprit.

Si la différence de style est sensible d'homme à homme, elle l'est encore plus de nation à nation. Les Orientaux ont toujours aimé les figures fortes et hyperboliques. Athènes a brillé par un style précis, harmonieux et pur. De nos jours, quelle différence ne trouve-t-on pas entre le style des Français, des Allemands, des Anglais et des Espagnols ? Chaque peuple donne à son style l'empreinte de son caractère et de son génie. Ainsi, les mêmes fruits ont dans chaque climat une saveur particulière ; c'est le goût du terroir, dont un habile connaisseur saisit toutes les nuances.

Le style consiste donc dans le choix et dans l'arrangement, non-seulement des mots, mais aussi des pensées accessoires qui forment le tissu du discours. Quand nous disons que le style de Racine est excellent, c'est que nous considérons, d'une part, ces idées si justes, si clairement conçues par le poète, disposées dans un ordre parfait, et se fortifiant mutuellement ; et, de l'autre, ces expressions propres, que l'auteur a peut-être cherchées avec effort, mais qui semblent être venues d'elles-mêmes se ranger sous sa plume : ces phrases où la complication de la période ne nuit en rien à la clarté du sens, et cet heureux arrangement de mots qui ferait des vers de Racine la musique la plus harmonieuse pour l'oreille, lors même qu'ils ne seraient pas le langage le plus entraînant pour le cœur. Nous n'avons qu'à ouvrir ce poète pour y trouver un modèle de ce double mérite. Lisons, par exemple, ces paroles prononcées par Assuérus pour rassurer la tremblante Esther :

> Je ne trouve qu'en vous je ne sais quelle grâce
> Qui me charme toujours et jamais ne me lasse :
> De l'aimable vertu doux et puissants attraits !
> Tout respire en Esther l'innocence et la paix ;
> Du chagrin le plus noir elle écarte les ombres,
> Et fait des jours sereins de mes jours les plus sombres.

En quoi consiste le plaisir que nous font éprouver ces beaux vers ? Il tient sans doute aux sentiments et aux pensées qui s'y trouvent ; mais le choix des expressions et l'harmonie du style y ont une grande part. Les mêmes idées, exprimées autrement, n'auraient certes pas le même charme.

Nous considérons d'abord le style dans les *mots* et ensuite dans les *pensées*.

§ II. QUALITÉS GÉNÉRALES DU STYLE.

Les mots, avons-nous dit, sont les signes de nos idées.

Les mots servent à composer les *phrases*. Si les mots sont bien choisis, si les phrases sont composées d'après les règles naturelles du langage, le style est bon ; il acquiert les qualités essentielles, dont les principales sont : la *clarté*, la *pureté*, la *propriété*, la *précision*, le *naturel*, la *noblesse*, l'*élégance* et l'*harmonie*.

1° De la Clarté.

La *clarté* est cette qualité du style qui fait qu'on saisit sur le champ et sans effort l'idée de l'auteur. Il faut, dit Quintilien, que l'expression soit tellement claire, que l'idée frappe les esprits comme le soleil frappe les yeux.

La clarté est la qualité principale du style : si les mots ne réfléchissent pas l'idée comme un miroir, le but de l'écrivain est manqué.

On pèche contre la clarté quand les termes sont équivoques, quand les phrases sont embarrassées, longues, quand les rapports sont louches.

La langue française est reconnue comme la plus claire qui existe ; elle ne souffre ni le vague ni l'obscurité ; elle n'aime pas l'inversion : sa construction suit l'ordre même de la pensée, c'est-à-dire qu'elle procède toujours par *sujet, verbe, attribut* et *complément.*

L'auteur le plus clair est toujours celui qui se lit avec le plus de plaisir. Voltaire se recommande surtout par cette transparence lumineuse de la pensée, qui facilite l'intelligence des matières les plus ardues, et donne à la lecture un attrait irrésistible.

Pour être clair, il faut éviter les phrases trop longues, entortillées de *qui* et de *que*, embarrassées par les doubles rapports des pronoms et des adjectifs *il, elle, eux, son, sa, ses, leur, leurs.* Voici une phrase du P. d'Orléans, qui donne une idée de ces constructions vicieuses : « Si cette princesse (Marguerite d'Anjou, femme d'Henri VI) n'eut pas la gloire de vaincre le malheur de son époux, *elle* eut celle de combattre avec une constance *qui* plus d'une fois semblait faire honte à la fortune des injustices *qu'elle* lui faisait, la fortune n'ayant pu s'empêcher d'accorder à cette amazone, lorsqu'*elle* combattait en personne, des victoires *qui* firent voir *que* c'était moins à elle *qu'à* son mari *qu'elle* avait déclaré la guerre. »

2° *De la pureté.*

La *pureté* de style n'est pas moins nécessaire que la clarté ; elle consiste à n'employer que des mots et des constructions propres à la langue que l'on parle.

> Surtout qu'en vos écrits la langue révérée,
> Dans vos plus grands excès vous soit toujours sacrée.
> En vain vous me frappez d'un son mélodieux,
> Si le terme est impropre ou le tour vicieux :
> Mon esprit n'admet point un pompeux barbarisme,
> Ni d'un vers ampoulé l'orgueilleux solécisme.
> Sans la langue, en un mot, l'auteur le plus divin
> Est toujours, quoi qu'il fasse, un méchant écrivain.
>
> BOILEAU, *Art poét.*

Un *barbarisme* est un mot étranger ou contraire à la langue. Exemple :

> . . . . Un brouillard glacé, rasant les pics sauvages,
> Comme un fils de Morven me vêtissait d'orages.
>
> DE LAMARTINE, *Jocelyn.*

On ne dit pas *vêtissait*, mais *vêtait.*

Un *solécisme* est une faute contre les règles de la grammaire. Exemple :

> C'est *à vous*, mon esprit, *à qui* je veux parler.
>
> BOILEAU.

On appelle *puristes* les gens qui poussent la pureté du langage jusqu'à l'affectation.

3° *De la propriété.*

La propriété consiste à rendre l'idée par le mot propre, tel qu'il a été consacré par l'usage. Il n'y a ordinairement qu'un seul mot qui convienne à une idée ; il faut le chercher avec patience ; faute de trouver ce mot, on emploie une expression équivalente, un *synonyme;* mais il n'y a pas de *synonymes* proprement dits dans une langue; les mots diffèrent toujours par quelque nuance de signification. Ainsi, les cinq mots *indolent, nonchalant, négligent, paresseux, fainéant,* expriment un défaut contraire à l'amour du travail; et cependant on ne peut dire qu'ils soient synonymes. On est *indolent* par défaut de sensibilité, *nonchalant* par défaut d'ardeur, *négligent* par défaut de soin, *paresseux* par défaut d'action, *fainéant* par antipathie de la peine.

La pureté et la propriété réunies forment ce qu'on appelle la *correction* du style.

4° *De la précision.*

La *précision* consiste à dire ce qu'il faut, avec le moins de termes possible.

Cette qualité est le propre des esprits sains et justes. Les écrivains médiocres, dont la pensée est toujours enveloppée de nuages, ne savent pas aller droit au but; ils prennent des détours, accumulent les mots et affaiblissent l'idée. La Rochefoucauld, Pascal, Voltaire, sont des modèles de précision. Voici une pensée de La Rochefoucauld où cette qualité est sensible.

« L'esprit est souvent la dupe du cœur. »

Quand le style manque de précision, on dit qu'il est *diffus, lâche* ou *prolixe.*

5° *Du naturel.*

Le *naturel* consiste à rendre l'idée sans effort et sans apprêt, à parler comme la nature.

« Quand on voit le style naturel, dit Pascal, on est tout étonné et ravi, car on s'attendait de voir un auteur, et l'on trouve un homme. »

Le contraire du naturel est l'*affectation,* la *recherche* dans les mots ou dans les pensées.

> Rien n'est beau que le vrai, le vrai seul est aimable.
>
> BOILEAU.

6° *De la noblesse.*

La *noblesse* du style consiste à n'employer que les termes convenables, et à éviter les expressions basses et triviales.

> Le style le moins noble a pourtant sa noblesse.
>
> BOILEAU.

Pour s'exprimer noblement, il faut s'habituer à donner à sa pensée de la dignité et de l'élévation ; il faut vivre dans une atmosphère où respire la décence, le bon ton et le bon goût. Le langage peint l'homme : il vient de l'abondance du cœur.

Ce n'est pas qu'il faille toujours choisir ses termes au point de paraître affecté et ridicule ; on sortirait par là du naturel : le mot propre vaut souvent mieux que les expressions détournées. Pourtant il y a un art de dire noblement les petites choses, de relever les plus minces sujets, de donner aux objets mêmes qui répugnent un caractère d'élégance qui les fasse passer. Voyez comme Racine sait ennoblir les détails d'un hideux tableau :

> Et je n'ai plus trouvé qu'un horrible mélange
> D'os et de chairs meurtris et traînés dans la fange,
> Des lambeaux pleins de sang et des membres affreux
> Que des chiens dévorants se disputaient entre eux.
>
> *Athalie.*

7° *De l'élégance.*

L'élégance du style tient de près à la noblesse ; c'est ce tour gracieux et poli que l'on donne à la pensée, et qui la rend agréable.

Dans la *Phèdre* de Pradon, Hyppolyte dit à Aricie :

> Depuis que je vous vois, j'abandonne la chasse ;
> Elle fit autrefois mes plaisirs les plus doux ;
> Et quand j'y vais, ce n'est que pour penser à vous.

Ces vers sont prosaïques et manquent d'élégance ; mais voyez comme Racine sait rendre la même pensée :

Mon arc, mes javelots, mon char, tout m'importune ;
Je ne me souviens plus des leçons de Neptune :
Mes seuls gémissements font retentir les bois,
Et mes coursiers oisifs ont oublié ma voix.

8° *De l'harmonie.*

Il est un heureux choix de mots harmonieux :
Fuyez des mauvais sons le concours odieux.
Le vers le mieux rempli, la plus noble pensée
Ne peut plaire à l'esprit, quand l'oreille est blessée.

BOILEAU.

L'*harmonie* est ce charme du style qui résulte, pour l'oreille, de l'heureux choix des mots et de leur habile combinaison.

Le style doit être une musique dont les modulations varient avec chaque genre et chaque sujet. L'écrivain qui a l'oreille délicate donne à la pensée un souffle harmonieux, qui retentit agréablement à l'oreille du lecteur ou de l'auditeur ; c'est par là surtout qu'il plait et saisit l'imagination.

Un style dur, raboteux, sans harmonie, fait l'effet d'un concert discordant, dont la cacophonie écorche l'oreille. Ainsi, Fénelon et Massillon plaisent toujours par l'harmonie de leur langage. Si Chapelain est oublié, si Racine se fait toujours lire, c'est que l'un repousse par son style rocailleux, et que l'autre attire par une harmonie toujours soutenue.

Il faut distinguer : 1° l'harmonie des mots, 2° l'harmonie des phrases.

L'*harmonie des mots* consiste dans le choix et l'arrangement des mots considérés comme sons ; les uns sont doux et sonores, les autres sont durs et sourds : il faut éviter la rencontre des consonnes désagréables, sans pourtant pousser ce soin jusqu'à l'affectation et la contrainte.

Il existe dans toutes les langues un rapport sensible entre le son et l'idée ; les pensées graves ou tristes amènent des sons lents et sourds ; au contraire, la joie vive l'action impétueuse s'expriment par des mots rapides, légers et brillants. Ce rapport particulier des sons avec les objets se nomme *harmonie imitative,* et quelquefois *onomatopée.*

L'harmonie imitative convient surtout à la poésie ; elle forme des images vives et pittoresques, elle peint par les sons. C'est ainsi qu'on dit : *gronder, murmurer, gazouiller, siffler, bourdonner, hennir, béler* ; et le *tic-tac* d'un moulin, le *glou-glou* de la bouteille.

La mort d'Hippolyte, dans la *Phèdre* de Racine, nous offre un beau modèle d'harmonie imitative, Le poète peint ainsi le monstre qui sort de la mer :

> Sa croupe se recourbe en replis tortueux.

Et plus loin :

> L'essieu crie et se rompt.....

Ailleurs, Racine fait dire à Oreste agité par les Furies :

> Pour qui sont ces serpents qui sifflent sur vos têtes ?

Delille n'est pas moins expressif dans ce vers :

> J'entends crier la dent de la lime mordante.

Le vers suivant exprime bien la rapidité du temps :

> Le moment où je parle est déjà loin de moi.

La Fontaine peint admirablement le souffle de Borée, qui

> Se gorge de vapeurs, s'enfle comme un ballon,
> Fait un vacarme de démon,
> Siffle, souffle, tempête.....

Voici un passage de Châteaubriand dont la riche harmonie est sensible :

« Si tout est silence et repos dans les savanes de l'autre côté du fleuve, tout ici, au contraire, est mouvement et murmure : des coups de bec contre le tronc des chênes ; des froissements d'animaux qui marchent, broutent ou broient les noyaux des fruits ; des bruissements d'ondes, de faibles gémissements, de sourds meuglements, de doux roucoulements, remplissent ces déserts d'une tendre et sauvage harmonie.

Ce genre d'harmonie ne convient pas à tous les sujets, et il faut en user sobrement : mais on ne peut jamais se passer de l'*harmonie des phrases*, qui dépend de l'arrangement des mots et de la construction. Buffon, ce grand maître en l'art d'écrire, nous en offre à chaque page des modèles. Relisez cette belle description du *cheval :*

C'est partout une harmonie soutenue, un choix d'expressions où préside le goût le plus pur.

« La plus noble conquête que l'homme ait jamais faite est celle de ce fier et fougueux animal, qui partage avec lui les fatigues de la guerre et la gloire des combats. Aussi intrépide que son maître, le cheval voit le péril et l'affronte ; il se fait au bruit des armes, il l'aime, il le cherche, et s'anime de la même ardeur. Il partage aussi ses plaisirs : à la chasse, au tournois, il brille, il étincelle. Mais docile autant que courageux, il ne se laisse point emporter à son feu ; il sait réprimer ses mouvements : non-seulement il fléchit sous la main qui le guide, mais il semble consulter ses désirs ; et obéissant toujours aux impressions qu'il en reçoit, il se précipite, se modère, ou s'arrête, et n'agit que pour y satisfaire. C'est une créature qui renonce à son être pour n'exister que par la volonté d'un autre ; qui sait même la prévenir ; qui, par la promptitude et la précision de ses mouvements, l'exprime et l'exécute ; qui sent autant qu'on le désire, et ne rend qu'autant qu'on veut ; qui, se livrant sans réserve, ne se refuse à rien ; sert de toutes ses forces, s'excède, et même meurt pour mieux obéir. »

BUFFON.

L'harmonie qui résulte de l'arrangement des mots dans la phrase, est ce qu'on appelle le *nombre*. C'est, à proprement parler, la mesure de la prose, comme le rhythme est la mesure des vers. Le nombre ne peut avoir de règles fixes comme la poésie ; il dépend entièrement de l'oreille ; c'est une harmonie de sentiment. L'écrivain qui sent le nombre règle la longueur de sa phrase sur l'objet dont il parle, sur l'harmonie de la cadence et le besoin de la respiration. Son style devient ainsi vif et *coupé*, ou lent et *périodique*.

§ III. DU STYLE COUPÉ ET DU STYLE PÉRIODIQUE.

Le style est coupé quand les phrases sont courtes et séparées, quand on évite de les lier par des conjonctions. On l'emploie pour donner à la pensée du mouvement, de la vivacité, de la passion. Il convient à l'énumération, à la gradation, aux descriptions animées, au dialogue, au raisonnement vif et pressé; l'art dramatique l'emploie de préférence ; il est encore à sa place dans les sujets légers, dans le conte, dans le roman, dans les lettres. Ce style convient parfaitement à l'esprit français, qui aime à revêtir une allure vive et franche, une tournure originale et piquante, une clarté lumineuse : on peut s'en convaincre en lisant nos auteurs.

La Bruyère brille surtout dans ce genre de style, comme le prouve l'exemple suivant :

« Cliton n'a jamais eu toute sa vie que deux affaires, qui sont de dîner le matin et de souper le soir ; il ne semble né que pour la digestion : il n'a même qu'un seul entretien : il dit les entrées qui ont été servies au dernier repas où il s'est trouvé, il dit combien il y a eu de potages, et quels potages ; il place ensuite le rôt et les entremets.... C'est un personnage illustre dans son genre, et qui a poussé le talent de se bien nourrir jusqu'où il pouvait aller... Mais il n'est plus : il s'est du moins fait porter à table jusqu'au dernier soupir ; il donnait à manger le jour où il est mort. Quelque part où il soit, il mange ; et s'il revient au monde, c'est pour manger. »

Voici une scène de l'*Avare*, de Molière, où la coupure du style est encore plus sensible :

Harpagon crie en accourant : « Au voleur ! au voleur ! à l'assassin ! au meurtrier ! Justice, juste ciel ! Je suis perdu, je suis assassiné ! on m'a coupé la gorge ! on m'a dérobé mon argent.

Qui peut-ce être? qu'est il devenu? où est-il? où se cache-t-il? Que ferai-je pour le trouver? Où courir? Où ne pas courir? N'est-il point là? N'est-il point ici? Qui est ce? Arrête! *(à lui-même, se prenant par le bras)*. Rends-moi mon argent, coquin!... Ah! c'est moi!... Mon esprit est troublé, et j'ignore où je suis, qui je suis, et ce que je fais. Hélas! mon pauvre argent, mon pauvre argent, mon cher ami, on m'a privé de toi! Et, puisque tu m'es enlevé, j'ai perdu mon support, ma consolation, ma joie : tout est fini pour moi, et je n'ai plus que faire au monde! Sans toi, il m'est impossible de vivre. C'en est fait! je n'en puis plus, je me meurs, je suis mort, je suis enterré. N'y a-t-il personne qui veuille me ressusciter en me rendant mon cher argent, ou en m'apprenant qui me l'a pris? Euh! que dites-vous? Ce n'est personne. Il faut, qui que ce soit qui ait fait le coup, qu'avec beaucoup de soin on ait épié l'heure, et l'on a choisi justement le temps que je parlais à mon traître de fils. Sortons, je veux aller quérir la justice, et faire donner la question à toute ma maison : à servante, à valets, à fils, à fille, et à moi aussi. Que de gens assemblés! Je ne jette mes regards sur personne qui ne me donne des soupçons, et tout me semble mon voleur. Eh! de quoi est-ce qu'on parle là? De celui qui m'a dérobé? Quel bruit fait-on là-haut? Est-ce mon voleur qui y est? De grâce, si l'on sait des nouvelles de mon voleur, je supplie qu'on m'en dise. N'est-il point caché là parmi vous? Ils me regardent tous et se mettent à rire! Vous verrez qu'ils ont part sans doute au vol que l'on m'a fait. Allons vite, des commissaires, des archers, des prévôts, des juges, des gênes, des potences, et des bourreaux! Je veux faire pendre tout le monde; et si je ne retrouve mon argent, je me pendrai moi-même après. »

Le style est *périodique* quand les phrases se prolongent avec une certaine étendue, et dépendent les unes des autres.

La *période* est donc une pensée composée de plusieurs propositions ou phrases liées entre elles, et dont le sens est suspendu jusqu'à la fin.

Chacune des phrases, prise séparément, se nomme *membre* de la période; le membre peut lui-même se diviser en *sections*.

Pour bien sentir ce que c'est que la période, relisons, dans l'oraison funèbre du grand Condé, par Bossuet, ce fragment de la péroraison « Pour moi, s'il m'est permis, après tous les autres, de venir rendre les derniers devoirs à ce tombeau, ô prince, le digne objet de nos louanges et de nos regrets, vous vivrez éternellement dans ma mémoire ; votre image y sera tracée, non point avec cette audace qui promettait la victoire ; non, je ne veux rien voir en vous de ce que la mort y efface ; vous aurez dans cette image des traits immortels : je vous verrai tel que vous étiez à ce dernier jour, sous la main de Dieu, lorsque sa gloire sembla commencer à vous apparaître... » On voit qu'ici toutes les idées, quoique distinctes, s'enchaînent et forment un ensemble harmonieux : telle est la période.

On peut encore en voir un exemple remarquable dans le fragment cité plus haut, page 52, du plaidoyer de Lally-Tollendal.

On peut faire des périodes de deux, de trois et de quatre membres.

Comme exemple de la période à quatre membres, citons ces paroles du grand-prêtre Joad au sujet de Joas, dans l'*Athalie* de Racine :

1° Grand Dieu ! si tu prévois qu'indigne de sa race
Il doive de David abandonner la trace ;

2° Qu'il soit comme le fruit en naissant arraché,
Ou qu'un souffle ennemi dans sa fleur a séché.

3° Mais si ce même enfant, à tes ordres docile,
Doit être à tes desseins un instrument utile,

4° Fais qu'au juste héritier le sceptre soit remis ;
Livre en mes faibles mains ses puissants ennemis ;
Confonds dans ses desseins une reine cruelle ;
Daigne, daigne, mon Dieu, sur Mathan et sur elle,
Répandre cet esprit d'imprudence et d'erreur,
De la chute des rois funeste avant-coureur !

C'est surtout dans le style périodique que le nombre est sensible, que l'harmonie des phrases se déploie par la mesure et la symétrie des membres. Il faut construire les périodes de manière qu'elles ne soient ni trop longues ni trop courtes ; la chute doit en être arrondie et harmonieuse, sans brusquerie comme sans pesanteur. Mais il faut éviter l'excès de recherche et de travail ; il faut se garder de ces périodes sonores et vides, qui charment l'oreille sans rien dire à l'esprit : Des choses et non des mots, telle doit être la devise de tout bon écrivain.

Le style périodique convient surtout aux grands sujets, à l'éloquence grave et mesurée, aux descriptions pompeuses, aux larges développements de l'histoire ; toutes les fois enfin qu'il faut adopter un ton sérieux, solennel, et donner aux idées une certaine ampleur.

Du reste, il est impossible de poser des règles absolues pour l'application du style périodique et du style coupé ; on peut employer l'un et l'autre dans un même ouvrage, selon que le besoin s'en fait sentir. C'est le goût qui doit guider ici comme partout ; et le goût, ainsi que le sentiment de l'harmonie, s'acquiert par l'étude des bons modèles.

§ IV. DES DIFFÉRENTS GENRES DE STYLE.

Le style peut varier autant que les sujets, autant que les sentiments de l'écrivain. Si l'on en voulait étudier toutes les combinaisons, en classer tous les tons, toutes les nuances, on ferait un chapitre aussi long que fastidieux, et dont l'utilité serait médiocre. Un écrivain ne combine pas à l'avance le genre de style qu'il adoptera dans chaque circonstance ; il s'abandonne simplement à son goût, à ses impressions ; le bon sens lui fait sentir instinctivement les règles ; en un mot, il observe naturellement les convenances de l'art d'écrire.

« Celui-là seul, dit Cicéron, écrit véritablement bien, qui dit les petites choses d'un style simple, les choses moyennes d'un style tempéré, les grandes d'un style élevé. »

Cicéron, comme tous les anciens rhéteurs, distingue ici trois sortes de style. Cette division nous semble arbitraire, et peu utile dans la pratique ; car le style change perpétuellement de caractère, selon les objets qu'il sert à revêtir. La matière que l'on traite n'est pas toujours uniforme ; elle peut varier de mille manières, s'élever ou s'abaisser selon les circonstances, et le style doit la suivre dans toutes ses transformations. Souvent le simple et le sublime se touchent ; le seul précepte que l'écrivain ne doive pas perdre de vue, c'est celui des convenances : s'il a le sentiment vrai de la nature, son style prendra toujours le ton convenable à chaque sujet.

Laissons donc de côté l'ancienne division du style en *simple*, *tempéré* et *sublime*, pour dire quelques mots des qualités particulières du style, qui sont comme la gamme musicale de l'harmonie du langage dans les différents genres de composition. Nous parlerons successivement du *style familier*, du *style simple*, du *style naïf*, du *style fin*, du *style délicat*, du *style gracieux*, du *style riche*, *fleuri* et *pittoresque*, du *style énergique*, *véhément et magnifique*, du *style sublime*.

1° *Style familier.*

Le *style familier* est le moins recherché de tous les styles ; il convient à la conversation, aux lettres familières, où l'on se livre à l'abandon de l'esprit et du cœur. La comédie emploie ce style avec succès, pour reproduire la vérité des mœurs et du langage de la vie ordinaire. Molière nous en offre d'excellents modèles dans l'*Avare* et dans le *Bourgeois gentilhomme*.

Citons, dans ce genre, le début de la comédie de Racine, les *Plaideurs :*

PETIT JEAN.

Ma foi ! sur l'avenir bien fou qui se fiera.
Tel qui rit vendredi, dimanche pleurera.
Un juge, l'an passé, me prit à son service ;
Il m'avait fait venir d'Amiens pour être suisse.
Tous ces Normands voulaient se divertir de nous :
On apprend à hurler, dit l'autre, avec les loups.
Tout Picard que j'étais, j'étais un bon apôtre,
Et je faisais claquer mon fouet tout comme un autre.
Tous les plus gros monsieurs me parlaient chapeau bas;
Monsieur de Petit Jean, ah ! gros comme le bras.
Mais sans argent, l'honneur n'est qu'une maladie.
Ma foi ! j'étais un franc portier de comédie :
On avait beau heurter et m'ôter son chapeau,
On n'entrait point chez nous sans graisser le marteau.
Point d'argent, point de suisse; et ma porte était close.

L'écueil du style familier, c'est le *bas*, le *grossier*, et le *burlesque*, dont un homme de goût doit toujours se garder avec soin.

2° *Style simple.*

Le *style simple* doit être pur, clair, précis, mais sans éclat, sans ornements : sa plus belle parure est le naturel. Il convient au récit, à la fable, à l'églogue, à tous les sujets qui ne demandent ni élévation, ni grandeur. Madame Louise Colet, dans un de ses contes, nous en offre un charmant modèle :

Enfants, ne jouez pas si près de la rivière ;
Pour vous mirer dans l'eau, n'inclinez pas vos fronts.
Votre pied imprudent peut glisser sur la pierre ;
Vous êtes tout petits, et les flots sont profonds !
Mais vous n'écoutez pas ma voix qui vous appelle ;
Aux poissons effrayés vous lancez des cailloux ;
Vous allez du pêcheur démarrer la nacelle,
Et, penchés sur le bord, vous l'attirez vers vous...

3° *Style naïf.*

Le *style naïf* est toujours simple, mais il a, de plus, un caractère de naturel et d'abandon qui indique la nature même prise sur le fait. La naïveté est un sentiment qui a l'air d'échapper au cœur, de se trahir ingénûment et sans réflexion. La Fontaine est plein de traits d'une admirable naïveté : témoin la fable qui a pour titre : *La Laitière et le Pot au lait.* Marot, dans son vieux style, est aussi un modèle de ce genre. La naïveté appartient surtout à l'enfance ; c'est en quelque sorte l'esprit de l'innocence qui caractérise cet âge. Dans l'exemple suivant, j'ai voulu peindre cette aimable naïveté qui tire son charme de l'ignorance même.

LA MÈRE ET L'ENFANT.

— Mère, lorsqu'un enfant est mort,
Et que, renfermé dans la bière,
On le transporte au cimetière,
Est-ce pour bien longtemps qu'il dort ?

— Jamais, mon fils, il ne s'éveille ;
Toujours il reste aux mêmes lieux ;
Quand une fois on y sommeille,
Jamais on ne r'ouvre les yeux.

— Mère, tous ceux qui sont en vie
Doivent-ils donc ainsi finir ?
Oh ! moi, je n'en ai pas envie ;
Mère, je ne veux pas mourir !

— Mon enfant, tous tant que nous sommes,
Nous devons subir cette loi :
Car la mort fauche tous les hommes,
Depuis le pauvre jusqu'au roi.

— Mais, l'autre jour, dans ton grand livre
Tout garni d'or et de velours,

Tu lisais : « la mort nous délivre
Pour nous faire vivre toujours ? »

— Oui, mon fils ; nous avons une âme
Qui par la mort ne périt pas :
Le ciel l'attire et la réclame
Quand nous sommes bons ici-bas.

Tu vois, dans l'air, ces hirondelles
Filer et se perdre à tes yeux :
A la mort, notre âme comme elles
S'enfuit dans les hauteurs des cieux ;

Elle va se mêler aux anges
Qui la traitent comme une sœur,
Et chante avec eux les louanges
Du bon Dieu, notre créateur.

— Si c'est ainsi, la mort me semble
Non pas un mal, mais un plaisir ;
Pourvu que nous partions ensemble,
Mère, alors je veux bien mourir !

Mais, en littérature, le naïf a souvent une tournure piquante qui n'est pas toujours l'ingénuité : l'art y entre pour quelque chose. Nos vieux auteurs français sont empreints d'une naïve simplicité qui paraît avoir été le caractère propre de l'esprit gaulois.

4° *Style fin.*

La *finesse* est une certaine vivacité d'esprit qui se voile en partie pour briller davantage, car elle laisse au lecteur le plaisir de deviner ce qu'elle lui cache.

Une tournure fine est en même temps *spirituelle ;* c'est pour cela qu'elle plaît. La Rochefoucauld, La Bruyère, Voltaire, ont souvent des traits de finesse dans leur style. En voici quelques exemples :

« L'hypocrisie est un hommage que le vice rend à la vertu. »

« Le vrai moyen d'être trompé, c'est de se croire plus fin que les autres. »

« Rien n'empêche tant d'être naturel que l'envie de le paraître. »

La peine a ses plaisirs, le péril a ses charmes.

La finesse n'est pas seulement un trait d'esprit : elle peut s'étendre sur un long morceau, et même sur tout un ouvrage. Fontenelle se distingue surtout par cette qualité, mais il tombe souvent dans le défaut qui la suit de près, c'est-à-dire l'*affectation* et le *bel esprit*.

5° *Style délicat.*

La *délicatesse* dans le style est comme la finesse de la sensibilité ; car si la finesse tient à l'esprit, la délicatesse tient au cœur. Racine, qui est profondément sensible, brille par une admirable délicatesse de pensée et de style : on peut s'en convaincre en lisant les rôles d'Andromaque, de Monime, d'Iphigénie et d'Esther.

La délicatesse se fait voir, comme la finesse, à travers un voile transparent ; il ne faut pas plus abuser de l'une que de l'autre, pour ne point tomber dans l'afféterie. Citons comme modèles les deux strophes suivantes :

On meurt deux fois, je le vois bien :
Cesser d'aimer et d'être aimable,
C'est une mort insupportable ;
Cesser de vivre, ce n'est rien.

VOLTAIRE.

Mais elle était du monde où les plus belles choses
Ont le pire destin ;
Et rose, elle a vécu ce que vivent les roses,
L'espace d'un matin.

MALHERBE.

6° *Style gracieux.*

La *grâce* se sent mieux qu'elle ne se définit : elle tient de près à la délicatesse, mais elle a en même temps de l'aisance, de la souplesse, de la variété dans ses mouvements ; elle frappe moins que la beauté, mais elle plaît davantage, ou plutôt la beauté n'a d'attraits que par elle.

La Fontaine, qui comprenait bien la grâce, l'a caractérisée par ce vers, si gracieux lui-même :

Et la grâce, plus belle encor que la beauté.

Reboul, notre poète boulanger, offre un tableau rempli d'une grâce suave dans son élégie de l'*Ange et l'Enfant :*

Un ange au radieux visage,
Penché sur le bord d'un berceau,
Semblait contempler son image
Comme dans l'onde d'un ruisseau.

« Charmant enfant qui me ressemble,
» Disait-il, oh ! viens avec moi ;
» Viens, nous serons heureux ensemble :
» La terre est indigne de toi.

» Là, jamais entière allégresse ;
» L'âme y souffre de ses plaisirs :
» Les cris de joie ont leur tristesse,
» Et les voluptés leurs soupirs...

» Eh quoi ! les chagrins, les alarmes
» Viendraient troubler ce front si pur ;
» Et dans l'amertume des larmes
» Se terniraient ces yeux d'azur !

» Non, non ! dans les champs de l'espace
» Avec moi tu vas t'envoler :
» La Providence te fait grâce
» Des jours que tu devais couler...

Et, secouant ses blanches ailes,
L'ange aussitôt prend son essor
Vers les demeures éternelles...
Pauvre mère, ton fils est mort!

7° *Style riche, fleuri, pittoresque.*

Le style est *riche* quand il joint l'abondance à l'éclat, quand il est semé d'images vives, de traits brillants. Tel est le style de Lamartine.

Le style est *fleuri* quand il offre des pensées agréables, élevées, sans être sublimes; quand il est convenablement orné de figures. Il convient surtout aux sujets où l'on cherche à plaire.

Le style est *pittoresque* s'il peint vivement les objets, s'il a de la couleur et du mouvement.

Le récit de *Théramène*, ou la mort d'Hippolyte, dans la *Phèdre* de Racine, offre un bel exemple de ces trois qualités de style réunies. Voici, dans un style plus moderne, un morceau remarquable emprunté à la *Divine Épopée* d'A. Soumet.

Lorsqu'un chef africain, veut dompter les élans
D'un sauvage coursier, roi des sables brûlants,
Il s'approche, et déjà la flottante crinière
Dans sa nerveuse main frissonne prisonnière.
Il s'élance, retombe, et deux genoux d'acier
Étreignent puissamment les flancs bruns du coursier.
L'animal étonné, qu'un poids nouveau tourmente,
Bat son poitrail en feu de sa bouche écumante,
Élargit ses naseaux, et redouble, heurtés,
Ses bonds tumultueux au vertige empruntés;
Son œil indépendant brille en topaze bleue;
En panache de guerre il agite sa queue;
Par ses hennissements il réclame, irrité,
Loin des jeux du Djérid, l'air de la liberté;
S'allonge, s'accourcit, se penche, se dérobe;

Ses veines en réseau se gonflent sous sa robe ;
Il cache sous ses crins, attristés de l'affront,
L'étoile de sa race empreinte sur son front ;
Saute comme un bélier, tourne comme un orage,
Sans pouvoir loin de lui secouer l'esclavage.
S'il se dresse en fureur, l'homme, tel qu'un serpent,
A son cou qui frémit s'enlace et se suspend ;
Aiguillonne ses flancs s'il part comme la foudre ;
S'il se renverse, et roule, et sillonne la poudre,
Son vainqueur suit sa chute, et, sans quitter le crin,
Soumet sa bouche ardente aux morsures du frein.

8° *Style énergique, véhément, magnifique.*

L'*énergie* du style, c'est la force, la vivacité de la pensée et du sentiment. La *véhémence* est un degré supérieur à la force ; elle entraîne et subjugue par les mouvements hardis et les figures passionnées. La *magnificence* consiste dans l'élévation des pensées, l'harmonie des périodes et la richesse des images.

La belle méditation de Lamartine, intitulée *Bonaparte*, nous offre presque partout une admirable réunion de ces trois qualités du style :

Sur un écueil battu par la vague plaintive,
Le nautonier, de loin, voit blanchir sur la rive
Un tombeau, près du bord par les flots déposé ;
Le temps n'a pas encor bruni l'étroite pierre;
Et, sous le vert tissu de la ronce et du lierre,
On distingue... un sceptre brisé.

Ici gît... Point de nom !... Demandez à la terre !
Ce nom, il est inscrit en sanglant caractère
Des bords du Tanaïs au sommet du Cédar ;
Sur le bronze et le marbre, et sur le sein des braves,
Et jusque dans le cœur de ces troupeaux d'esclaves
Qu'il foulait tremblants sous son char.

Il est là... sous trois pas un enfant le mesure !
Son ombre ne rend pas même un léger murmure.
Le pied d'un ennemi foule en paix son cercueil.
Sur ce front foudroyant le moucheron bourdonne,
Et son ombre n'entend que le bruit monotone
D'une vague contre un écueil.

9o *Style sublime.*

Nous parlons du sublime en général dans la second partie de cet ouvrage (page 165); il ne s'agit ici que du sublime dans le style.

Le sublime dans le style est une élévation de pensée, de sentiment ou d'expression qui dépasse les limites ordinaires du beau humain, et nous donne comme une révélation du beau infini. Le sublime transporte notre âme d'étonnement et d'admiration.

Les rhéteurs entendent souvent par style sublime celui qui se distingue par quelques-unes des qualités élevées dont nous venons de parler, comme l'énergie, la véhémence, la richesse, la magnificence. Selon nous, ces caractères ne suffisent pas pour constituer le sublime. Le sublime, par lui-même, est simple : il existe moins dans les mots que dans les choses ; il ne se manifeste que rarement, et par de soudaines illuminations, comme la foudre qui perce la nue; sa durée ne peut se prolonger. Il dépend, non de l'art, mais de l'inspiration produite par une émotion fortement passionnée ; l'ignorant peut le trouver aussi bien que l'homme instruit.

Rien n'est plus simple que ce mot de Moïse racontant la création : « Dieu dit : Que la lumière soit ; — et la lumière fut. » C'est pourtant un trait sublime, admiré par Longin.

Elle ne croyait pas être sublime, cette mère qui avait perdu son fils, et à qui l'on citait, pour la consoler, l'exemple d'Abraham obligé de sacrifier son fils Isaac, quand elle s'écriait : « Dieu n'aurait jamais commandé ce sacrifice à une mère ! » pourtant, c'est là le sublime du sentiment maternel.

On connaît ce vers célèbre de Corneille dans *Horace*, au moment où le vieil Horace croit que son fils a fui devant l'ennemi :

JULIE.

Que vouliez-vous qu'il fît contre trois ?

HORACE.

Qu'il mourût !

Le sublime consiste ici dans l'héroïque sacrifice du sentiment paternel à l'honneur et au salut de la patrie.

Bossuet, en parlant des siècles d'idolâtrie, a une expression sublime quand il dit : « Tout était dieu, excepté Dieu lui-même. »

Citons, comme dernier exemple, ces vers de Racine, dont le dernier est sublime :

J'ai vu l'impie adoré sur la terre :
Pareil au cèdre, il cachait dans les cieux
Son front audacieux ;
Il semblait à son gré gouverner le tonnerre,
Foulait aux pieds ses ennemis vaincus :
Je n'ai fait que passer, il n'était déjà plus.

Esther.

Le *sublime de conception* peut s'étendre à toute une œuvre littéraire, à l'invention d'une idée, à la création du plan d'un ouvrage. L'*Iliade* est sublime dans son ensemble ; on peut en dire autant de l'*Enfer* de Dante, de l'*Athalie* de Racine. Partout où le génie se manifeste, il marque son passage de l'empreinte du sublime.

§ V. STYLE FIGURÉ.

Il y a des mots qui peuvent être employés dans le sens *propre*, c'est-à-dire dans la signification primitive du mot, et dans le sens *figuré*, c'est-à-dire avec une signification étrangère ou détournée. Ainsi, les mots *chaleur*, *éclat* expriment, dans le sens propre, des propriétés du feu ; on dit *la chaleur*, *l'éclat de la flamme*; mais si l'on dit *la chaleur du combat* ou *du style*, *l'éclat de la vertu* ou *de la beauté*, on prend ces mots dans le sens figuré.

Les figures sont certains tours de parole ou de pensée qui donnent au style de la force, de la grâce ou de la noblesse, soit en changeant la signification d'un mot (figures de mots), soit en construisant la phrase d'après certaines tournures vives et singulières (figures de pensées). Les figures sont la richesse et la parure du style ; elles donnent à la poésie son plus beau coloris, à l'éloquence ses plus beaux mouvements ; sans elles, le style est nu, froid et languissant.

Il ne faut pas croire que les figures soient le produit de l'art et de la rhétorique : on a remarqué qu'il s'en fait plus dans un jour de marché à la halle qu'en plusieurs séances académiques. Elles naissent naturellement du besoin d'exprimer vivement la pensée; de lui donner une tournure pittoresque, ou de suppléer aux expressions qui manquent dans la langue pour rendre certaines idées : c'est ainsi qu'on dit un *rayon* d'espérance, une *feuille* de papier.

> Tel *brille* au second rang, qui *s'éclipse* au premier.
>
> VOLTAIRE. *Henriade.*

Malgré le discrédit où sont tombées les figures, dont les noms étranges, empruntés à la langue grecque, ont prêté à la satire, nous croyons utile d'en faire connaître les principales.

On distingue deux sortes de figures : les *figures de mots* et les *figures de pensées*. La figure de mot dépend du mot lui-même; si le mot change, la figure disparaît; la figure de pensée subsiste malgré le changement des mots, pourvu que le sens reste le même.

§ VI. DES FIGURES DE MOTS.

Les figures de mots sont de deux espèces : 1° celles où les mots conservent leur véritable signification; 2° celles qui changent la signification des mots : c'est pour cela qu'on les nomme *tropes*, d'un mot grec qui signifie *tour* ou *changement*.

Les principales figures de mots de la première espèce sont : l'*ellipse*, le *pléonasme*, la *syllepse*, l'*inversion*, la *répétition*, la *périphrase*.

1° *Ellipse.*

L'*ellipse* est une figure par laquelle on supprime un ou plusieurs mots que la grammaire regarderait comme nécessaires. Elle donne à la phrase de la précision, au style de la rapidité; mais il faut éviter les ellipses trop fortes, qui nuisent à la clarté de la pensée.

Il y a ellipse dans les exemples suivants :

> Le crime fait la honte, et non pas l'échafaud.
>
> CORNEILLE.

> Je t'aimais inconstant, qu'aurais-je fait fidèle?
>
> RACINE.

2° *Pléonasme.*

Le *pléonasme* est le contraire de l'ellipse; il ajoute à la phrase des mots qui paraissent superflus.

> Je l'ai *vu*, *dis-je*, *vu*, de mes *propres yeux vu*.
> Ce qui s'appelle *vu*...
>
> MOLIÈRE.

Camille, dans ses imprécations contre Rome, s'écrie :

Puissé-je *de mes yeux y voir* tomber ce foudre !

CORNEILLE.

3° *Syllepse.*

La *syllepse* fait accorder un mot, non pas avec son rapport grammatical, mais avec l'idée de ce rapport.

Je ne vois pas *le peuple* à mon nom s'alarmer :
Le ciel dans tous *leurs* pleurs ne m'entend point nommer.

RACINE. *Britannicus.*

Ici *leurs* s'accorde avec l'idée de pluralité contenue dans le mot *peuple.*

4° *Inversion.*

L'*Inversion* change l'ordre naturel et logique de la syntaxe. La langue française, quoique supportant l'inversion plus rarement que les autres langues, l'admet pourtant souvent, surtout en poésie. Cette figure donne à la phrase du mouvement et de l'énergie, au style une allure vive et pittoresque. Gilbert dit :

Au banquet de la vie infortuné convive,
J'apparus un jour, et je meurs.

Et Bossuet :

« Aussi vifs étaient les regards, aussi vive et impétueuse était l'attaque, aussi fortes et inévitables étaient les mains du prince de Condé. »

5° *Répétition.*

La *répétition* a pour but d'ajouter de la force à la pensée, en reproduisant plusieurs fois les mêmes mots.

Ma fille, tendre objet de mes dernières peines,
Songe au moins, *songe* au sang qui coule dans tes veines :
C'est le sang de vingt rois, tous chrétiens comme moi ;

C'est le sang des héros, défenseurs de ma loi;
C'est le sang des martyrs...

VOLTAIRE.

Mais tout dort, *et* l'armée, *et* les vents, *et* Neptune.

RACINE.

6° *Périphrase.*

La *périphrase*, ou *circonlocution*, est un assemblage de mots par lesquels on exprime ce qu'on ne peut ou ce qu'on ne veut pas rendre par un seul mot.

L'éloquence et la poésie emploient souvent cette figure. Si la périphrase vient au secours d'un goût délicat, il ne faut pourtant pas trop éviter le mot propre : on risquerait de tomber dans l'affectation. Boileau emploie une élégante périphrase pour dire qu'il a une perruque et cinquante-huit ans passés :

Mais aujourd'hui qu'enfin la vieillesse venue,
Sous mes faux cheveux blancs déjà toute chenue,
A jeté sur ma tête, avec ses doits pesants,
Onze lustres complets, surchargés de trois ans...

Casimir Delavigne, voulant parler d'un fiacre, dit :

Visitez donc les grands, durement cahoté
Sur les nobles coussins d'un char numéroté!

La périphrase ne doit pas dégénérer en obscurité, en galimatias, comme dans le vers suivant :

Ce grand roi roule ici ses pas majestueux.

Il y a une espèce de périphrase que l'on nomme *euphémisme*, et qui a pour but d'adoucir une idée odieuse ou désagréable. C'est ainsi qu'on dit : *il a vécu, il n'est plus*, pour *il est mort; l'exécuteur des hautes œuvres* pour *le bourreau*.

§ VII. DES TROPES.

Les tropes sont des figures où l'on fait prendre aux mots une signification qui n'est pas la leur propre.

Les principaux tropes sont : la *métaphore*, l'*allégorie*, la *catachrèse*, la *métonymie* et la *synecdoque*.

1° *Métaphore*.

La *métaphore* (transposition) est une figure par laquelle on transporte la signification propre d'un mot à une autre signification, au moyen d'une comparaison qui se fait dans l'esprit.

Si vous dites, en parlant d'un homme cruel, *il ressemble à un tigre,* vous faites simplement une comparaison ; mais si vous dites, *c'est un tigre*, vous faites une métaphore, car la comparaison reste dans l'esprit.

Voici d'autres exemples de métaphores :

La *coupe* de mes jours s'est *brisée* encor *pleine*.

LAMARTINE.

Approche-t-il (le sage) *du but*, quitte-t-il ce séjour ?
Rien ne trouble *sa fin ; c'est le soir d'un beau jour.*

LA FONTAINE.

Celui qui met un *frein* à la *fureur* des flots
Sait aussi des méchants arrêter les complots.

RACINE.

La métaphore est une des figures les plus fréquemment employées, parce qu'elle est une des plus riches, des plus agréables et des plus utiles ; elle fait image comme la peinture ; elle donne aux objets du corps, de la couleur, de la vie ; elle rend sensibles les choses même les plus abstraites ; elle fournit aux langues d'abondantes ressources pour exprimer une foule d'idées auxquelles les termes manquent. C'est ainsi que l'on dit :

La *dureté* de l'âme, le *printemps* de la vie, les *glaces* de l'âge, les *songes* de l'espérance, la *rapidité* de la pensée, le *feu* des passions, *bouillant* de colère.

La métaphore donne de la hardiesse, de l'originalité à la pensée : la poésie l'emploie sans cesse; le langage philosophique peut s'en passer.

La métaphore est défectueuse quand elle est forcée, fausse dans son point de comparaison, ou tirée d'objets qui répugnent; telles sont les métaphores suivantes :

> Prends ta *foudre*, Louis, et va comme un *lion*,
> Porter le dernier coup à la dernière *tête*
> De la rébellion.
>
> MALHERBE.

Louis est comparé à la fois à Jupiter qui tient la foudre, à un lion, à Hercule terrassant l'hydre de Lerne.

2° *Allégorie.*

L'*allégorie* est une métaphore prolongée ; elle multiplie les images autour d'un même objet par une série de traits figurés. Lemierre, donnant à la fois la définition et l'exemple, dit :

> L'Allégorie habite un palais diaphane.

On cite souvent comme exemple l'allégorie de Madame Deshoulières, qui commence ainsi :

> Dans ces prés fleuris
> Qu'arrose la Seine...

Lamartine, dans sa méditation sur la *Prière*, nous offre un beau modèle d'allégorie. Le *soir*, dit-il, *toute la nature rend hommage au Créateur :*

> L'univers est le *temple*, et la terre est l'*autel* ;
> Les cieux en sont le *dôme*, et ces astres sans nombre,
> Ces feux demi-voilés, pâle ornement de l'ombre,

Dans la voûte d'azur avec ordre *semés*,
Sont les sacrés *flambeaux* pour ce *temple* allumés ;
Et ces nuages purs qu'un jour *mourant* colore,
Et qu'un souffle léger, du couchant à l'aurore,
Dans les *plaines de l'air repliant mollement*,
Roule en flocons de pourpre au bord du firmament,
Sont les *flots de l'encens* qui monte et s'évapore
Jusqu'au trône du Dieu que l'univers adore.

Voici encore une allégorie sublime, tirée de Bossuet :

« La vie humaine est un chemin dont l'issue est un précipice affreux. On nous avertit dès les premiers pas ; mais la loi est portée : il faut avancer toujours. Je voudrais retourner en arrière... Marche ! marche ! Un poids invincible, une force irrésistible nous entraîne : il faut sans cesse avancer vers le précipice. Mille traverses, mille peines nous fatiguent et nous inquiètent sur la route. Encore, si je pouvais éviter ce précipice affreux !... Non ! non ! il faut marcher, il faut courir : telle est la rapidité des années. On se console pourtant, parce que, de temps en temps, on rencontre des objets qui vous divertissent, des eaux courantes, des fleurs qui passent ; on voudrait s'arrêter... Marche ! marche ! Et cependant, on voit tomber derrière soi, tout ce qu'on avait passé : fracas effroyable ! inévitable ruine ! On se console, parce qu'on emporte quelques fleurs cueillies en passant, qu'on voit se faner entre ses mains du matin au soir, et quelques fruits qu'on perd en les goûtant : enchantement, illusion ! Toujours entraîné, on approche du gouffre affreux ! déjà tout commence à se ternir ; les jardins sont moins fleuris, les fleurs moins brillantes, les couleurs moins vives, les prairies moins riantes, les eaux moins claires ; tout pâlit, tout s'efface ; l'ombre de la mort se présente ; on commence à sentir l'approche du gouffre fatal ; mais il faut aller sur le bord ; encore un pas : déjà l'horreur trouble les sens, la tête tourne, les yeux s'égarent... Il faut marcher ;

on voudrait retourner en arrière; plus de moyens : tout est évanoui, tout est tombé, tout est échappé. »

L'allégorie personnifie aussi les idées, les sentiments et les passions. C'est ainsi que les poètes font agir et parler l'*Envie*, la *Renommée*, les *Prières*, la *Haine*, la *Mollesse*, la *Mort*, le *Temps*, l'*Amitié*, l'*Amour*; c'est ainsi que La Fontaine met en action l'*Amour et la Folie*. Les Orientaux ont souvent employé le langage allégorique dans leurs fables et leurs paraboles.

L'écriture hiéroglyphique des Égyptiens, était aussi une espèce d'allégorie.

3° *Catachrèse*.

Le mot *catachrèse* signifie *abus*, *extension*. C'est une espèce de métaphore par laquelle on supplée à un mot qui n'existe pas dans la langue.

C'est ainsi que l'on dit *la glace d'un miroir*, *une feuille de papier*, *aller à cheval sur un bâton*.

4° *Métonymie*.

La *métonymie* (changement de nom) est une figure par laquelle on met le nom d'une chose pour celui d'une autre.

La métonymie emploie :

1° La cause pour l'effet : Cet écrivain *vit de sa plume*.

2° L'effet pour la cause : Le canon *lance la mort*.

3° Le signe pour la chose signifiée : Revêtir la *pourpre*, quitter la *robe* pour l'*épée*. Ici, la *pourpre* représente la royauté; l'*épée*, l'état militaire; et la *robe*, la magistrature.

4° Le contenant pour le contenu : *Boire le calice jusqu'à la lie*, c'est-à-dire la liqueur contenue dans le calice.

5° Le lieu où une chose se fait, pour la chose elle-même : l'*Académie*, pour la doctrine de Platon; le *Portique*, pour celle de Zénon, chef des stoïciens; la *Porte*, pour l'empire ottoman.

5° *Synecdoque.*

La *synecdoque* (compréhension) étend ou restreint la signification des mots; elle met le plus pour le moins, ou le moins pour le plus. C'est ainsi que l'on prend :

1° La partie pour le tout, ou le tout pour la partie : Il a vécu *quatorze printemps*, *soixante hivers*, pour quatorze ans ou soixante ans; regagner son *toit*, son *foyer*, pour sa maison.

2° Le genre pour l'espèce, et l'espèce pour le genre : Si l'on dit les *mortels* pour les hommes, on emploie le genre pour l'espèce; car tous les animaux sont sujets à la mort. Si l'on dit *la saison des roses* pour le printemps, on emploie l'espèce *rose* pour le genre, c'est-à-dire, les fleurs.

3° Le singulier pour le pluriel, et réciproquement :

> Le *Français*, né malin, forma le vaudeville.
>
> BOILEAU.

4° La matière dont une chose est faite, pour la chose elle-même, comme *airain* pour *canon*, *fer* pour *épée*.

> L'ivoire trop hâté rompt deux fois sur sa tête.
>
> BOILEAU.

L'*ivoire* pour un peigne d'ivoire.

5° L'*abstrait* pour le *concret*.

> Les vainqueurs ont parlé : l'*esclavage* en silence
> Obéit à leur voix dans cette ville immense.
>
> VOLTAIRE.

L'*esclavage*, pour le peuple esclave.

§ VIII. DES PENSÉES.

Après avoir parlé des mots et des figures de mots, il nous reste à parler des pensées et des figures de pensées.

1° *Justesse et netteté des pensées.*

Chaque pensée considérée en elle-même, indépendamment de celles qui l'entourent, doit avoir deux qualités essentielles, la *netteté* et la *justesse*.

Une pensée est *nette*, quand les parties qui la composent, présentent à l'esprit un ensemble lumineux et précis, exempt de toute obscurité.

Une pensée est *juste*, quand elle exprime une chose telle qu'elle est, sans exagération, sans altération de la vérité, comme : *la partie est moins grande que le tout.*

Mais outre cette *justesse absolue*, mathématique, qui convient surtout aux sciences, il y a encore une *justesse relative* qui suffit au cœur. C'est la justesse de sentiment et la justesse d'imagination.

Ce vers de La Fontaine :

> Et c'est être innocent que d'être malheureux,

est juste au point de vue du sentiment; car nous sentons que le malheur doit expier le crime ; mais pour l'esprit, ce n'est pas d'une justesse absolue. Quand Lamartine dit :

> Mon cœur, *lassé de tout*, même de l'espérance,
> N'ira pas de ses vœux importuner le sort ;
> Prêtez-moi seulement, vallon de mon enfance,
> Un *asile d'un jour* pour attendre la mort ;

on comprend que ce langage poétique n'a qu'une justesse relative : cette *lassitude* de l'âme, dont parle le poète, est un sentiment un peu vague ; cet *asile d'un jour* est une exagération de son imagination ; mais s'il eût parlé autrement, s'il eût voulu préciser ses idées comme un mathématicien, il n'eût pas été poète. Pascal, dont l'esprit était admirablement juste, n'aurait pas écrit ainsi ; car il dit *qu'on ne sait pas en quoi consiste l'agrément qui est l'objet de la poésie.*

Pourtant, il faut avouer que le langage du cœur et de l'imagination a des charmes non moins persuasifs que celui de la raison.

2° *Rapport des pensées entre elles.*

Il ne suffit pas de porter son attention sur les mots et sur les pensées, il faut encore savoir coordonner les idées entre elles, et les faire rapporter à un centre commun, à une pensée générale. Il faut que la composition ait de l'ordre, et que les parties forment un tout convenable. Cette concordance des pensées est essentielle, si l'on ne veut avoir une œuvre décousue et pleine de disparates. Les pensées doivent s'enchaîner l'une à l'autre naturellement, sans effort, par une succession non interrompue jusqu'au terme qu'on s'est fixé. Examinez ces tableaux pleins d'harmonie, chefs-d'œuvre de composition d'un grand peintre : tout se tient et concourt à l'effet général ; les différentes parties se rapprochent sans confusion ; elles sont liées par les effets du clair obscur et par la dégradation des teintes ; l'ensemble satisfait l'œil et plaît à l'imagination : telle doit être aussi la composition littéraire.

3° *Transition.*

La *transition* est le passage d'un sujet à un autre, le lien qui unit les parties d'une composition ; elle consiste en un mot, un tour, une pensée, qui sert d'intermédiaire. Sans les transitions, la composition manque d'ensemble : elle ressemble à une marqueterie.

Quand on a bien médité son sujet, les transitions se présentent ordinairement d'elles-mêmes à l'esprit. Phèdre, parlant à Hippolyte de sa passion, lui dit :

> On ne voit point deux fois le rivage des morts,
> Seigneur : puisque Thésée a vu les sombres bords,

En vain vous espérez qu'un dieu vous le renvoie ;
Et l'avare Achéron ne lâche point sa proie.
Que dis-je? il n'est point mort, puisqu'il respire en vous.

Ces mots, *que dis-je?* forment transition. Du reste, on ne peut donner de règles à ce sujet. Les transitions varient autant que les genres et les circonstances : c'est la nécessité qui les amène, et le goût qui les choisit.

§ IX. DES FIGURES DE PENSÉES.

Les *figures de pensées* sont celles qui tiennent, non pas aux mots, comme les tropes, mais à la tournure, au mouvement de la pensée; elles servent à relever le style, à lui donner de la force, de la grâce, à en varier la monotonie; mais il faut les employer avec mesure et discrétion, pour ne pas tomber dans l'affectation et l'enflure.

Ces figures sont très-nombreuses; les rhéteurs en ont rempli des volumes, en voulant noter toutes les formes que peut revêtir la pensée : nous nous contenterons de citer les principales.

Les figures doivent s'offrir naturellement à notre esprit quand il a besoin de les employer; on les fait sans le savoir, comme M. Jourdain faisait de la prose. L'écrivain qui se creuserait l'esprit à l'avance pour faire des antithèses, des métaphores, des hyperboles ou des apostrophes, serait bien certainement un mauvais écrivain, un artisan de mots; il manquerait de ce naturel, qui est le principe vital de toute œuvre littéraire.

Voici les figures de pensées dont nous allons parler : l'*hyperbole*, la *litote*, l'*ironie*, la *réticence*, la *suspension*, la *comparaison*, l'*allusion*, l'*antithèse*, la *gradation*, l'*interrogation*, l'*exclamation*, l'*apostrophe*, la *prosopopée*,

1° *Hyperbole*.

L'*hyperbole* (exagération) est une figure par laquelle on exagère la réalité, soit en plus, soit en moins. C'est ainsi que l'on dit : *Aller comme le vent, marcher comme une tortue, verser un torrent de larmes.*

> *Rome entière noyée* au sang de ses enfants.
>
> CORNEILLE.

On comprend que ces expressions ne doivent pas se prendre au pied de la lettre ; mais il faut user sobrement de l'hyperbole, dont l'abus touche au ridicule. Elle ne doit outrer la vérité que jusqu'à une certaine mesure, afin que le lecteur puisse y faire la part du vrai et du faux. La Fontaine, dans une de ses fables, a finement critiqué une hyperbole ridicule.

> Même dispute advint entre deux voyageurs.
> L'un d'eux était de ces conteurs
> Qui n'ont jamais rien vu qu'avec un microscope ;
> Tout est géant chez eux ; écoutez-les : l'Europe
> Comme l'Afrique aura des monstres à foison.
> Celui-ci se croyait l'hyperbole permise :
> J'ai vu, dit-il, un chou grand comme une maison.
> Et moi, dit l'autre, un pot aussi grand qu'une église.
> Le premier se moquant, l'autre reprit : Tout doux ;
> On le fit pour cuire vos choux.

2° *Litote*.

La *litote* consiste à dire moins pour faire entendre plus. C'est ainsi que Chimène dit à Rodrigue :

> Va, je ne te hais pas !
>
> CORNEILLE.

3° *Ironie*.

L'*ironie*, ou contre-vérité, est une figure qui a pour but

de faire entendre le contraire de ce qu'on dit; elle cache souvent le blâme sous une forme louangeuse. Boileau, voulant critiquer les mauvais auteurs de son temps, affecte de les louer ainsi :

> Je le déclare donc, Quinault est un Virgile ;
> Pradon comme un soleil en nos ans a paru ;
> Pelletier écrit mieux qu'Ablancourt ni Patru.
> Cotin, à ses sermons traînant toute la terre,
> Fend des flots d'auditeurs pour aller à sa chaire.

L'ironie convient surtout à la raillerie, à la gaîté ; mais elle sert aussi à exprimer admirablement le mépris, la colère, l'indignation et le désespoir. Dans le paroxysme de la rage ou dans l'excès du malheur, quand l'expression manque pour exprimer la pensée, on emploie l'ironie, à peu près, dit La Harpe, comme, dans ces grandes douleurs qui égarent un moment la raison, un rire effrayant prend la place des larmes qui ne peuvent couler. Dans *Andromaque,* Racine nous en donne un admirable exemple, lorsque Oreste, après avoir tué Pyrrhus pour plaire à Hermione, apprend que celle-ci vient de se poignarder pour ne pas survivre au roi d'Épire :

> Grâce aux dieux, mon malheur passe mon espérance !
> Oui, je te loue, ô ciel, de ta persévérance !
> Appliqué sans relâche au soin de me punir,
> Au comble du malheur tu m'as fait parvenir...
> Eh bien ! je meurs content, et mon sort est rempli !

L'ironie prend le nom de *sarcasme* quand elle est vive et méchante, quand elle rit avec une malignité cruelle.

4° *Réticence.*

La *réticence* est une figure par laquelle on s'interrompt brusquement pour laisser deviner ce qu'on ne dit pas : ce mystère du silence fait entendre beaucoup plus que ce qu'on aurait pu dire. Telle est la réticence d'Agrippine dans la tragédie de *Britannicus :*

> J'appelai de l'exil, je tirai de l'armée
> Et ce même Sénèque, et ce même Burrhus
> Qui depuis... Rome alors estimait leurs vertus.
>
> RACINE.

Voltaire a imité ce mouvement dans sa *Henriade :*

> Et Biron, jeune encore, ardent, impétueux,
> Qui depuis... mais alors il était vertueux.

5° *Suspension.*

Par la *suspension*, on tient le lecteur ou l'auditeur dans l'incertitude, pour exciter sa curiosité et lui montrer autre chose que ce qu'il attendait. Bossuet nous en donne un exemple dans son oraison funèbre de la reine d'Angleterre :

« Combien de fois a-t-elle remercié Dieu de deux grandes grâces : l'une, de l'avoir faite chrétienne ; l'autre... Messieurs, qu'attendez-vous? Peut-être d'avoir rétabli les affaires du roi son fils ? Non ; c'est de l'avoir faite reine malheureuse. »

6° *Comparaison.*

La *comparaison* sert à rapprocher des objets qui se ressemblent par quelques points : elle a pour but d'embellir ou de fortifier la pensée. On l'emploie surtout en poésie ; mais la prose en tire aussi de beaux effets.

Voici une comparaison tirée du *Crucifix* de Lamartine :

> Le vent, qui caressait sa tête échevelée,
> Me montrait tour à tour et me voilait ses traits,
> *Comme* l'on voit flotter sur un blanc mausolée
> L'ombre des noirs cyprès.

La comparaison prend le nom de *contraste* quand, au lieu de procéder par *similitude*, elle montre les oppositions des objets.

7° *Allusion.*

L'allusion est une comparaison à demi cachée, par laquelle on dit une chose pour en rappeler une autre dont on ne parle pas expressément.

Châteaubriand, dans le *Génie du christianisme*, voulant peindre les troubles qui agitent l'homme coupable, dit : « Il cherche les lieux déserts, et cependant la solitude l'effraye ; il se traîne autour des tombeaux, et cependant il a peur des tombeaux. Son regard est inquiet et mobile ; il n'*ose regarder le mur de la salle du festin, dans la crainte d'y lire des caractères funestes.* » Ces paroles font allusion au festin de Balthazar.

L'allusion se tire de l'histoire, de la fable des coutumes, des mœurs, de quelque fait connu. Sa nature est la finesse, la naïveté ou la grâce ; elle convient surtout à la comédie, à la satire et à la fable : La Fontaine l'emploie fréquemment.

8° *Antithèse.*

L'*antithèse* est une figure par laquelle on oppose les pensées aux pensées, pour les faire ressortir plus vivement.

> *Borné* dans sa nature, *infini* dans ses vœux,
> L'homme est un dieu tombé qui se souvient des cieux.
>
> LAMARTINE.

L'antithèse existe entre *borné* et *infini*. Saint Paul nous en donne aussi un exemple dans son épître aux Corinthiens :

« On nous maudit, et nous bénissons ; on nous persécute, et nous souffrons ; on nous dit des injures, et nous répondons par des prières. »

L'antithèse se trouve à chaque pas dans la nature : la lumière et les ténèbres, le beau et le laid, le sublime et le ridicule, le bien et le mal, nous offrent chaque jour leurs contrastes. Dans les arts comme dans la littérature, pour que l'antithèse fasse un bon effet, il faut qu'elle se présente naturellement; si elle est trop recherchée, trop subtile, trop soutenue, elle est mauvaise, elle rend le style fatigant ou prétentieux. A plus forte raison doit-on éviter dans le style sérieux les jeux de mots et les pointes : le style comique ou le style familier les admet parfois, pourvu que l'on n'en abuse pas. Sénèque, chez les Latins, Fléchier, Victor Hugo, chez les Français, ont fait un abus fréquent de l'antithèse. Molière veut tourner en ridicule cet excès, quand il fait dire à Oronte dans son sonnet :

> Belle Philis, on *désespère*
> Alors qu'on *espère toujours*.

Le morceau suivant, de Victor Hugo, peut montrer que si ce poète emploie trop souvent l'antithèse, il en tire aussi de puissants effets.

LUI.

> Toujours lui! lui partout! — Ou *brûlante* ou *glacée*,
> Son image sans cesse ébranle ma pensée.
> Il verse à mon esprit le souffle créateur.
> Je tremble, et dans ma bouche abondent les paroles
> Quand son nom gigantesque, entouré d'auréoles,
> Se dresse dans mes vers de toute sa hauteur.
>
> Là, je le vois, guidant l'obus aux bonds rapides;
> Là, massacrant le peuple au nom des régicides;
> Là, *soldat*, aux tribuns arrachant leurs pouvoirs;
> Là, *consul* jeune et fier, amaigri par les veilles,
> Que des rêves d'empire emplissaient de merveilles,
> *Pâle* sous ses longs cheveux *noirs*.
>
> Puis, *empereur puissant* dont la tête s'*incline*,
> Gouvernant un combat du haut de la colline,

Promettant une étoile à ses soldats joyeux,
Faisant signe aux canons qui vomissent les flammes,
De son *âme* à la guerre armant six cent mille *âmes*,
Grave et *serein*, avec un *éclair* dans les yeux.

Puis, pauvre *prisonnier*, qu'on raille et qu'on tourmente,
Croisant ses bras *oisifs* sur son sein qui *fermente*,
En proie aux geôliers *vils* comme un *vil* criminel,
Vaincu, chauve, courbant son front noir de nuages,
Promenant sur un roc où *passent* les *orages*
Sa pensée, *orage éternel*.

Qu'il est *grand*, là surtout, quand, *puissance brisée*,
Des porte-clefs anglais misérable risée,
Au sacre du malheur il retrempe ses droits;
Tient au bruit de ses pas deux mondes en haleine,
Et mourant de l'exil, gêné dans Sainte-Hélène,
Manque d'air dans la cage où l'exposent les rois!

Qu'il est grand à cette heure où, prêt à voir Dieu même,
Son œil qui s'éteint roule une larme suprême!
Il évoque à sa mort sa vieille armée en deuil,
Se plaint à ses guerriers d'expirer solitaire,
Et prenant pour linceul son manteau militaire,
Du *lit de camp* passe *au cercueil!*

9° *Gradation*.

La gradation présente une série d'idées ou d'images, dont la progression ascendante ou descendante, va toujours en augmentant. Dans la *Mort de Pompée*, Cornélie, parlant à César, fait cette belle progression ascendante :

De quelque rude coup qu'il (le destin) m'ose avoir frappée,
Souviens-toi que je suis *veuve du grand Pompée*,
Fille de Scipion, et, pour dire encor plus,
Romaine... mon courage est encore au-dessus.

CORNEILLE.

Les vers suivants nous offrent une gradation descendante, par la diminution du sens :

> Quoi ! vous voulez qu'il meure, et pour son châtiment
> Vous ne donnez qu'un *jour*, qu'une *heure*, qu'un *moment?*
>
> RACINE, *Andromaque.*

10° *Interrogation.*

La figure nommée *interrogation* a pour but, non pas d'exprimer un doute ou de demander une réponse, mais d'exprimer au contraire une affirmation plus vive. Joad, en voyant Josabeth s'entretenir avec Mathan, parle ainsi par une série d'interrogations :

> Où suis-je? De Baal ne vois-je pas le prêtre?
> Quoi! fille de David, vous parlez à ce traître?...
> Que veut-il? De quel front cet ennemi de Dieu
> Vient-il infecter l'air qu'on respire en ce lieu?
>
> RACINE.

11° *Exclamation.*

L'*exclamation* est une figure qui exprime les sentiments vifs et passionnés de l'âme; c'est un cri qui se fait jour au moyen des interjections. Bossuet, frappé de la mort imprévue d'Henriette d'Angleterre, s'écrie :

« O vanité ! ô néant ! mortels ignorants de leur destiné ! »

Et plus loin, dans le même discours : «

« O nuit désastreuse ! ô nuit effroyable, où retentit tout-à-coup comme un éclat de tonnerre cette étonnante nouvelle : *Madame se meurt ! Madame est morte !* »

12° *Apostrophe.*

Par l'*apostrophe*, l'écrivain rompt tout à coup le fil de de son discours, pour interpeller une autre personne que celle à qui il parlait ; il peut également interpeller les objets inanimés.

Andromaque, captive de Pyrrhus, qui lui offre son trône et sa main, répond :

> Seigneur, tant de grandeurs ne nous touchent plus guère ;

puis elle apostrophe les murailles de sa patrie, auxquelles la rattache son souvenir :

> Non, vous n'espérez plus de nous revoir encor,
> Sacrés murs que n'a pu conserver mon Hector !
>
> RACINE.

Dans la *Divine Comédie* de Dante, Ugolin raconte les tourments terribles que lui et ses enfants éprouvèrent dans la tour de la Faim :

« Tout ce jour et celui qui suivit, nous restâmes tous muets : Ah ! terre, terre dure, pourquoi ne t'ouvris-tu pas ? »

13° Prosopopée.

La *prosopopée* (personnification) fait agir, sentir ou parler les morts, les absents, les objets insensibles ou imaginaires. Cette figure est essentiellement poétique, mais l'art oratoire l'emploie souvent pour produire de grands effets. C'est une prosopopée que ce beau tableau de Racine :

> La terre s'en *émeut*, l'air en est infecté ;
> Le flot qui l'apporta *recule* épouvanté.
>
> *Phèdre.*

Une prosopopée célèbre, c'est celle de J.-J. Rousseau dans son discours sur l'influence des lettres et des arts :

« O Fabricius ! qu'eût pensé votre grande âme, si, pour votre malheur, vous eussiez vu la face pompeuse de Rome sauvée par votre bras, et que votre nom respectable avait plus illustrée que toutes ses conquêtes ? Dieux ! eussiez-vous dit, que sont devenus ces toits de chaume et ces foyers rustiques qu'habitaient jadis la modération et la vertu ? Quelle splendeur funeste a succédé à la simplicité romaine ? Quel est ce langage étranger ?

Quelles sont ces mœurs efféminées? Que signifient ces statues, ces tableaux, ces édifices ? Insensés, qu'avez-vous fait? Vous, les maîtres des nations, vous vous êtes rendus les esclaves des hommes frivoles que vous avez vaincus !... »

§ X. DES DÉFAUTS DU STYLE.

Après avoir parlé des qualités du style et de tout ce qui peut contribuer à son ornement, nous dirons un mot des défauts qui le déparent, et dont on a déjà pu se faire une idée par ce qui précède.

Il faut d'abord éviter ce qui est *faux*, soit dans la pensée, soit dans le sentiment. Les romans de mademoiselle de Scudéry et le langage de l'hôtel de Rambouillet avaient un côté faux, que Molière a finement critiqué dans les *Précieuses ridicules*.

On admirait aussi à cette époque l'*affectation*, qui venait du désir de briller et de produire de l'effet; l'*enflure* ou le style *ampoulé*, gonflé de mots pompeux et vide de choses, ennemi surtout du naturel; les *pointes*, les *jeux de mots*, badinage proscrit de la littérature sérieuse : Balzac, Voiture, Scarron, étaient applaudis en dépit du bon goût, qui fut relevé par Molière et par Boileau.

Le *phébus* ou *galimatias* pousse encore plus loin l'excès; c'est une suite de phrases à peu près incompréhensibles et dépourvues de sens; tel est ce passage de Balzac :

« La gloire n'est pas tant une lumière étrangère qui vient de dehors aux actions héroïques, qu'une réflexion de la propre lumière des actions, et un éclat qui leur est renvoyé par les objets qui l'ont reçu. »

Le *néologisme* est un défaut qui consiste à innover sans raison dans les langues, à employer des mots nouveaux, des tournures bizarres que le goût ou l'usage réprouve.

C'est le défaut capital des auteurs modernes. Voici comment Victor Hugo peint un bon écrivain :

« Les idées sont faites de cette *substance particulière* qui se prête, *souple et molle*, à toutes les ciselures de l'*expression*, qui s'insinue, *bouillante* et *liquide*, dans tous les *recoins du moule* où l'écrivain la *verse*, et se *fige* ensuite, *lave* d'abord, *granit* après. »

Voilà certes un amas de métaphores qu'on n'aurait pas supportées il y a un siècle ou deux : pourtant rien n'est plus commun aujourd'hui que ce style, en quelque sorte *matérialisé* par des images forcées qu'on emprunte à la nature, aux arts et aux sciences. On voit ici les *idées* qui sont *liquides* et *bouillantes* comme de la *lave*, et en même temps *souples et molles* comme de la cire ; on les verse dans le *moule* du langage, qui est *ciselé*, et elles prennent l'empreinte de tous les *recoins du moule* ; elles se *figent*, et cette cire, cette lave, en se *refroidissant*, devient du *granit*.

En réprouvant le néologisme de mauvais goût, nous ne voulons pas dire qu'une langue soit condamnée à une éternelle immobilité. Les langues varient sans cesse, avec l'esprit et le caractère des peuples ; de nouvelles idées, des besoins nouveaux amènent nécessairement des expressions nouvelles qui y correspondent ; certains mots vieillissent et tombent en désuétude, on les oublie ; d'autres prennent faveur : ainsi, dit Horace, les feuilles des forêts se renouvellent chaque année. Molière, dans les *Précieuses*, se moquait de certaines locutions qui se sont impatronisées, malgré lui, dans le langage, et qui ne choquent plus aujourd'hui, telles que *sécheresse de conversation*, *intelligence épaisse*, *inclémence de la saison*, etc. Celui qui s'obstinerait à n'employer que le langage fixé par l'Académie il y a un siècle, ne serait pas de son temps. Gardons-nous du pédantisme en tous genres, mais ne sortons pas du bon goût, et ne frondons pas à plaisir les règles reçues !

CHAPITRE VII.

DES DIFFÉRENTS EXERCICES DE COMPOSITION.

La première partie de cet ouvrage est une théorie générale de composition et de style; elle a pour but de fixer l'attention de la jeunesse sur les règles positives de l'art d'écrire; elle doit les habituer en même temps à juger avec goût et sagacité les modèles que l'on offre à leur étude.

Nul doute que la théorie, séparée de la pratique, ne soit d'une utilité médiocre; mais réunies et enseignées simultanément par un maître habile, la théorie et la pratique se prêtent un mutuel secours. Nous supposons donc toujours, en donnant ces règles, que l'élève cherche à les appliquer, en s'essayant lui-même à composer, à l'imitation des grands maîtres.

Dès que l'élève comprend une langue et qu'il la parle assez facilement, il lui est avantageux de s'exercer à la composition dans cette langue. Pour lui faciliter les premiers essais, il est bon, comme nous l'avons dit plus haut, de commencer par des imitations : on lit, on raconte un fait, une anecdote, un trait d'histoire, une description; on cherche à en faire bien saisir à l'élève les détails et l'ensemble, puis on l'abandonne à ses souvenirs : il doit reproduire de son mieux ce qu'il a entendu. Quand ce petit travail est fini, le maître, en le corrigeant, fait toutes les observations nécessaires, indique les défauts et les moyens de les éviter, et donne les principes qui sont à la portée de l'élève.

Bientôt le jeune écrivain se sent plus à l'aise ; la facilité vient avec la pratique ; il pense par lui-même et exprime ses propres impressions ; il s'habitue à coordonner ses idées, à se tracer un plan ; son imagination, qu'il croyait d'abord sèche et ingrate, lui fournit suffisamment de pensées ; avec le plaisir du travail naît la réflexion, source abondante de matériaux pour les exercices de style.

§ I. IMPROVISATION.

Il est encore un moyen excellent d'exercer à la fois la pensée, l'imagination et le style : c'est la *composition de vive voix*, appelée aussi *improvisation*. Il ne faut pas s'effrayer des difficultés apparentes de cet exercice : l'habitude les aplanit bientôt. On indique à l'élève un sujet quelconque, historique, anecdotique ou descriptif ; on le laisse réfléchir quelques instants pour rassembler ses idées, puis il se met à parler, à improviser selon ses forces ; il parle mal sans doute en commençant, il fait des fautes nombreuses, il divague souvent ; il ne sait pas coordonner ses idées, les déduire l'une de l'autre ; il ne fait que les indiquer, sans leur donner un développement convenable ; il épuise en peu de mots un sujet dont il n'effleure que les généralités banales. Tous ces défauts diminuent bientôt par la pratique. C'est ici surtout que le secours du maître est indispensable : il doit guider l'élève pas à pas dans sa marche, le corriger tout en l'encourageant, lui indiquer la direction, le plan à suivre ; lui suggérer les idées, lui montrer pourquoi il fait mal, comment il peut mieux faire ; enfin, l'habituer à tirer de chaque idée principale toutes les idées accessoires qu'elle contient.

Cet exercice est un des meilleurs pour les progrès de l'élève ; il donne à l'intelligence du mouvement, de la spontanéité ; il rend l'expression élégante et facile, et il fait comprendre aux jeunes gens, mieux que la composition écrite, toutes les ressources que l'on peut tirer d'un sujet. En pensant avec le maître, l'élève s'enhardit, s'excite, et découvre plus promptement les secrets du langage et de la composition.

§ II. DU STYLE ÉPISTOLAIRE.

Une *lettre* est la transmission par écrit de nos pensées à une personne absente.

On dit souvent qu'une lettre est une conversation par écrit : cela peut être vrai des lettres familières ; mais on écrit aussi des lettres d'affaires, de convenance, etc., qui ne sont nullement des conversations.

Souvent nous voyons des ouvrages entiers écrits sous forme de lettres, tels que des romans, des traités philosophiques et religieux. La forme ici peut faire illusion, mais on comprend bien vite que ce ne sont pas de vraies lettres : c'est un auteur qui parle au public.

1° Lettres familières.

On dit ordinairement que, dans une lettre, il faut *écrire comme on parle;* oui, mais à condition qu'on parle bien : on peut même dire que le style d'une lettre doit être un peu plus soigné que celui de la conversation, car on a le temps d'arranger ses idées, de choisir ses expressions. Les paroles passent, mais les écrits restent. Comme on a souvent occasion d'écrire des lettres, c'est par là que nos amis et nos connaissances jugent de notre esprit et de notre cœur : une lettre peint mieux l'homme qu'un volume entier.

Mais s'il convient de soigner ses lettres, il n'y faut apporter ni recherche ni affectation ; la vérité, la simplicité, le naturel, voilà les qualités essentielles du style épistolaire.

Point de grandes phrases, point de périodes arrondies, point de mouvements déclamatoires; laissez-vous guider par la vivacité de l'esprit, et surtout par celle du cœur. Faites comme madame de Sévigné, modèle admirable et qu'on ne peut trop rélire ; *laissez trotter votre plume, la bride sur le cou*: ce sont ses propres expressions. Voyez comme cette femme célèbre se joue, en écrivant, de toutes les difficultés et de toutes les règles ; comme elle revêt son style, brillant papillon, des couleurs les plus riches et les plus variées; elle court, elle vole, elle vous entraîne ; elle vous arrache, ici un sourire, ailleurs une larme. Tantôt elle peint la cour et la ville, tantôt la solitude et les champs, et toujours avec le même esprit et la même grâce. Tendre et passionnée avec sa fille; légère et piquante avec Bussy-Rabutin ou avec M. de Coulanges; éloquente et profonde en peignant la douleur de madame de Longueville, la mort de Louvois et la mort de Turenne, elle prend tous les tons et toutes les formes, sans effort, sans contrainte, par l'instinct naturel de son âme; et pourtant elle est partout elle-même; on la reconnaît à une page, à une phrase, à un mot. Aimable abandon, caprice de l'esprit, sensibilité touchante, grâce piquante et vive, négligence heureuse, gaîté communicative, elle a tous les secrets de plaire et de charmer. Elle se fait elle-même son style et sa langue ; comme Bossuet, elle trouve au besoin des locutions hardies, des mots énergiques, des tournures neuves et pittoresques. Sa pensée jaillit, claire et rapide, comme d'une source intarissable : c'est un courant qui entraîne le lecteur sur des rives toujours riantes, sans lui faire jamais sentir la fatigue. C'est ainsi que, sans le savoir, elle a produit d'inimitables modèles de style, et s'est placée au rang des plus grands écrivains de la France.

Après ce portrait de madame de Sévigné, nous n'avons plus rien à ajouter sur le style épistolaire : nous l'avons peint tout entier en elle. D'ailleurs, il n'y a pas de règles positives à donner à ce sujet ; *écrire comme on sent,* tel est le meilleur de tous les préceptes.

Il n'est pourtant pas défendu d'avoir de l'esprit dans une lettre : on l'y rencontre même avec plaisir. Voltaire en a répandu à pleines mains dans sa correspondance, dont le recueil forme environ le quart de ses œuvres ; malheureusement cet esprit est gâté par une acrimonie bilieuse contre tout ce qui lui déplaît, hommes et choses, et surtout par sa haine contre la religion. C'est à lui que nous empruntons la définition suivante de l'esprit :

« Ce qu'on appelle esprit, c'est tantôt une comparaison nouvelle, tantôt une allusion fine ; ici, l'abus d'un mot que l'on présente dans un sens et qu'on laisse entendre dans un autre ; là, un rapprochement délicat entre deux idées peu communes ; c'est une métaphore singulière ; c'est une recherche de ce qu'un objet ne présente pas d'abord, mais de ce qui est en effet ; c'est l'art, ou de réunir deux choses éloignées, ou de diviser deux choses qui paraissent se joindre, ou de les opposer l'une à l'autre ; c'est celui de ne dire qu'à moitié sa pensée, pour la laisser deviner. »

Veut-on voir l'esprit de madame de Sévigné dans une narration pleine de vivacité et d'enjouement ? lisons la lettre suivante :

« Le comte de Guiche a fait une action dont le succès le couvre de gloire ; car si elle eût tourné autrement, il était criminel. Il se charge de reconnaître si la rivière est guéable ; il dit que oui : elle ne l'est pas. Des escadrons entiers passent à la nage sans se déranger ; il est vrai qu'il passe le premier. Cela ne s'est jamais hasardé ; cela réussit. Il enveloppe des escadrons, et les force à se rendre. Vous voyez bien que son bonheur et sa valeur ne se sont point séparés. Mais vous devez avoir de grandes relations de tout cela. Un chevalier de Nantouillet était tombé de cheval : il va au fond de l'eau, il revient, il y rentre, il revient encore ; enfin, il trouve la queue d'un cheval ; il s'y attaché : ce cheval le mène à bord ; il monte sur le cheval, se trouve à la mêlée, reçoit deux coups dans son chapeau, et revient gaillard. »

Veut-on maintenant juger du cœur de cet écrivain dans un récit touchant, où elle avait à peindre la plus grande douleur qu'une âme humaine puisse ressentir, celle d'une mère à la nouvelle de la mort de son fils ? C'est toujours la même imagination vive, le même abandon, le même mouvement dans le style ; mais comme l'effet en est différent ?

« Madame de Longueville fait fendre le cœur, à ce qu'on dit : je ne l'ai point vue, mais voici ce que je sais. Mademoiselle de Vertus était retournée depuis deux jours à Port-Royal, où elle est presque toujours ; on est allé la quérir avec M. Arnaud pour dire cette nouvelle. Mademoiselle de Vertus n'avait qu'à se montrer ; ce retour si précipité marquait bien quelque chose de funeste. En effet, dès qu'elle parut : « Ah ! Mademoiselle, comment se porte monsieur mon frère ! » Sa pensée n'osa aller plus loin. — « Madame, il se porte bien de sa blessure. — Il y a eu un combat ? Et mon fils ! » On ne lui répondit rien. « Ah ! Mademoiselle, mon fils, mon cher enfant, répondez-moi, est-il mort ? — Madame, je n'ai point de parole pour vous répondre. — Ah ! mon cher fils ! Est-il mort sur-le-champ ? n'a-t-il pas eu un seul moment ? Ah ! mon Dieu, quel sacrifice ! » Et là-dessus elle tombe sur son lit ; et tout ce que la plus vive douleur peut faire, et par des convulsions, et par des évanouissements, et par un silence mortel, et par des cris étouffés, et par des larmes amères, et par des élans vers le ciel, et par des plaintes tendres et pitoyables, elle a tout éprouvé... Je lui souhaite la mort, ne comprenant pas qu'elle puisse vivre après une telle perte. »

Les lettres familières forment une partie essentielle des relations de famille et des rapports de société ; on ne saurait donc trop y exercer la jeunesse, et surtout les jeunes personnes. Pour les femmes, la littérature pratique se résume presque en entier dans leur correspondance. Il est vrai de dire qu'elles y sont plus à l'aise que les hommes, Moins sérieuses de caractère, douées d'un esprit plus vif, plus mobile, d'une âme plus délicate et plus sensible, elles mettent plus dans leurs lettres de cet aimable abandon, de cet enjouement gracieux, de ce sentiment exquis et agréablement nuancé qui est comme le parfum du style épistolaire : il ne faut pourtant pas circonscrire absolument les jeunes personnes dans la composition épistolaire ; elles doivent s'exercer dans tous les genres, pour donner à leur goût de la maturité, à leur esprit de la variété, à leur style de la souplesse ; mais il ne faut pas qu'à leur savoir se mêle la pédanterie, cette sottise de la science, mille fois plus ridicule dans une femme que l'ignorance même.

Une correspondance intime, entretenue avec un parent ou un ami, à qui l'on parle à cœur ouvert, sans aucune contrainte, est à la fois un exercice utile et une distraction des plus agréables ; il n'est pas de meilleur moyen de charmer ses loisirs, et de donner à son esprit et à son cœur un aliment qui y fasse circuler la vie. C'est là qu'on peut tout dire, depuis les plus petites choses jusqu'aux plus importantes. Ce tendre épanchement, ces douces causeries sont un baume précieux contre les chagrins de l'absence ; elles ont un charme qui remplace, peut-être avec avantage, la conversation elle-même ; car, dans une lettre, on dit plus et l'on dit mieux ce qu'on pense, il y a moins de décousu dans les propos, enfin le cœur se montre davantage, s'il est vrai que l'absence soit la pierre de touche du sentiment. Ne soyons donc jamais paresseux pour écrire à nos amis ; nous ferions soupçonner la réalité de notre affection : or le soupçon est un poignard dans le cœur.

2° *Lettres de convenance et d'affaires.*

La correspondance pour les relations sociales et les affaires varie autant que les circonstances qui la font naître,

C'est le bon sens qui doit guider chacun dans ces lettres. L'instruction que nous donnent nos travaux littéraires est comme un fonds de réserve dont nous faisons au besoin l'application ; mais c'est seulement dans nos relations avec le monde que nous pouvons puiser l'esprit de conduite, le tact des convenances, enfin ce vernis de politesse et de bon ton qui est l'expression de la bonne compagnie.

Dans les lettres de *convenance*, l'essentiel est de bien observer les bienséances sociales : le savoir-vivre n'est jamais hors de saison. Il nous semble inutile de passer en revue ici tous les genres de lettres, telles que les lettres de *félicitations*, de *condoléance*, de *remercîment*, d'*excuses*, de *recommandation*, de *reproches*, de *demandes*, etc. Le ton et la forme de ces lettres ne peuvent être indiqués à l'avance ; ils dépendent du sujet lui-même, ainsi que du degré de relation et d'intimité des personnes. La politesse n'en doit pas exclure le sentiment ; si le style doit y être plus soigné, les expressions plus mesurées que dans les lettres familières, il ne faut ni affectation ni roideur. Évitez surtout ces lieux communs, ces banalités qui ont été répétées mille fois dans les mêmes circonstances. Quand il ne s'agirait que d'un simple *billet*, il faut qu'il y ait dans ce qu'on écrit un cachet d'individualité, une tournure, un mot qui relève ce que le sujet a de trop commun.

Les *lettres d'affaires* doivent se distinguer par la clarté, la brièveté, la précision ; on doit y parler de l'objet en question et en bannir toute phraséologie, tout détail inutile. On entre en matière dès le premier mot, sans détour, et l'on passe d'un sujet à un autre sans transition.

On ne saurait trop recommander de lire avec soin une lettre avant de la fermer, pour s'assurer qu'on a bien dit ce qu'on voulait, qu'on n'y a laissé passer ni fautes ni équivoque.

Voici, dans différents genres, quelques modèles de

lettres qui se recommandent par les noms des auteurs :

BONNE ANNÉE.

*Lettre de madame de Simiane à M***.*

J'ai si peur que vous ne me souhaitiez la bonne année le premier, que je me dépêche de faire mon compliment ; le voici : bonjour et bon an, Monsieur, et tout ce qui s'en suit. Voilà mon affaire faite, et très-bien faite, je le soutiens ; car trois mots qui viennent d'un cœur bien sincère et bien à vous, valent un trésor. Divertissez-vous à présent à tourner joliment votre réponse et vos souhaits ; cela ne m'embarrassera point, et me fera grand plaisir ; je vous pillerai et ferai mon profit de ce que vous me direz.

Adieu, Monsieur, que je vous plains ces jours-ci !

Lettre de mademoiselle d'Haut... à sa mère

Saint-Cyr, 1718.

Je viens, ma chère maman, de faire, avec mes compagnes, la visite du jour de l'an à la respectable fondatrice de cette maison. L'étiquette et la reconnaissance nous ont conduites auprès d'elle. Un sentiment plus doux, plus tendre, plus fort et bien plus durable, car il ne finira qu'avec ma vie, me ramène à vous, chère et bonne maman ; je vous souhaite la santé, je vous souhaite des jours heureux, je vous souhaite tout ce que vous pouvez désirer ; je vous souhaite, enfin, autant d'années qu'il se débitera ce jour de dragées et de mensonges.

C'est à la simple et franche vérité que je rends hommage quand je vous assure que je vous aime, que je vous adore, qu'il n'est pour moi point de bonheur sans le vôtre, que je ne supporte votre absence et les ennuis de la retraite, qu'afin de me rendre plus digne de vous, et de vous faire trouver un jour votre amie dans la plus respectueuse et la plus tendre des filles.

JOSÉPHINE D'H...

Madame de Sévigné à sa fille.

Vous me dites mille douceurs sur le commencement de l'année ; rien ne peut me flatter davantage. Comptez, mon enfant, que cette année et toutes celles de ma vie sont à vous. C'est un tissu, c'est une vie toute entière qui vous est dévouée jusqu'au dernier soupir. Vos moralités sont admirables. Il est vrai que le temps passe partout et passe vite ; vous criez après lui, parce qu'il vous emporte toujours quelque chose de votre belle jeunesse ; mais il vous en reste beaucoup. Pour moi, je le vois courir avec horreur, et m'apporter en passant l'affreuse vieillesse, et enfin la mort. Voilà de quelle couleur sont les réflexions d'une personne de mon âge.

FÉLICITATION.

Lettre de madame de Simiane.

On me dit hier au soir que vous aviez une place de conseiller d'honneur dans le parlement : je vous en fais mon compliment, Monsieur. C'est à vous à y mettre une juste valeur, et à la proportionner à cet objet. Il me semble que cette place vous était due par droit, et que cet évènement est des plus simples. Mais je veux bien que vous sachiez que, depuis les plus petites jusqu'aux plus grandes choses, tout ce qui vous regarde me touche et m'intéresse infiniment.

CONDOLÉANCE.

Lettre de J. J. Rousseau à M. le Maréchal de Luxembourg.

J'apprends, Monsieur le Maréchal, la perte que vous venez de faire (de madame de Villeroi, sa sœur), et ce moment est de ceux où j'ai le plus de regret de n'être pas auprès de vous : car la joie se suffit à elle-même ; mais la tristesse a besoin de s'épancher, et l'amitié est bien plus précieuse dans la peine que dans le plaisir. Que les mortels sont à plaindre de se faire entre eux des attachements durables ! Ah ! puisqu'il faut passer sa vie à pleurer ceux qui nous sont chers, à pleurer les uns morts, les autres peu dignes de vivre, que je la trouve peu regrettable à tous égards ! Ceux qui s'en vont sont plus heureux que ceux qui restent, ils n'ont plus rien à pleurer. Ces réflexions sont communes, qu'importe ? en sont-elles moins naturelles ? Elles sont d'un homme plus propre à s'affliger avec des amis qu'à les consoler, et qui sait aigrir ses propres peines en s'attendrissant sur les leurs.

Lettre de madame de Grignan à M. le président Moulceau, sur la mort de madame de Sévigné, sa mère, 1699.

Votre politesse ne doit pas craindre, Monsieur, de renouveler ma douleur, en me parlant de la douloureuse perte que j'ai faite : c'est un objet que mon esprit ne perd pas de vue, et qu'il trouve si vivement gravé dans mon cœur, que rien ne peut ni l'augmenter, ni la diminuer. Je suis très persuadée, Monsieur, que vous ne sauriez avoir appris le malheur épouvantable qui m'est arrivé, sans répandre des larmes ; la bonté de votre cœur m'en répond. Vous perdez une amie d'un mérite et d'une fidélité incomparables ; rien n'est plus digne de vos regrets. Et moi, Monsieur, que n'ai-je pas perdu ? Quelles perfections ne réunissait-elle point pour être à mon égard, par différents caractères, plus chère et plus précieuse ? Une perte si complète et si irréparable ne porte pas à chercher des consolations ailleurs que dans l'amertume des larmes et des gémissements. Je n'ai point la force de lever les yeux assez haut pour trouver le lieu d'où doit venir le secours ; je ne puis encore tourner mes regards autour de moi ; je n'y vois plus cette personne qui m'a comblée de biens, qui n'a eu d'attention qu'à me donner tous les jours de nouvelles marques de son tendre attachement. Il est bien vrai, Monsieur, il faut une force plus qu'humaine pour soutenir une si cruelle séparation. J'étais bien loin d'y être préparée ; je me flattais de ne jamais souffrir un si grand mal. Je le souffre, et je le sens dans toute sa rigueur. Je mérite votre pitié, Monsieur, et quelque part dans l'honneur de votre amitié, si on la mérite par une sincère estime et beaucoup de vénération pour votre vertu.

DEMANDE, RECOMMANDATION.

Lettre de Marmontel au duc de Choiseul, pour lui demander une audience particulière.

Monsieur,

On me dit que vous prêtez l'oreille à la voix qui m'accuse et qui sollicite ma perte. Vous êtes puissant, mais vous êtes juste ; je suis malheureux, mais je suis innocent. Je vous prie de m'entendre et de me juger.

Je suis avec un profond respect, etc.

Voltaire au Marquis d'Argenson.

Que direz-vous de moi, Monsieur ? Vous me faites sentir vos bontés de la manière la plus bienfaisante ; vous ne semblez me laisser de sentiments que ceux de la reconnaissance, et il faut avec cela que je vous importune encore ; non, ne me croyez pas assez hardi ; mais voici le fait : Un grand garçon bien fait, aimant les vers, ayant de l'esprit, ne sachant que faire, s'avise de se faire présenter, je ne sais comment, à Cirey. Il m'entend parler de vous, de mon ange gardien. Ho ! ho ! dit-il, s'il vous fait du bien, il m'en fera donc : écrivez-lui en ma faveur. — Mais, Monsieur, considérez que j'abuserais... — Hé bien ! abusez, dit-il. Je voudrais être à lui, s'il va en ambassade. Je ne demande rien ; je lui servirai à tout ce qu'il voudra ; je suis diligent, je suis bon garçon, je suis de fatigue ; enfin donnez-moi une lettre pour lui. — Moi, qui suis bonhomme, je lui donne la lettre. Dès qu'il la tient, il se croit trop heureux : *Je verrai M. d'Argenson !* Et voilà mon grand garçon qui vole à Paris.

J'ai donc, Monsieur, l'honneur de vous en avertir ; il se présentera à vous avec une belle mine et une chétive recommandation.

Pardonnez-moi, je vous en conjure, cette importunité : ce n'est pas ma faute ; je n'ai pu résister au plaisir de me vanter de vos bontés, et un passant a dit : j'en retiens ma part.

Le cardinal de Bernis à Voltaire, 1775.

Je ne saurais refuser cette lettre, mon cher et illustre confrère, à deux jeunes officiers suédois qui ont fait le voyage d'Italie avec beaucoup d'application et d'intelligence, mais qui croiraient n'avoir rien vu si, en retournant dans leur patrie, ils n'avaient pu, du moins un moment, voir et entendre le grand homme de notre siècle. Ils ont cru qu'une lettre de moi serait un passe-port pour arriver jusqu'à vous. Je vous prie donc de ne pas vous refuser à leur curiosité, et au désir qu'ils ont de vous présenter un hommage qui n'est pas celui de la flatterie.

Il y a bien longtemps que je n'ai eu de vos nouvelles : je n'en sais que par la renommée ; ce n'est pas assez pour mon cœur.

Ne doutez jamais, mon cher confrère, de l'intérêt que je prends à votre santé, à votre conservation, à votre bonheur ; je n'ai plus de vœux à faire pour votre gloire. Mon attachement pour vous durera autant que ma vie.

REMERCIMENTS.

La Bruyère au comte de Bussy, 1691.

Si vous ne vous cachiez pas de vos bienfaits, Monsieur, vous auriez eu plus tôt mon remercîment. Je vous le dis sans compliment, la manière dont vous venez de m'obliger m'engage pour toute la vie à la plus vive reconnaissance dont je puisse être capable. Vous auriez bien de la peine à me fermer la bouche ; je ne puis me taire sur une action aussi généreuse.

Je vous envoie, Monsieur, un de mes livres des *Caractères*, fort augmenté, et je suis, avec toute sorte de respect et de gratitude, etc.

*Madame de Simiane à M****.

Je voudrais bien trouver, Monsieur, quelque façon de vous témoigner ma reconnaissance, qui convînt et qui fût assortie à toute celle que j'ai dans le cœur pour le bien que vous venez de faire au pauvre petit Bernard. Vous en serez content, c'est un bon sujet ; il répondra par son zèle à toutes vos bontés : voilà qui nous acquittera un peu tous. Soyez bien persuadé, s'il vous plaît, que vous n'obligerez pas une ingrate, et que vos bienfaits me pénètrent à un point qui vous acquiert mon moi tout entier. Si, avec cela, Varanges est nommé écrivain de vaisseau, je ne sais plus où donner de la tête. Ma grand'mère (*Madame de Sévigné*) disait en pareil cas que, quand on était obligé à quelqu'un à un certain point, il n'y avait que l'ingratitude qui pût tirer d'affaire. Je ne me sens point encore cette façon de penser à votre égard.

AFFAIRES.

Voltaire à l'abbé Maussinot, 1757.

Je vous prie, mon cher abbé, de faire chercher une montre à secondes chez Leroi, ou chez Lebon, ou chez Tiout ; enfin la meilleure montre, soit d'or ou d'argent, il n'importe ; le prix n'importe pas davantage. Si vous pouvez charger l'honnête savoyard que vous nous avez déjà envoyé ici à cinquante sous par jour, et que nous récompenserons encore outre le prix convenu, de cette montre à répétition, vous l'expédierez tout de suite, et vous ferez là une affaire dont je serai satisfait.

Madame de Lafayette à madame de Sévigné, 1689.

Mon style sera laconique, je n'ai point de tête; j'ai eu la fièvre, j'ai chargé M. Dubois de vous le mander.

Il est question, ma belle, qu'il ne faut point que vous passiez l'hiver en Bretagne, à quelque prix que ce soit. Vous êtes vieille; les *Rochers* (1) sont pleins de bois; les catarrhes et les fluxions vous accableront; vous vous ennuierez; votre esprit deviendra triste, et baissera : tout cela est sûr et les choses du monde ne sont rien en comparaison de tout ce que je vous dis. Ne me parlez point d'argent ni de dettes; je vous ferme la bouche sur tout. M. de Sévigné vous donne son équipage; vous venez à Malicorne; vous y trouvez les chevaux et la calèche de M. de Chaulnes : votre maison n'est pas prête, vous n'avez pas de chevaux, c'est en attendant; à votre loisir, vous vous remettez chez vous. Venons au fait : vous payez une pension à M. de Sévigné; vous avez ici un ménage : mettez le tout ensemble, cela fait de l'argent, car votre louage de maison va toujours. Vous direz : mais je dois et je paierai avec le temps. Comptez que vous trouverez ici mille écus, dont vous paierez ce qui vous presse; qu'on vous les prête sans intérêt, et que vous les rembourserez petit à petit, comme vous voudrez. Ne demandez point d'où ils viennent, ni de qui c'est; on ne vous le dira pas; mais ce sont des gens qui sont bien assurés qu'ils ne les perdront pas. Point de raisonnements là-dessus, point de paroles ni de lettres perdues, il faut venir : tout ce que vous m'écrirez, je ne le lirai seulement pas. En un mot, ma belle, il faut ou venir ou renoncer à mon amitié, à celle de madame de Chaulnes et à celle de madame de Lavardin; nous ne voulons point d'une amie qui veut vieillir et mourir par sa faute : il y a de la misère et de la pauvreté à votre conduite. Il faut venir dès qu'il fera beau.

CONSEILS.

J. Racine à son fils.

C'est tout de bon que nous partons pour notre voyage de Picardie. Comme je serai quinze jours sans vous voir, et que vous êtes continuellement présent à mon esprit, je ne puis m'em-

(1) Terre de Madame de Sévigné.

pêcher de vous répéter encore deux ou trois choses que je crois très-importantes pour votre conduite.

La première, c'est d'être extrêmement circonspect dans vos paroles, et d'éviter la réputation d'être un parleur, qui est la plus mauvaise réputation qu'un jeune homme puisse avoir dans le pays où vous entrez. La seconde est d'avoir une extrême docilité pour les avis de M. et madame Vignan, qui vous aiment comme leur enfant.

N'oubliez point vos études, et cultivez continuellement votre mémoire, qui a grand besoin d'être exercée. Je vous demanderai compte, à mon retour, de vos lectures et surtout de l'histoire de France, dont je vous demanderai à voir des extraits.

Vous savez ce que je vous ai dit des opéras et des comédies ; on en doit jouer à Marly : il est très-important pour vous et pour moi-même qu'on ne vous y voie point, d'autant plus que vous êtes maintenant à Versailles pour y faire vos exercices, et non point pour assister à toutes ces sortes de divertissements. Le roi et toute la cour savent le scrupule que je me fais d'y aller (1), et ils auraient très méchante opinion de vous, si, à l'âge où vous êtes, vous aviez si peu d'égards pour moi et pour mes sentiments.

Je devais, avant toutes choses, vous recommander de songer à votre salut, et de ne point perdre l'amour que je vous ai vu pour la religion.

Le plus grand déplaisir qui puisse m'arriver au monde, c'est s'il me revenait que vous êtes indévôt, et que Dieu vous est devenu indifférent. Je vous prie de recevoir cet avis avec la même amitié que je vous le donne. Adieu, mon cher fils ; donnez-moi souvent de vos nouvelles.

REPROCHES.

Madame de Scudéry au comte de Bussy.

Ne vous vantez plus de connaître l'amitié : il y a six mois que je ne vous ai écrit parce que je n'ai bougé du lit tout l'hiver, et je n'ai pas eu la moindre marque de votre souvenir. Je vois bien que je pourrais être morte deux ou trois ans sans vous en inquiéter, si mon ombre ne vous allait reprocher votre oubli. Prenez-

(1) On sait que Racine, après sa tragédie de *Phèdre*, renonça entièrement au théâtre, poussé principalement par des scrupules de dévotion.

y garde, au moins, cela pourrait bien vous arriver, car je crois que je saurais aimer au-delà du tombeau.

Le cardinal de Bernis à Voltaire.

A quel jeu vous ai-je perdu, mon cher confrère? Pourquoi suis-je tombé dans votre disgrâce? Vos lettres ne me sont-elles pas parvenues, ou n'avez-vous pas reçu mes réponses? J'ai été fort exact. Je ne saurais penser que vous m'ayez totalement quitté. Si ce n'est qu'une infidélité passagère, je sens que je vous aime assez pour vous la pardonner. Dites-moi donc ce que c'est, et ne me laissez pas croire que je suis un sot de vous aimer, et vous un ingrat de ne pas répondre à tous les sentiments qui m'attachent à vous pour la vie.

EXCUSES.

Madame de Sévigné au comte de Bussy.

Je me presse de vous écrire, afin d'effacer promptement de votre esprit le chagrin que ma dernière lettre y a mis. Je ne l'eus pas plus tôt écrite, que je m'en repentis... Il est vrai que j'étais de méchante humeur ; je n'eus pas la docilité de me démonter mon esprit pour vous écrire; je trempai ma plume dans mon fiel, et cela composa une sotte lettre amère, dont je vous fais mille excuses. Si vous fussiez entré une heure après dans ma chambre, nous nous fussions moqués de moi ensemble.

Adieu, comte, point de rancune, ne nous tracassons plus. J'ai un peu de tort : mais qui n'en a point en ce monde?

La comtesse du Plessis au comte de Bussy, 1672.

Je suis fort paresseuse quand il n'est question que de faire compliment à des amis, ou de les assurer que je les aime toujours. Je crois qu'ils ne doivent pas douter du dernier; et pour l'autre, il me semble qu'il n'importe guère à celui qui l'écrit et à celui qui le reçoit, voilà mes raisons ; bonnes ou mauvaises, je vous les mande comme je le pense. Il n'en est pas de même quand il est question du service de quelqu'un que j'aime autant que vous, et à qui je suis aussi proche. Mandez-moi à quoi je puis vous être utile, Monsieur, et vous verrez avec quelle vivacité je m'emploierai pour vous marquer ma tendresse.

SUJETS DIVERS.

Une dame très-respectable étant un jour au chevet du lit d'une de ses filles qui était en danger de mort, s'écriait, en fondant en larmes : *Mon Dieu, rendez-la moi, et prenez tous mes autres enfants.* Un homme qui avait épousé une de ses filles, s'approcha d'elle, et la tira par sa manche : *Madame*, lui dit-il, *les gendres en sont-ils?* Le sang-froid et le comique avec lesquels il prononça ces paroles firent un tel effet sur cette dame affligée, qu'elle sortit en éclatant de rire; tout le monde la suivit en riant; et la malade, ayant su de quoi il était question, se mit à rire plus fort que les autres.

VOLTAIRE.

P. L. Courier à M. et Madame Clavier.

Albano, 29 avril 1811.

Monsieur, pour avoir votre ouvrage, je vois bien qu'il faudra que je l'aille chercher; et cependant vous êtes cause qu'on se moque de moi. Je reçois avis l'autre jour qu'un monsieur venant de Paris m'apportait un paquet de la part de M. Clavier. Je cours où l'on m'indiquait; ce n'était pas là, c'était à l'autre bout de la ville; j'y vais; on se met à rire, et on me dit : *poisson d'avril.* Or, imaginez que la veille j'expliquais à ces bonnes gens, à ceux-mêmes qui m'ont joué ce tour-là, ce que c'est chez nous que *poisson d'avril* ; et ils ne comprenaient pas qu'on y pût être attrapé, sachant d'avance le jour. Il faut, disaient-ils, *que vos Français soient bien étourdis.* Vous pouvez croire qu'on n'en doute plus après cette épreuve.

J'ai enfin quitté Rome. J'y vins pour quinze jours, il y a un an ou plus. Me voici en chemin pour Naples; je n'y veux être qu'un mois si je puis ; mais c'est un pays où je prends aisémen tracine.

J'ai passé ce dernier mois presque tout à la campagne, mais quelle campagne, Madame! Si vous saviez ce que c'est, vous m'envieriez. Comme je vous plains d'être confinée à Paris, ville de boue et de poussière! Ne me parlez point de vos environs; voulez-vous comparer Albano et Gonesse, Tivoli et Saint-Ouen? La différence est à la vue comme dans les noms. Au vrai, c'est ici le paradis. Je vais pourtant trouver mieux : dans le pays où je vais est le véritable Eden. Mais que dites-vous de ma vie? Toujours de mieux en mieux. C'est vivre que cela.

P. L. Courier à madame Pigalle.

Mileto, 25 octobre 1806.

Vous aurez de ma prose, chère cousine, tant que vous en voudrez, et du style à vingt sous, c'est-à-dire du meilleur, qui ne vous coûtera rien que le port. Si je ne vous en ai pas adressé plus tôt, c'est que nous autres, vieux cousins, nous n'écrivons guères à nos jeunes cousines sans savoir auparavant comment nos lettres seront reçues, n'étant pas, comme vous autres, toujours assurés de plaire. Ne m'accusez ni de paresse ni d'indifférence. Je voulais voir si vous songeriez que je ne vous écrivais pas depuis près de deux ans. Vous n'aviez aucun air de vous en apercevoir; moi, piqué de cela, j'allais vous quereller, quand vous m'avez prévenu fort joliment : j'aime vos reproches, et vous avez mieux répondu à mon silence que peut-être vous n'eussiez fait à mes lettres.

On mande de vous des choses qui me plaisent. Vous parlez de moi quelquefois, et vous vous ennuyez : *vivat!* cousine. Voilà une conduite admirable. De mon côté, je m'ennuie aussi tant que je puis, comme de raison : ne nous sommes-nous pas promis de ne pas rire l'un sans l'autre? Pour moi, je ne sais ce que c'est que de manquer à ma parole, et je garde mon sérieux, comptant bien que vous tenez le vôtre : je trouverais fort mauvais qu'il en fût autrement. Hélas! pour tenir ma promesse, je n'ai besoin que de penser à cinq cents lieues qui nous séparent; deux longues, longues années écoulées sans nous voir, et combien encore à passer de la même manière! Ces idées-là ne me quittent point, et me donnent une physionomie de *misanthropie et repentir*. Non, je ne suis plus le cousin qui vous amusait. En me voyant maintenant, vous ne me reconnaîtriez pas, et vous demanderiez encore : *où est le cousin qui rit ?* Voilà ce que c'est que de s'éloigner de vous. On s'ennuie, on devient maussade, on vieillit d'un siècle par an. Pour être heureux, il faut, ou ne pas vous connaître, ou ne vous jamais quitter..

Je n'ai guère bâillé près de vous, ni vous avec moi, ce me semble, si ce n'est peut-être en famille, aux visites de nos chers parents. Eh bien! depuis que je ne vous vois plus, je bâille du matin au soir. La nature, vous le savez, m'a doué d'un organe favorable à cet exercice; je bâille en vérité comme un coffre; vous, à cause de mon absence, là-bas, vous devez bâiller aussi, comme une petite tabatière. Quelle différence entre nous! Vous n'oseriez assurément vous comparer, vous mesurer... Bêtise, oui, bêtise, j'en demeure d'accord : c'est du style à deux liards.

Mais savez-vous ce qui m'arrive de ne plus rire? je deviens méchant. Imaginez un peu à quoi je passe mon temps. Je rêve nuit et jour au moyen de tuer des gens que je n'ai jamais vus, qui ne m'ont fait ni bien ni mal : cela n'est-il pas joli? Ah! croyez-moi, cousine, la tristesse ne vaut rien. Reprenons notre ancienne allure, il n'y a de bonnes gens que ceux qui rient. Rions toutes les fois que l'occasion s'en présentera, ou même sans occasion.

Pendant que je vous fais ces lignes très-sensées, voici une drôle d'aventure. La maison tremble; un homme qui écrivait près de moi se sauve en criant : *tremoto!* moi, je répète : *tremoto*, c'est-à-dire, tremblement de terre, et me sauve aussi dans la cour. Là, je vis bien que la secousse avait été forte, ou *sérieuse*, comme vous diriez, cousine, ou *conséquente*, comme dit Voisard. Un bâtiment non achevé, dont le toit n'est pas encore couvert, semblait agité par le vent; la charpente remuait, craquait. La terre a souvent ici de ces petits frissons qui renverseraient une ville comme un jeu de quilles, si les maisons n'étaient faites exprès, peu élevées, larges d'en bas. Aucune n'est tombée cette fois; mais une église a écrasé je ne sais combien de bonnes âmes qui sont maintenant en paradis : voyez quelle grâce de Dieu! nous autres, vauriens, nous restons dans cette vallée de misères.

Quant au temps où nous nous reverrons, la réponse n'est pas si aisée. J'en meurs d'envie, vous pensez bien. Mais il faut achever de conquérir ce royaume, et puis voir les antiquités; il y en a beaucoup de belles, vous savez ma passion : je suis fou de l'antique.

Vous présenterai-je mon respect? Voulez-vous que j'aie l'honneur d'être..? Non, je vous embrasse tout bonnement... Encore une fois je vous embrasse.

Le vieux cousin qui ne rit plus.

§ III. DE LA DESCRIPTION.

La *description* est la peinture des objets. Quand une description se contente de dessiner quelques traits abrégés, on la nomme *esquisse*.

On peut rapporter à la description : le *tableau*, qui est une description assez courte, et dont les traits sont fortement caractérisés ; le *portrait*, qui décrit un être animé : tels sont les portraits du cheval, du chien, dans Buffon ; le *caractère*, qui est un portrait moral : tels sont les célèbres *Caractères* de La Bruyère ; le *parallèle*, qui consiste à peindre les ressemblances et les différences qui existent entre deux personnages ou deux caractères.

La description peint un objet réel ou un objet de fantaisie.

Dans la peinture des objets réels, la description doit être *exacte* et *vraie* ; pour cela il faut, ou avoir l'objet sous les yeux, ou se le représenter par l'imagination : de cette manière, on peint d'après nature ; les couleurs sont vives, les traits naturels, la ressemblance frappante ; l'objet s'anime, on le voit.

Si l'on peint un objet de fantaisie, il n'y a pas d'exactitude à rechercher ; on ne copie plus la nature, on invente ; pourtant la description ne doit pas sortir du *naturel* ; si elle tombe dans l'invraisemblable, elle n'a plus aucun charme, parce que toute illusion disparaît.

Le goût de l'écrivain doit lui indiquer le choix à faire dans les détails de la description. Un objet se présente sous mille aspects divers, selon le point de vue d'où on le considère : la description ne peut embrasser tous ces points de vue ; elle se contente de saisir les plus saillants, et néglige les détails trop minutieux. Si l'on doit éviter la sécheresse qui rebute, il faut se garder aussi de cette prolixe abondance qui fatigue. La sobriété dans les détails est un des caractères essentiels du goût antique ; les modernes affectionnent l'analyse, ils aiment à se perdre dans des descriptions sans fin.

Il ne faut pas oublier les préceptes suivants de Boileau :

> Un auteur quelquefois, trop plein de son objet,
> Jamais sans l'épuiser n'abandonne un sujet.
> S'il rencontre un palais, il m'en dépeint la face ;
> Il me promène, après, de terrasse en terrasse ;
> Ici, s'offre un perron ; là, règne un corridor;
> Là, ce balcon s'enferme en un balustre d'or.
> Il compte des plafonds les ronds et les ovales ;
> Ce ne sont que festons, ce ne sont qu'astragales.
> Je saute vingt feuillets pour en trouver la fin,
> Et je me sauve à peine au travers du jardin.
> Fuyez de ces auteurs l'abondance stérile,
> Et ne vous chargez point d'un détail inutile.
> Tout ce qu'on dit de trop est fade et rebutant ;
> L'esprit rassasié le rejette à l'instant.
> Qui ne sut se borner ne sut jamais écrire.
>
> *Art poétique.*

Une description doit être *animée*, c'est-à-dire, représenter vivement les objets. Pour cela, il ne faut pas se borner à reproduire la nature morte, il faut la vivifier par le sentiment ; il faut surtout y montrer l'homme, les êtres vivants, pour rompre, par un peu de mouvement et d'âme, cette monotonie qui résulte toujours d'un tableau purement descriptif. Si l'on décrit une tempête, on peut jeter de belles couleurs sur ces éléments déchaînés ; mais si l'on y voit l'homme luttant contre le péril et la mort, combien l'intérêt n'en sera-t-il pas augmenté? Bernardin de Saint-Pierre et Châteaubriand, ont ce talent heureux de donner à leurs descriptions une sorte de poésie animée et de vie morale. Buffon est toujours cité comme le plus grand peintre de la nature.

Dans une composition un peu étendue, les descriptions doivent être convenablement placées, afin d'être un ornement et non pas un défaut : si elles ralentissent trop la marche de l'action et refroidissent l'intérêt, elles sont plus nuisibles qu'utiles.

De tous les ornements d'une description, c'est le *contraste* qui sert le mieux à la relever. Un peintre habile sait ménager dans un tableau l'ombre et la lumière, et tirer du clair-obscur de merveilleux effets : l'art de l'écrivain est le même ; l'opposition des tons et des couleurs, donne à l'ensemble du mouvement, de la variété, et fait ressortir les parties essentielles.

Nous donnerons comme modèles de description, les deux morceaux suivants, l'un en vers, l'autre en prose.

UNE BATAILLE.

La trompette a jeté le signal des alarmes :
Aux armes ! et l'écho répète au loin : aux armes !
Dans la plaine soudain les escadrons épars,
Plus prompts que l'aquilon, fondent de toutes parts,
Et sur les flancs épais des légions mortelles
S'étendent tout-à-coup comme de sombres ailes.
Le coursier, retenu par un frein impuissant,
Sur ses jarrets pliés s'arrête en frémissant.
La foudre dort encore, et sur la foule immense
Plane, avec la terreur, un lugubre silence.
On n'entend que le bruit de cent mille soldats,
Marchant comme un seul homme au-devant du trépas.
Les roulements des chars, les coursiers qui hennissent,
Les ordres répétés qui dans l'air retentissent,
Ou le bruit des drapeaux soulevés par les vents,
Qui, dans les camps rivaux flottant à plis mouvants,
Tantôt, semblent enflés d'un souffle de victoire,
Vouloir voler d'eux-mêmes au-devant de la gloire,
Et tantôt, retombant le long des pavillons,
De leurs funèbres plis couvrir leurs bataillons.

Mais sur le front des camps déjà les bronzes grondent ;
Ces tonnerres lointains se croisent, se répondent;
Des tubes enflammés la foudre avec effort
Sort et frappe en sifflant comme un souffle de mort;
Le boulet dans les rangs laisse une large trace,
Ainsi qu'un laboureur qui passe et qui repasse,
Et, sans se reposer, déchirant le vallon,
A côté du sillon creuse un autre sillon :
Ainsi le trait fatal dans les rangs se promène,
Et comme des épis les couche dans la plaine.
Ici tombe un héros moissonné dans sa fleur,
Superbe et l'œil brillant d'orgueil et de valeur;
Sur son casque ondulant, d'où jaillit la lumière,
Flotte d'un noir coursier l'ondoyante crinière :
Ce casque éblouissant sert de but au trépas;
Par la foudre frappé d'un coup qu'il ne sent pas,
Comme un faisceau d'acier il tombe sur l'arène;
Son coursier bondissant, qui sent flotter la rêne,
Lance un regard oblique à son maître expirant,
Revient, penche sa tête et le flaire en pleurant.
Là, tombe un vieux guerrier, qui, né dans les alarmes,
Eut les camps pour patrie, et pour amour ses armes :
Il ne regrette rien que ses chers étendards,
Et les suit en mourant de ses derniers regards...
La mort vole au hasard dans l'horrible carrière ;
L'un périt tout entier ; l'autre sur la poussière,
Comme un tronc dont la hache a coupé les rameaux,
De ses membres épars voit voler les lambeaux,
Et se traînant encor sur la terre humectée,
Marque en ruisseaux de sang sa trace ensanglantée.
Le blessé, que la mort n'a frappé qu'à demi,
Fuit en vain, emporté dans les bras d'un ami :
Sur le sein l'un de l'autre ils sont frappés ensemble,
Et bénissent du moins le coup qui les rassemble....
Cependant, las d'attendre un trépas sans vengeance,
Les deux camps, animés d'une même vaillance,
Se heurtent, et du choc ouvrant leurs bataillons,
Mêlent en tournoyant leurs sanglants tourbillons.

Sous le poids des coursiers les escadrons s'entr'ouvrent;
D'une voûte d'airain les rangs pressés se couvrent;
Les feux croisent les feux, le fer frappe le fer;
Les rangs entrechoqués lancent un seul éclair.
Le salpêtre, au milieu des torrents de fumée,
Brille et court en grondant sur la ligne enflammée,
Et d'un nuage épais enveloppant leur sort,
Cache encore à nos yeux la victoire ou la mort....
Tout-à-coup le soleil dissipant le nuage,
Eclaire avec horreur la scène du carnage;
Et son pâle rayon, sur la terre glissant,
Découvre à nos regards de longs ruisseaux de sang,
Des coursiers et des chars brisés dans la carrière,
Des membres mutilés épars sur la poussière,
Les débris confondus des armes et des corps,
Et les drapeaux jetés sur des monceaux de morts.

Accourez maintenant, amis, épouses, mères!
Venez compter vos fils, vos amants et vos frères;
Venez, sur ces débris, disputer aux vautours
L'espoir de vos vieux ans, le fruit de vos amours...
Mais au sort des humains la nature insensible
Sur leurs débris épars suivra son cours paisible:
Demain la douce aurore, en se levant sur eux,
Dans leur acier sanglant réfléchira ses feux;
Le fleuve lavera sa rive ensanglantée;
Les vents balayeront leur poussière infectée,
Et le sol, engraissé de leurs restes fumants,
Cachera sous des fleurs leurs pâles ossements.

LAMARTINE.

DEUX PERSPECTIVES DE LA NATURE.

« Le vaisseau sur lequel nous passions en Amérique s'étant élevé au-dessus du gisement des terres, bientôt l'espace ne fut plus tendu que du double azur de la mer et du ciel, comme une toile préparée pour recevoir les futures créations de quelque grand peintre. La couleur des eaux devint semblable à celle du verre liquide. Une grosse houle venait du couchant, bien que le vent soufflât de l'est; d'énormes ondulations s'étendaient du nord au midi, et ouvraient dans leurs vallées de longues échappés de vue sur le désert de l'Océan. Ces mobiles paysages changeaient d'aspect à toute minute. Tantôt une multitude de tertres verdoyants représentaient des sillons de tombeaux dans un cimetière immense; tantôt des lames, en faisant moutonner leurs cimes, imitaient des troupeaux blancs répandus sur des bruyères. Souvent l'espace semblait borné, faute de points de comparaison; mais si une vague venait à se lever, un flot à se courber comme une côte lointaine, un escadron de chiens de mer à passer à l'horizon, l'espace s'ouvrait subitement devant nous. On avait surtout l'idée de l'étendue lorsqu'une brume légère rampait à la surface de la mer, et semblait accroître l'immensité même. Oh! qu'alors les aspects de l'Océan sont grands et tristes! Dans quelles rêveries ils nous plongent, soit que l'imagination s'enfonce sur les mers du Nord, au milieu des frimas et des tempêtes, soit qu'elle aborde sur les mers du midi, à des îles de repos et de bonheur!

» Il nous arrivait souvent de nous lever au milieu de la nuit, et d'aller nous asseoir sur le pont, où nous ne trouvions que l'officier de quart et quelques matelots qui fumaient leur pipe en silence. Pour tout bruit, on entendait le froissement de la proue sur les flots, tandis que les étincelles de feu couraient avec une blanche écume le long des flancs du navire. Dieu des chrétiens! c'est surtout dans les eaux de l'abîme et dans les profondeurs des cieux que tu as gravé bien fortement les traits de ta toute-puissance! Des millions d'étoiles, rayonnant dans le sombre azur du dôme céleste, la lune au milieu du firmament, une mer sans rivage, l'infini dans le ciel et sur les flots! Jamais tu ne m'as plus troublé de ta grandeur que dans ces nuits où, suspendu entre les astres et l'Océan, j'avais l'immensité sous mes pieds!

» Un soir, il faisait un profond calme, nous nous trouvions dans ces belles mers qui baignent les rivages de la Virginie; toutes les voiles étaient pliées; j'étais occupé sous le pont, lorsque j'entendis la cloche qui appelait l'équipage à la prière; je me hâtai d'aller mêler mes vœux à ceux de mes compagnons de voyage.

» Le globe du soleil, prêt à se plonger dans les flots, apparaissait entre les cordages du navire au milieu des espaces sans bornes. On eût dit, par les balancements de la poupe, que l'astre radieux changeait à chaque instant d'horizon. Quelques nuages étaient jetés sans ordre dans l'orient, où la lune montait avec lenteur ; le reste du ciel était pur ; vers le nord, formant un glorieux triangle avec l'astre du jour et celui de la nuit, une trombe, brillante des couleurs du prisme, s'élevait de la mer comme un pilier de cristal supportant la voûte du ciel.

» Il eût été bien à plaindre, celui qui, dans ce spectacle, n'eût point reconnu la beauté de Dieu. Des larmes coulèrent malgré moi de mes paupières, lorsque mes compagnons, ôtant leurs chapeaux goudronnés, vinrent entonner d'une voix rauque, leur simple cantique à Notre-Dame de Bon-Secours, patronne des mariniers. Qu'elle était touchante, la prière de ces hommes qui, sur une planche fragile, au milieu de l'Océan, contemplaient le soleil couchant sur les flots! Comme elle allait à l'âme, cette invocation du pauvre matelot à la Mères des Douleurs ! La conscience de notre petitesse à la vue de l'infini, nos chants s'étendant au loin sur les vagues, la nuit s'approchant avec ses embûches, la merveille de notre vaisseau au milieu de tant de merveilles, un équipage religieux saisi d'admiration et de crainte, un prêtre auguste en prières, Dieu penché sur l'abîme, d'une main retenant le soleil aux portes de l'occident, de l'autre élevant la lune dans l'Orient, et prêtant, à travers l'immensité, une oreille attentive à la voix de sa créature : voilà ce qu'on ne saurait peindre et ce que tout le cœur de l'homme suffit à peine pour sentir.

Passons à la scène terrestre.

» Un soir je m'étais égaré dans une forêt, à quelque distance de la cataracte de Niagara ; bientôt je vis le jour s'éteindre autour de moi, et je goûtai, dans toute sa solitude, le beau spectacle d'une nuit dans les déserts du Nouveau-Monde.

» Une heure après le coucher du soleil, la lune se montra au dessus des arbres à l'horizon opposé. Une brise embaumée, que cette reine des nuits amenait de l'Orient avec elle, semblait la précéder dans les forêts comme sa fraîche haleine. L'astre solitaire monta peu à peu dans le ciel : tantôt il suivait paisiblement sa course azurée ; tantôt il reposait sur des groupes de nues, qui ressemblaient à la cime de hautes montagnes couronnées de neige. Ces nues, ployant et déployant leurs voiles, se déroulaient en zones diaphanes de satin blanc, se dispersaient en flocons d'écume, ou formaient dans les cieux des bancs d'une ouate éblouissante, si doux à l'œil, qu'on croyait ressentir leur mollesse et leur élasticité.

» La scène sur la terre n'était pas moins ravissante : le jour bleuâtre et velouté de la lune descendait dans les intervalles des arbres, et poussait des gerbes de lumière jusque dans l'épaisseur des plus profondes ténèbres. La rivière qui coulait à mes pieds, tour-à-tour se perdait dans le bois, tour-à-tour reparaissait brillante des constellations de la nuit, qu'elle répétait dans son sein. Dans une savane, de l'autre côté de la rivière, la clarté de la lune dormait sans mouvement sur les gazons ; des bouleaux agités par les brises, et dispersés çà et là, formaient des îles d'ombres flottantes sur cette mer immobile de lumière. Auprès, tout aurait été silence et repos, sans la chute de quelques feuilles, le passage d'un vent subit, le gémissement de la hulotte; au loin, par intervalles, on entendait les sourds mugissements de la cataracte de Niagara qui, dans le calme de la nuit, se prolongeaient de déserts en déserts, et expiraient à travers les forêts solitaires.

» La grandeur, l'étonnante mélancolie de ce tableau, ne sauraient s'exprimer dans les langues humaines, les plus belles nuits en Europe ne peuvent en donner une idée. En vain, dans nos champs cultivés, l'imagination cherche à s'étendre ; elle rencontre de toutes parts les habitations des hommes : mais dans ces régions sauvages, l'âme se plaît à s'enfoncer dans un océan de forêts, à planer sur le gouffre des cataractes, à méditer au bord des lacs et des fleuves, et, pour ainsi dire, à se trouver seule devant Dieu. »

CHATEAUBRIAND.

§ IV. DE LA NARRATION.

La *narration* est le récit d'un fait, accompagné de toutes les circonstances qui en dépendent.

Avant de commencer la narration, il faut se bien rendre maître du fait à raconter, en examiner avec soin le caractère, l'ensemble et les détails : la réflexion fait naître une foule d'idées que l'on n'avait pas d'abord, et elle prépare l'enchaînement du récit, qui est la première qualité d'une bonne narration.

Si la narration est *historique,* il faut, avant d'écrire, étudier tous les détails qui s'y rattachent, pour ne pas s'écarter de la vérité ; si la narration est *fictive,* l'imagination a un libre champ pour inventer, disposer, ordonner à son gré le sujet, mais pourtant sans jamais s'écarter de la vraisemblance : si la narration est *mixte*, c'est-à-dire si le fond est vrai mais les détails inventés, comme dans le *Meunier de Sans-Souci* d'Andrieux, ou dans les *romans historiques* de Walter Scott, il faut se garder d'altérer les faits et les caractères aux dépens de la vérité, afin de ne pas laisser d'erreur grave dans l'esprit du lecteur. Mais quelle que soit la nature du récit, réel ou inventé, il y a une certaine vérité générale et convenue dont on ne peut jamais se départir : c'est ce que l'on appelle la *couleur locale,* qui est une condition essentielle de la vraisemblance ; elle consiste à bien observer les convenances de temps, de lieu, d'âge, de caractère, de mœurs et de croyances.

La condition première d'une bonne narration, c'est l'*unité.* Toute narration, petite ou grande, roman ou conte, histoire ou fable, doit présenter un objet principal, un personnage qui lui serve de centre; et autour duquel se groupent l'action et l'intérêt ; tous les détails doivent s'y rattacher, de près ou de loin. Sans l'unité, l'attention flotte incertaine entre plusieurs personnages, et l'intérêt s'évanouit en se partageant ; unité dans la variété, telle est la règle à suivre.

On fait une *digression* quand on s'écarte du sujet pour en traiter un autre qui ne s'y rapporte qu'indirectement : ainsi l'on interrompt quelquefois la narration pour faire des rapprochements entre les époques, pour expliquer des coutumes, remonter à l'origine d'un fait, etc. Cela n'est permis que si la digression sert à l'intelligence ou à l'intérêt du récit, si elle ne le coupe pas d'une manière brusque et désagréable. Toute digression inutile ou trop longue est un défaut.

On appelle *épisodes* certaines actions indirectes et secondaires qui sont liées au fait principal. L'épisode doit être amené naturellement, placé avec goût, et servir à l'intérêt général; il doit donner du charme et de la variété au récit.

Il n'est pas défendu de semer les réflexions dans un récit, mais il faut en user sobrement : toute réflexion qui n'est pas amenée naturellement, qui ne fait pas corps avec le reste de la narration, qui se prolonge outre mesure, ne sert qu'à jeter du froid dans l'action et à en entraver la marche. Les jeunes gens surtout doivent se garder de ces généralités banales par lesquelles ils commencent souvent leur récit : il vaut mieux aborder le sujet sans détours et aller droit au fait.

Une bonne narration doit être *claire et brève*, *vraie* ou *vraisemblable*, *complète* et *intéressante*.

1° *Claire et brève*. La clarté, loi suprême de toute composition, doit exister dans un récit où l'on recherche surtout des faits bien enchaînés, exposés avec ordre, sans confusion, sans embarras, et revêtus d'un style net et précis. Rien n'est plus fatigant et plus ennuyeux qu'une narration où les faits ne s'expliquent pas l'un par l'autre, où les incidents et les personnages sont maladroitement disposés, où la marche est arrêtée par une foule de digressions, de sentences, de descriptions déplacées. Une telle narration manque aussi de *brièveté;* car un récit est bref, non quand il est court, mais quand il ne contient rien d'inutile.

2° *Vraie* ou *vraisemblable*. La vérité est la première condition d'un récit historique. Si la narration est fictive en tout ou en partie, on ne doit pas s'écarter de la vraisemblance, c'est-à-dire accumuler les évènements extraordinaires, en créer qui répugnent au bon sens et à la raison. La vraisemblance tient souvent à l'art du narrateur : s'il dispose son récit d'une manière naturelle, en donnant aux évènements une gradation habile, une combinaison ingénieuse, il peut rendre vraisemblables les choses les plus extraordinaires.

Si la narration est fabuleuse ou mêlée de merveilleux, il y a pourtant une vraisemblance de convention qu'on ne peut négliger.

3° *Complète.* La narration est complète quand elle contient tout ce qui est nécessaire, et rien de superflu. Comme le drame et le roman, elle doit avoir un commencement ou *exposition*, un *nœud*, un *dénoûment*. L'exposition consiste à expliquer le sujet ; c'est l'entrée en scène ; elle doit, dit Cicéron, *sortir du sujet comme une fleur de sa tige.* Quelquefois il est nécessaire de raconter les évènements antérieurs au fait dont il s'agit ; il faut le faire brièvement, et avoir soin de ne pas remonter plus haut que la clarté ne l'exige. Dans la comédie des *Plaideurs* de Racine, l'Intimé, plaidant pour un chien qui a dérobé un chapon, remonte au chaos et à la naissance du monde ; Dandin lui crie :

> Avocat, ah ! passons au déluge !

C'est une critique spirituelle de ces préambules qui ne finissent pas. L'exposition varie selon les sujets et le genre de style qu'on adopte : elle peut être simple, animée, dramatique.

Le *nœud* est le lien du récit ; il nous montre les personnages et les évènements concourant à la marche de l'action, formant une intrigue qui attache le lecteur, et qui tend vers une solution définitive ; cette solution, c'est le dénoûment.

Le *dénoûment* tranche le nœud et termine l'action ; il doit sortir naturellement de ce qui précède et satisfaire l'esprit du lecteur. Il importe de s'arrêter à propos et de ne pas ajouter des détails inutiles qui refroidissent l'impression.

4° *Intéressante.* L'intérêt, c'est la vie même de la narration, c'est le but que doit atteindre l'écrivain : malheur à lui, s'il ne parvient qu'à ennuyer ! Un récit est intéressant, ou par le fond même du sujet, ou par la manière dont il est traité. Un habile écrivain sait tirer parti d'un sujet, même stérile en apparence ; il l'anime par la vivacité de l'esprit ou par celle de la passion ; il éveille la curiosité, tient l'attention en haleine par une habile gradation de l'intérêt ; il ménage avec art les incidents prévus ou imprévus ; il n'insiste que sur les détails qui peuvent toucher et plaire. Il met partout de la variété en entremêlant au récit de courtes descriptions, des sentiments, des réflexions ou des dialogues toujours appropriés aux circonstances. Quelquefois il laisse planer sur le sujet une sorte de mystère, et il tient l'esprit du lecteur enchaîné jusqu'au dénoûment.

La narration admet tous les tons, depuis le plus simple, comme *la Cigale et la Fourmi*, jusqu'au plus élevé, comme la mort d'*Hippolyte* ou la *bataille de Rocroy*. Il n'y a pas de règles à donner à ce sujet : le goût et le jugement sont les seuls guides à suivre : mais une fois qu'on a adopté un ton, il faut le soutenir fidèlement jusqu'à la fin.

Comme exemple de narration, nous citerons trois morceaux de genres et de styles différents.

Combat de Mérovée contre le chef des Gaulois.

« Mérovée avait fait un massacre épouvantable des Romains. On le voyait debout sur un immense chariot, avec douze compagnons d'armes appelés les douze pairs, qu'il surpassait de toute la tête. Au-dessus du chariot flottait une enseigne guerrière surnommée l'oriflamme. Le chariot, chargé d'horribles dépouilles, était traîné par trois taureaux dont les genoux dégouttaient de sang, et dont les cornes portaient des lambeaux affreux.

» Mérovée, rassasié de meurtre, contemplait, immobile, du haut de son char de victoire, les cadavres dont il avait jonché la plaine. Ainsi se repose un lion de Numidie, après avoir déchiré un troupeau de brebis ; sa faim est apaisée, sa poitrine exhale l'odeur du carnage : il ouvre et ferme tour-à-tour sa gueule fatiguée qu'embarrassent des flocons de laine ; enfin, il se couche au milieu des agneaux égorgés ; sa crinière, humectée d'une rosée de sang, retombe des deux côtés de son cou ; il croise ses griffes puissantes, il allonge la tête sur ses ongles, et, les yeux à demi fermés, il lèche encore les molles toisons étendues autour de lui.

» Le chef des Gaulois aperçut Mérovée dans ce repos insultant et superbe. Sa fureur s'allume ; il s'avance vers le fils de Clodion ; il lui crie d'un ton ironique :

» — Chef à la longue chevelure, je vais t'asseoir autrement sur le trône d'Hercule le Gaulois. Jeune brave, tu mérites d'emporter la marque du fer au palais de Teutatès. Je ne veux point te laisser languir dans une honteuse vieillesse.

» — Qui es-tu ? répondit Mérovée avec un sourire amer : es-tu d'une race noble et antique ? Esclave romain, ne crains-tu pas ma framée ?

» — Je ne crains qu'une chose, répartit le Gaulois frémissant de courroux, c'est que le ciel tombe sur ma tête.

» — Cède-moi la terre, dit l'orgueilleux Sicambre.

» — La terre que je te céderai, s'écria le Gaulois, tu la garderas éternellement.

» A ces mots, Mérovée, s'appuyant sur sa framée, s'élance du char par-dessus les taureaux, tombe à leurs pieds, et se présente au Gaulois qui venait à lui.

» Toute l'armée s'arrête pour regarder le combat des deux chefs. Le Gaulois fond, l'épée à la main, sur le jeune Franc, le presse, le frappe, le blesse à l'épaule, et le contraint de reculer jusque sous les cornes des taureaux. Mérovée, à son tour, lance son angon qui, par ses deux fers recourbés, s'engage dans le bouclier du Gaulois. Au même instant, le fils de Clodion bondit comme un léopard, met le pied sur le javelot, le presse de son poids, le fait descendre vers la terre, et abaisse avec lui le bouclier de son ennemi. Ainsi forcé de se découvrir, l'infortuné Gaulois montre la tête ; la hache de Mérovée part, siffle, vole et s'enfonce dans le front du Gaulois, comme la cognée d'un bûcheron dans la cime d'un pin. La tête du guerrier se partage, sa cervelle se répand des deux côtés, ses yeux roulent à terre; son corps reste encore un moment debout, étendant des mains convulsives, objet d'épouvante et de pitié.

CHATEAUBRIAND, *Les Martyrs.*

LA BERGÈRE ET LE PAPILLON.

Tandis que le jour s'achevait,
Seule, sur un banc de fougères,
Gentille bergère rêvait
A ce que rêvent les bergères.

Voilà que pour se délasser
Des longues courses de son aile,
Un papillon vient se placer
Sur sa main blanche. « Ah! lui dit-elle...

Ah! lui dit-elle, ami naïf,
Ta confiance m'intéresse;
Je ne te rendrai pas captif,
Et respecterai ta faiblesse.

C'est bien de ne pas t'effrayer
D'une jeune fille novice :
C'est elle qui va supplier
Et te demander un service.

Mes compagnes m'ont raconté
Que ton essor, riant présage,
Nous dit toujours la vérité
Sur notre futur mariage.

Eh bien! ton vol m'indiquera,
S'il est vrai que ton vol devine,
La demeure où me conduira
Celui que le Ciel me destine. »

Soudain le brillant papillon
Quitte les doigts de la bergère,
Décrit un léger tourbillon,
Et vole.... hélas! au cimetière.

REBOUL.

Un trait de l'enfance de Bernardin de Saint-Pierre.

« Un jour, Bernardin assistait à la toilette de sa mère, en se réjouissant de l'accompagner à la promenade; tout-à-coup il fut accusé d'une faute assez grave par une bonne fille nommée Marie Talbot, dont, malgré cette aventure, il conserva toujours le plus touchant souvenir. Il avait près de neuf ans, et il était fort doux à cet âge. Encouragé par son innocence, il se défendit d'abord avec assez de tranquillité; mais comme toutes les apparences étaient contre lui, et qu'on refusait de croire à sa justification, il finit par s'emporter jusqu'à donner un démenti à sa bonne. Madame de Saint-Pierre, étonnée d'une vivacité qu'elle ne lui avait pas encore vue, crut devoir le punir en le privant de la promenade; et comme il ne cessait de l'importuner par ses larmes et par ses protestations, elle prit le parti de s'en débarrasser en l'enfermant seul dans une chambre. Trompé dans l'attente d'un plaisir, condamné pour une faute dont il n'était pas coupable, tout son être se révolta contre l'injustice de sa mère. Dans cette extrémité, il se mit à prier avec une confiance si ardente, avec des élans de cœur si passionnés, qu'il lui semblait à tout moment que le ciel allait faire éclater son innocence par quelque grand miracle. Cependant, l'heure de la promenade s'écoulait, et le miracle ne s'opérait pas. Alors le désespoir s'empare du pauvre prisonnier, il murmure contre la Providence, il accuse sa justice, et bientôt, dans sa sagesse profonde, il décide qu'il n'y a pas de Dieu. Assis auprès de cette porte que ses prières n'avaient pu faire tomber, il s'abîmait dans cette pensée avec une incroyable amertume, lorsque le soleil perçant les nuages qui, depuis le matin, attristaient l'atmosphère, un de ses rayons vint frapper la croisée que le petit incrédule contemplait avec tant de tristesse. A la vue de cette clarté si vive et si pure, il sentit tout son corps frissonner, et, s'élançant vers la fenêtre par un mouvement involontaire, il s'écria avec l'accent de l'enthousiasme : Oh ! il y a un Dieu ! Puis il tomba à genoux et fondit en larmes. »

AIMÉ-MARTIN.

§ V. DE LA DISSERTATION.

La *dissertation* est plus sérieuse et plus difficile que la narration ; c'est un examen raisonné de quelque point de morale, de religion, de philosophie, d'art, de science ou de littérature.

Rien n'est plus propre à exercer à la fois le jugement et le goût de la jeunesse que ce genre de composition : c'est une sévère gymnastique de pensée qui aiguise l'esprit et donne du nerf à l'imagination. S'exercer dans un seul genre, c'est n'avoir qu'une arme à sa disposition. La pensée a des formes multiples dont il faut soigner toutes les faces ; on doit savoir passer du *grave* au *doux,* du *plaisant* au *sévère,* comme dit Boileau. Enfin, il faut savoir raisonner ses idées, et donner les preuves de ce qu'on avance : tel est le but de la dissertation.

Que de sujets féconds et intéressants pour de jeunes esprits qui aiment naturellement ce qui est juste, beau et bon ! L'existence de Dieu , démontrée par les phénomènes de la nature et par la voix du cœur ; la conscience, loi morale du devoir, qui incline doucement l'âme au joug de la vertu et lui fait fuir le vice ; les passions avec leurs bons et leurs mauvais côtés ; les goûts, les instincts avec leurs tendances diverses ; les secrets de la nature que l'on cherche à pénétrer ; les sciences et leurs merveilleux résultats ; les lettres avec leur influence et leur utilité ; la critique littéraire, si propre à donner de la finesse et du tact au jugement ; les arts avec les trésors de poésie qu'ils renferment ; tout cela peut être l'objet de dissertations animées et ingénieuses où l'esprit et le style trouvent à déployer sans cesse de nouvelles ressources.

Le style de la dissertation doit être grave, mais simple ; les ornements et les images n'y sont guère à leur place ; mais il faut de la clarté, de la vivacité dans le raisonnement : le but est de dégager la vérité des nuages qui l'enveloppent, pour la faire briller aux yeux. N'abandonnez pas une idée que vous ne l'ayez développée convenablement ; passez ensuite à une autre par une transition naturelle : l'ordre ici est indispensable, car il s'agit de prouver. Évitez à la fois la sécheresse et la diffusion, deux défauts également contraires à une bonne argumentation. « Donnez du corps aux pensées trop subtiles ; adoucissez, par le sentiment, la rudesse de la vérité ; abaissez tout cela jusqu'à nos sens. Nous voulons que les objets viennent se mettre sous nos yeux ; nous voulons un vrai qui nous saisisse d'abord, et qui remplisse notre âme de lumière et de chaleur. Il faut que la philosophie, quand elle veut nous plaire dans un ouvrage de goût, emprunte la voix de l'harmonie, la vivacité et le coloris de l'imagination. » (Guénard, *Discours couronné par l'Académie française*, en 1755.)

Voici deux modèles de dissertation, l'une en prose, l'autre en vers :

LE DUEL.

« Gardez-vous de confondre le nom sacré de l'honneur avec ce préjugé féroce qui met toutes les vertus à la pointe d'une épée, et n'est propre qu'à faire de braves scélérats.

» En quoi consiste ce préjugé ? Dans l'opinion la plus extravagante et la plus barbare qui entra jamais dans l'esprit humain, savoir : que tous les droits de la société sont suppléés par la bravoure ; qu'un homme n'est plus fourbe, fripon, calomniateur ; qu'il est civil, humain, poli, quand il sait se battre ; que le mensonge se change en vérité ; que le vol devient légitime, la perfidie honnête, l'infidélité louable, sitôt qu'on soutient tout cela le fer à la main ; qu'un affront est toujours bien réparé par un coup d'épée, et qu'on n'a jamais tort avec un homme, pourvu qu'on le tue.

» Il y a, je l'avoue, une autre sorte d'affaire où la gentillesse se mêle à la cruauté, et où l'on ne tue les gens que par hasard : c'est celle où l'on se bat au premier sang.

» Au premier sang, grand Dieu ! Et qu'en veux-tu faire, de ce premier sang, bête féroce ? Le veux-tu boire ?

» Les plus vaillants hommes de l'antiquité songèrent-ils jamais à venger leurs injures par des combats particuliers ? César envoya-t-il un cartel à Caton, ou Pompée à César, pour tant d'affronts réciproques? Et le plus grand capitaine de la Grèce fut-il déshonoré pour s'être laissé menacer du bâton? D'autres temps, d'autres mœurs, je le sais; mais n'y en a-t-il que de bonnes? Et n'oserait-on s'enquérir si les mœurs d'un temps sont celles qu'exige le solide honneur? Non, cet honneur n'est point variable; il ne dépend ni des temps, ni des lieux, ni des préjugés; il ne peut ni passer, ni renaître; il a sa source éternelle dans le cœur de l'homme juste, et dans la règle inaltérable de ses devoirs. Si les peuples les plus éclairés, les plus braves, les plus vertueux de la terre n'ont point connu le duel, je dis qu'il n'est pas une institution de l'honneur, mais une mode affreuse et barbare, digne de sa féroce origine. Reste à savoir si, quand il s'agit de sa vie ou de celle d'autrui, l'honnête homme se règle sur la mode, et s'il n'y a pas alors plus de vrai courage à la braver qu'à la suivre. Que ferait celui qui s'y veut asservir, dans les lieux où règne un usage contraire? A Messine ou à Naples, il irait attendre son homme au coin d'une rue et le poignarder par derrière : cela s'appelle être brave en ce pays-là; et l'honneur ne consiste pas à se faire tuer par son ennemi, mais à le tuer lui-même.

» L'homme droit, dont toute la vie est sans tache, et qui ne donna jamais aucun signe de lâcheté, refusera de souiller sa main d'un homicide, et n'en sera que plus honoré. Toujours prêt à servir la patrie, à protéger le faible, à remplir les devoirs les plus dangereux, et à défendre, en toute rencontre honnête et juste, ce qui lui est cher, au prix de son sang, il met dans ses démarches cette inébranlable fermeté qu'on n'a point sans le vrai courage. Dans la sécurité de sa conscience, il marche la tête levée, il ne fuit ni ne cherche son ennemi. On voit aisément qu'il craint moins de mourir que de mal faire, et qu'il redoute le crime et non le péril. Si les vils préjugés s'élèvent contre lui, tous les jours de son honorable vie sont autant de témoins qui les récusent; et, dans une conduite si bien liée, on juge d'une action sur toutes les autres. »

J.-J. Rousseau.

L'IMMORTALITÉ.

Le soleil de nos jours pâlit dès son aurore;
Sur nos fronts languissants à peine il jette encore
Quelques rayons tremblants qui combattent la nuit;

L'ombre croît, le jour meurt, tout s'efface et tout fuit.
Qu'un autre à cet aspect frissonne et s'attendrisse;
Qu'il recule en tremblant des bords du précipice ;
Qu'il ne puisse de loin entendre, sans frémir,
Le triste chant des morts tout prêt à retentir;
Les soupirs étouffés d'une mère ou d'un frère,
Suspendus sur le bord de son lit funéraire ;
Ou l'airain gémissant, dont les sons éperdus
Annoncent aux mortels qu'un malheureux n'est plus.
Je te salue, ô mort! libérateur céleste !
Tu ne m'apparais point sous cet aspect funeste
Que t'a prêté longtemps l'épouvante ou l'erreur;
Ton bras n'est point armé d'un glaive destructeur ;
Ton front n'est point cruel, ton œil n'est point perfide ;
Au secours des douleurs un Dieu clément te guide;
Tu n'anéantis pas, tu délivres ; ta main,
Céleste messager, porte un flambeau divin;
Quand mon œil fatigué se ferme à la lumière,
Tu viens d'un jour plus pur inonder ma paupière ;
Et l'espoir, près de toi, rêvant sur un tombeau,
Appuyé sur la foi, m'ouvre un monde plus beau.
Viens donc, viens détacher mes chaînes corporelles ;
Viens, ouvre ma prison, viens, prête-moi tes ailes.
Que tardes-tu? Parais, que je m'élance enfin
Vers cet être inconnu, mon principe, ma fin.
Qui m'en a détaché? qui suis-je? et que dois-je être?
Je meurs, et ne sais pas ce que c'est que de naître.
Toi, qu'en vain j'interroge, esprit, hôte inconnu,
Avant de m'animer, quel ciel habitais-tu?
Quel pouvoir t'a jeté sur ce globe fragile?
Quelle main t'enferma dans ta prison d'argile?
Par quels nœuds étonnants, par quels secrets rapports
Le corps tient-il à toi comme tu tiens au corps?
Quel jour séparera l'âme de la matière?
Pour quel nouveau palais quitteras-tu la terre?
As-tu tout oublié? Par delà le tombeau
Vas-tu renaître encor dans un oubli nouveau?
Vas-tu recommencer une semblable vie?

Ou, dans le sein de Dieu, ta source et ta patrie,
Affranchi pour jamais de tes liens mortels,
Vas-tu jouir enfin de tes droits éternels?
Oui, tel est mon espoir, ô moitié de ma vie!
C'est par lui que déjà mon âme raffermie
A pu voir sans effroi sur tes traits enchanteurs
Se faner du printemps les brillantes couleurs;
C'est par lui que, percé du trait qui me déchire,
Jeune encore, en mourant vous me verrez sourire,
Et que des pleurs de joie, à nos derniers adieux,
A ton dernier regard, brilleront dans mes yeux.

Vain espoir, s'écrira le troupeau d'Épicure,
Et celui dont la main disséquant la nature,
Dans un coin du cerveau, nouvellement décrit,
Voit penser la matière et végéter l'esprit!
« Insensé! diront-ils, que trop d'orgueil abuse,
Regarde autour de toi : tout commence, tout s'use,
Tout marche vers un terme, et tout naît pour mourir.
Dans ces prés jaunissants tu vois la fleur languir;
Tu vois dans ces forêts le cèdre, au front superbe,
Sous le poids de ses ans, tomber, ramper sous l'herbe...
Tu vois autour de toi, dans la nature entière,
Les siècles entasser poussière sur poussière,
Et le Temps, d'un seul pas confondant ton orgueil,
De tout ce qu'il produit devenir le cercueil.
Et l'homme, l'homme seul, ô sublime folie!
Au fond de son tombeau croit retrouver la vie;
Et dans le tourbillon, au néant emporté,
Abattu par le temps, rêve l'éternité! »
Qu'un autre vous réponde, ô sages de la terre!
Laissez-moi mon erreur : j'aime, il faut que j'espère;
Notre faible raison se trouble et se confond.
Oui, la raison se tait; mais l'instinct nous répond.
Pour moi, quand je verrais dans les célestes plaines
Les astres, s'écartant de leurs routes certaines,
Dans les champs de l'éther l'un par l'autre heurtés,
Parcourir au hasard les cieux épouvantés;
Quand j'entendrais gémir et se briser la terre;

Quand je verrais son globe, errant et solitaire,
Flottant loin des soleils, pleurant l'homme détruit,
Se perdre dans les champs de l'éternelle nuit;
Et quand, dernier témoin de ces scènes funèbres,
Entouré du chaos, de la mort, des ténèbres,
Seul, je serais debout; seul, malgré mon effroi,
Être infaillible et bon, j'espérerais en toi;
Et certain du retour de l'éternelle aurore,
Sur les mondes détruits, je t'attendrais encore!

LAMARTINE.

§ VI. DE L'ANALYSE CRITIQUE.

La lecture et la composition sont sans doute d'excellents moyens pour former le goût et pour acquérir la connaissance pratique de la langue; mais, pour pénétrer tous les secrets de l'art d'écrire, pour étudier les règles dans leur application immédiate, il est un autre exercice dont la jeunesse peut tirer les plus grands fruits : c'est l'*analyse critique,* appliquée aux chefs-d'œuvre de la littérature et aux modèles des bons écrivains.

Le goût des élèves se forme en partie sur la foi du maître et sur celle des critiques dont ils font la lecture; mais il faut aussi qu'ils s'habituent à juger par eux-mêmes. Pourquoi ne s'exerceraient-ils pas, quand ils ont acquis une certaine maturité, à rendre compte, par écrit, d'un livre qu'ils ont lu, d'une pièce de théâtre dont ils ont vu la représentation? Obligés de réfléchir et de formuler leur jugement, ils s'habitueront à distinguer ce qui est bon de ce qui est mauvais; ils perfectionneront en eux le goût du beau, et se formeront des principes d'esthétique qu'ils auront souvent occasion d'appliquer. Si ce travail paraît difficile au premier abord, la lecture de La Harpe ou de M. Villemain mettra facilement sur la voie.

Mais, avant d'aborder cette critique en grand, il est éminemment utile de l'appliquer à des morceaux choisis de peu d'étendue. Cette analyse doit considérer un morceau dans son ensemble et dans tous ses détails, y montrer l'application de toutes les règles de l'art d'écrire, faire ressortir les beautés ou les défauts qui s'y trouvent.

Pour donner une idée de ce genre de travail, nous en ferons l'application à la délicieuse élégie d'André Chénier, intitulée la *Jeune Captive*.

1° « L'épi naissant mûrit, de la faux respecté ;
Sans crainte du pressoir, le pampre tout l'été
Boit les doux présents de l'aurore :
Et moi, comme lui belle, et jeune comme lui,
Quoi que l'heure présente ait de trouble et d'ennui,
Je ne veux pas mourir encore.

2° Qu'un stoïque aux yeux secs vole embrasser la mort ;
Moi, je pleure et j'espère ; au noir souffle du nord
Je plie et relève ma tête.
S'il est des jours amers, il en est de si doux !
Hélas ! quel miel jamais n'a laissé de dégoûts ?
Quelle mer n'a point de tempête ?

3° L'illusion féconde habite dans mon sein.
D'une prison sur moi les murs pèsent en vain,
J'ai les ailes de l'espérance.
Échappée aux réseaux de l'oiseleur cruel,
Plus vive, plus heureuse, aux campagnes du ciel
Philomèle chante et s'élance.

4° Est-ce à moi de mourir ? Tranquille je m'endors,
Et tranquille je veille ; et ma veille aux remords
Ni mon sommeil ne sont en proie.
Ma bienvenue au jour me rit dans tous les yeux ;
Sur des fronts abattus, mon aspect en ces lieux
Ranime presque de la joie.

5° Mon beau voyage encore est si loin de sa fin !
Je pars, et des ormeaux qui bordent le chemin
J'ai passé les premiers à peine ;

Au banquet de la vie à peine commencé,
Un instant seulement mes lèvres ont pressé
La coupe en mes mains encor pleine.

6° Je ne suis qu'au printemps, je veux voir la moisson ;
Et comme le soleil, de saison en saison,
Je veux achever mon année;
Brillante sur ma tige et l'honneur du jardin,
Je n'ai vu luire encor que les feux du matin :
Je veux achever ma journée.

7° O mort ! tu peux attendre, éloigne, éloigne-toi !
Va consoler les cœurs que la honte, l'effroi,
Le pâle désespoir dévore.
Pour moi Palès encore a des asiles verts,
Les Amours des baisers, les Muses des concerts :
Je ne veux pas mourir encore. »

8° Ainsi, triste et captif, ma lyre toutefois
S'éveillait, écoutant ces plaintes, cette voix,
Ces vœux d'une jeune captive ;
Et, secouant le joug de mes jours languissants,
Aux douces lois des vers je pliais les accents
De sa bouche aimable et naïve.

9° Ces chants, de ma prison témoins harmonieux,
Feront à quelque amant des loisirs studieux
Chercher quelle fut cette belle.
La grâce décorait son front et ses discours ;
Et, comme elle, craindront de voir finir leurs jours
Ceux qui les passeront près d'elle.

Modèle d'analyse critique.

Je me sens doucement ému à la lecture de ce morceau ; je reconnais l'élégie à ces tendres et mélancoliques accents. C'est l'élégie comme je l'aime, non point sombre et désespérée, mais souriant à travers ses larmes, et cherchant sa consolation, non dans la mort, mais dans la vie.

Ce qui donne à ce chant de Chénier un caractère d'inspiration réelle, un accent attendrissant de vérité, c'est qu'il ne l'a pas écrit, comme font tant de poètes, dans le silence du cabinet, en inventant une douleur imaginaire. Renfermé, pendant la révolution française, dans la prison de Saint-Lazare, il attendait chaque jour l'arrêt fatal qui devait l'envoyer à l'échafaud ; il voyait autour de lui de nombreuses victimes à qui le même sort était réservé. Parmi elles se distinguait une jeune personne dont la grâce et la beauté illuminaient cette sombre demeure d'un doux rayon : c'était mademoiselle de Coigny. Mais la vertu, l'innocence, la beauté, n'étaient pas des titres à l'indulgence du tribunal révolutionnaire; l'âme du poète s'émut, et il fit parler à la jeune captive un langage tout-à-fait en harmonie avec sa position.

Quelles pensées, quels rêves agitent le cœur à seize ans? La vie s'ouvre, souriante et pleine d'illusions dorées; l'âme a des aspirations sans bornes; elle entrevoit des horizons infinis; elle n'a pas encore subi les douleurs, les meurtrissures de la vie; elle se cabre aux difficultés, les surmonte d'un bond; souple et légère, elle échappe à l'étreinte des pensées sérieuses; les larmes sont une rosée qui la rafraîchit, et que la brise essuie avec le soleil. Si parfois elle entrevoit le lugubre fantôme de la mort, elle se hâte de fuir, pour ressaisir la vie et le bonheur.

C'est ainsi que Chénier a voulu peindre sa captive : elle lutte contre la pensée de la mort, et se rattache à la vie par tout ce que l'existence a de douceur et de charmes : le soleil, l'espérance, les fleurs, la verdure, la poésie; *elle ne veut pas mourir encore.*

Avouons-le pourtant : malgré l'exquise sensibilité de cette élégie, il y manque un sentiment qui lui eût communiqué une émotion plus vive, plus vraie, plus séduisante : c'est le sentiment religieux, le sentiment chrétien.

Je cherche en vain dans l'âme de la captive une croyance,

une aspiration vers le ciel; j'y vois une gracieuse imagination, avec l'empreinte du caractère antique : mais la composition est païenne par le fond, comme elle l'est par la forme. A quoi cela tient-il? Au caractère de Chénier, à son éducation, au scepticisme de son siècle. La mère de Chénier était Grecque; il goûta dès l'enfance l'harmonie de cette belle langue des Hellènes, et, devenu poète, il transporta dans ses compositions quelque chose de la douceur, de la grâce, de la riche simplicité du génie antique. Dans l'élégie dont nous parlons, il règne d'un bout à l'autre une sobriété féconde, un élan contenu que les modernes devraient plus souvent imiter : mais, je le répète, le sentiment chrétien aurait pu lui communiquer cette douce haleine de la foi, qui donne tant de charme aux *Méditations* de Lamartine.

Entrons maintenant dans le détail de la composition :

1o **L'épi naissant mûrit.., etc.**

Ce début est simple et gracieux : un écrivain jeune et sans expérience aurait accumulé ici les exclamations et les lamentations; il aurait cru faire plus d'effet : il se fût trompé. Charmante comparaison de la jeune fille avec l'épi et le fruit de la vigne, dont on respecte la vie jusqu'à leur maturité. Le *pampre* est un mot poétique; si l'auteur eût dit la *vigne*, son vers eût été prosaïque et faible.

Boit les doux présents de l'aurore.

Belle et harmonieuse périphrase, pour dire la *rosée*.

2o **Qu'un stoïque aux yeux secs... etc.**

Comme je reconnais la jeune fille à ces mots, *Moi, je pleure et j'espère!* elle n'affiche pas cette fermeté souvent factice du disciple de Zénon, qui brave la douleur; les larmes vont bien à son beau visage, qu'illumine toujours un rayon d'espoir. Il y a une réminiscence éloignée du *roseau* de La Fontaine, dans ce vers :

Je plie et relève ma tête.

Si l'auteur eût représenté le stoïcien comme un chêne qui brave l'effort de la tempête, et la jeune fille comme un roseau qui *plie et ne rompt pas*, il eût été plagiaire; mais son imitation, lointaine et discrète, a tout le charme de l'originalité : peut-être même n'a-t-il pas pensé du tout à ce rapprochement, car cette idée venait naturellement sous sa plume.

Cette strophe se termine par une double image sous la forme de l'*interrogation :*

Hélas ! quel miel jamais n'a laissé de dégoûts ?
Quelle mer n'a point de tempête ?

C'est une métaphore demi voilée et pleine de grâce.

3° L'illusion féconde... etc.

La prison est une cage, mais elle ne peut arrêter l'âme libre et vagabonde de la prisonnière : elle a les *ailes de l'espérance*. Heureuse métaphore qui se continue dans les trois vers suivants, où l'on croit voir le rossignol s'échapper joyeux des filets de l'oiseleur. Toutes les expressions sont bien choisies : *réseaux* pour *filets; les campagnes du ciel*, périphrase poétique pour *les airs*. La chute de la strophe est vive comme le vol de l'oiseau :

Philomèle chante et s'élance.

Remarquons encore, en passant, le rhythme adopté par le poète : les strophes sont composées de six vers, et divisées en deux tercets terminés chacun par un vers de huit syllabes; chaque tercet forme une phrase harmonieuse, suivie d'un repos que la chute du petit vers amène naturellement : cette disposition est tout-à-fait propre à l'élégie.

4° Est-ce à moi de mourir ? etc.

Il y a une antithèse heureuse dans ces mots : *tranquille je m'endors, et tranquille je veille;* la répétition du mot *tranquille* ajoute à l'effet de l'antithèse, et insiste à propos sur cette quiétude insouciante de l'aimable captive. Il y a du mouvement dans ces vers ; ils ont une allure libre et dégagée, dont les poètes antérieurs à Chénier avaient été trop avares. Chez lui l'enjambement rompt souvent la monotonie du vers français, mais sans affectation ni mauvais goût ; on sent poindre dans son rhythme l'esprit d'indépendance des romantiques : heureux si l'on n'en avait pas abusé ! Comme les vers suivants sont gracieux de pensée et d'expression !

> Ma bienvenue au jour me rit dans tous les yeux ;
> Sur des fronts abattus, mon aspect en ces lieux
> Ranime presque de la joie.

Il semble que l'on voie l'apparition de cette jeune beauté, candide et pure comme l'innocence, au milieu des pauvres prisonniers. A son aspect, les fronts les plus tristes se dérident, ils sentent leur âme rassérénée.

5° Mon beau voyage encore est si loin de sa fin !... etc.

Toute cette strophe est animée par les images, ainsi que la suivante : ce sont des métaphores pleines de goût et de fraîcheur ; elles se succèdent et changent de point de comparaison sans se nuire, tant elles sont justes et bien choisies : c'est la vie comparée à un voyage à peine commencé, puis à un banquet dont on a pu à peine effleurer la coupe des lèvres.

6° Je ne suis qu'au printemps... etc.

Ici l'existence a des saisons comme le soleil ; la jeune fille ressemble à une fleur qui vient de s'épanouir aux caresses de l'aurore. Faut-il s'étonner que la naïve enfant s'attache à une existence qui lui sourit de toutes parts ? Faut-il s'étonner qu'elle repousse bien loin l'image de la

Mort, dont le fantôme se dresse aux murs de la prison ?

7° O Mort ! tu peux attendre ; éloigne, éloigne-toi... etc.

Apostrophe pleine de mouvement et de naturel.

C'est toujours la même pensée, car la captive n'en a qu'une seule : elle ne veut pas mourir ; elle a débuté par là dans la première strophe :

Je ne veux pas mourir encore.

Elle a répété souvent la même chose en d'autres termes dans le cours de la plainte ; c'est encore par là qu'elle termine ; c'est l'écho de sa pensée, le refrain de son chant :

Je ne veux pas mourir encore.

Non, elle ne devait pas mourir ; le vœu du poète attendri devait fléchir le destin. Mademoiselle de Coigny fut plus heureuse que Chénier ; elle échappa à la hache révolutionnaire ; son beau voyage s'est prolongé jusqu'à nos jours.

Remarquons la hardiesse de cette belle métonymie : le *pâle désespoir ;* c'est l'effet pour la cause. Je n'aime pas trop *Palès*, le dieu des jardins; cette application mythologique est froide et surannée; de nos jours, l'Olympe païen est proscrit de la poésie ; mais au temps de Chénier on l'employait encore. D'ailleurs, André Chénier était un peu Grec, et, comme nous l'avons dit, sa poésie est marquée au coin de l'antiquité païenne.

8° Ainsi, triste et captif, ma lyre toutefois s'éveillait...

La captive a terminé son chant, douce aspiration vers la vie et le bonheur. Maintenant, c'est le poète qui parle, et nous explique comment les *jours languissants* de sa prison furent éveillés par cette voix plaintive; c'est l'émotion qui a ranimé sa verve ; jamais situation n'était plus faite pour inspirer une élégie. Jeune comme elle, et menacé du même destin, qui pouvait sentir et peindre mieux que lui ce débat intérieur de la vie contre la mort ? Pourtant l'âme du poète est *triste* et *languissante;* on voit qu'il est découragé : il n'aurait pu dire pour lui même ce qu'il fait dire à la jeune fille : il ne tient plus à la vie par tous les liens de la jeunesse, par les fleurs, le soleil et l'espoir. Il en a trop goûté l'amertume ; il a été mêlé à la tourmente révolutionnaire, il a lutté contre le crime audacieux, il a défendu Louis XVI ; puis il a vu les sanglants triomphes de la démagogie, et il a presque désespéré de la France et de l'avenir. Un rayon de beauté a seul pu le réveiller de son abattement, et lui a inspiré le chant du cygne.

Ainsi, *triste et captif,* ma lyre... C'est une ellipse poétique d'un bel effet.

9° Ces chants, de ma prison témoins harmonieux...

Poète discret autant qu'il est touché, André Chénier ne nomme pas la beauté qui l'inspire ; il voile son nom avec un pieux mystère : c'est un charme de plus. Avec moins de goût, un autre poète eût cherché les grands effets, il eût prodigué les épithètes et les éloges à la jeune fille, et l'eût peinte trait pour trait. Ici, au contraire, quelle admirable sobriété ! un seul vers est consacré à cette peinture :

La grâce décorait son front et ses discours.

Puis le poète ajoute en finissant :

Et, comme elle, craindront de voir finir leurs jours
Ceux qui les passeront près d'elle.

Cette dernière pensée semble révéler une émotion intime, une sorte d'aveu détourné : si André Chénier emporte un regret dans la tombe ouverte sous ses pas, ce sera sans doute celui de la douce captive.

Le moment fatal approchait pour lui : il eut comme une révélation poétique de ce moment suprême ; car lorsque le *messager de mort vint remplir de son nom les longs corridors sombres* ; il crayonnait son dernier hymne inachevé, commençant par ces mots :

Comme un dernier rayon, comme un dernier zéphyre
Anime la fin d'un beau jour,
Au pied de l'échafaud j'essaye encor ma lyre :
Peut-être est-ce bientôt mon tour...

Puis il monta sur la fatale charrette, où il trouva Roucher, autre poète victime de la révolution.

Ce fut au moins une triste et dernière consolation pour les deux amis, que ce rapprochement du dernier voyage ; ils s'entretinrent de leurs travaux, de leurs anciennes espérances. André Chénier se frappait le front en s'écriant : « Et pourtant il y avait là quelque chose ! » Puis ils récitaient entre eux la première scène d'*Andromaque* :

Oui, puisque je retrouve un ami si fidèle,
Ma fortune va prendre une face nouvelle.

RACINE.

Et, au bout du chemin, l'échafaud ! C'était le 7 thermidor ; et l'on frémit d'une douloureuse tristesse en pensant que, deux jours après, Robespierre était renversé, et que les cachots s'ouvraient pour rendre les prisonniers à l'existence !

FIN DE LA PREMIÈRE PARTIE.

SECONDE PARTIE.

ÉTUDE

DES

GENRES DE LITTÉRATURE

EN VERS ET EN PROSE.

CHAPITRE PREMIER.

DIVISION GÉNÉRALE.

Les œuvres littéraires peuvent choisir entre deux formes bien distinctes : la *prose* et les *vers*.

Il ne faut pas croire que les premiers monuments de la littérature d'un peuple soient ordinairement composés en prose. La poésie, revêtue d'un langage mesuré, précède partout la prose, comme l'art précède l'industrie : la cause en est que l'imagination et le sentiment parlent chez l'homme avant la raison. En Grèce, la prose littéraire ne naquit véritablement que vers l'an 600 avant Jésus-Christ, et déjà, depuis environ trois siècles Homère avait composé ses immortels poëmes. La prose arabe date de Mahomet ; en Irlande, la prose n'apparaît qu'au douzième siècle.

La prose est le langage libre, sans règle ni mesure fixe : on l'emploie surtout dans les genres de composition où domine la raison positive.

Les *vers* sont le langage soumis à des règles déterminées, et à une certaine mesure qu'on appelle *rhythme*. Si le rhythme est basé sur la distinction des syllabes en *longues* et en *brèves*, le vers s'appelle *métrique*; si le vers se mesure simplement par le nombre des syllabes, on le nomme *syllabique*. Dans les langues modernes, le vers est presque toujours syllabique, tandis que les langues anciennes n'avaient guère que le vers métrique.

La poésie adopte ordinairement le langage mesuré ; de là vient que les mots *vers* et *poésie* sont souvent pris comme synonymes. Pourtant il y a quelquefois beaucoup de poésie dans la prose : les ouvrages de Bossuet, de Bernardin de Saint-Pierre et de Chateaubriand sont là pour le prouver, et les vers en sont parfois totalement dépourvus : la comédie, par exemple, n'est qu'une conversation rimée.

§ I. DE LA POÉSIE EN GÉNÉRAL.

1° *Sens du mot.*

On a coutume de comprendre par le mot *poésie* l'expression de la pensée sous une forme rhythmique ; mais chacun sait que ce mot se prend aussi dans un sens bien plus général et bien plus étendu.

Poésie, dans le sens étymologique, signifie *création*. Comme Dieu seul est véritablement créateur, il est aussi le premier, le souverain poète. Tout ce qui existe est le produit de son amour, de son intelligence, de sa puissance suprême. La création est le poème par excellence : c'est une épopée admirable et sublime.

2° *Art et poésie.*

Quand les hommes, dans leurs travaux, imitent la nature en créant une œuvre quelconque où brille l'imagination, ils font de l'*art* ou, si l'on veut, de la poésie ; car, en ce sens, ces deux mots ont la même signification.

La poésie se trouve dans la nature entière, dans le monde physique, moral et intellectuel. C'est une lumière divine qui se réfléchit dans l'âme humaine, une harmonie qui trouve en nous son écho. L'homme qui sent et comprend vivement la nature, est doué de facultés poétiques; et si du sentiment profond qu'il éprouve il passe à l'action, s'il réalise ses émotions et ses conceptions en *créant* des œuvres d'art, il est réellement *poète.*

Il suit de là qu'on peut définir la poésie humaine, *la création dans les arts.*

La poésie se manifeste dans l'homme par deux moyens, l'*inspiration* et l'*imagination.*

§ II. INSPIRATION ET GÉNIE.

L'inspiration est une émotion profonde et momentanée de l'âme, une vive exaltation du sentiment et de l'intelligence ; c'est le feu sacré, le souffle de Dieu qui vient parfois électriser un mortel ; c'est un don du ciel qui n'est accordé qu'à des natures d'élite. L'inspiration est l'apanage du *génie.*

Quand l'inspiration s'empare du génie, dans son délire fécond et sublime, l'homme sent le besoin de manifester sa pensée par des œuvres : il crée, il devient réellement poète.

Ainsi le génie peut se manifester sous plusieurs formes, dans les arts et même dans les sciences : Homère, Sophocle, Michel-Ange, Raphaël, Bossuet, Napoléon, sont des hommes de génie, et en même temps des poètes inspirés.

Un homme de génie est donc essentiellement créateur. Mais autant les hommes de génie sont rares, autant l'inspiration du ciel visite rarement l'homme de génie lui-même ;

il a ses moments d'enthousiasme, comme le volcan ses éruptions flamboyantes ; puis il retombe dans le silence et l'obscurité, comme s'il était consumé par ses propres efforts :

Ainsi, quand l'aigle du tonnerre
Enlevait Ganymède aux cieux,
L'enfant, s'attachant à la terre,
Luttait contre l'oiseau des dieux ;
Mais entre ses serres rapides
L'aigle, pressant ses flancs timides,
L'arrachait aux champs paternels,
Et, sourd à la voix qui l'implore,
Il le jetait, tremblant encore,
Jusques aux pieds des immortels.

Ainsi, quand tu fonds sur mon âme,
Enthousiasme, aigle vainqueur,
Au bruit de tes ailes de flamme
Je frémis d'une sainte horreur ;
Je me débats sous ta puissance,
Je fuis, je crains que ta présence
N'anéantisse un cœur mortel ;
Comme un feu que la foudre allume,
Qui ne s'éteint plus, et consume
Le bûcher, le temple et l'autel.

Mais à l'essor de la pensée
L'instinct des sens s'oppose en vain :
Sous le dieu mon âme oppressée
Bondit, s'élance, et bat mon sein.
La foudre en mes veines circule ;
Étonné du feu qui me brûle,
Je l'irrite en le combattant,
Et la lave de mon génie
Déborde en torrents d'harmonie,
Et me consume en s'échappant.

LAMARTINE.

Le génie peut être inspiré par différentes causes : tantôt

il s'inspire de lui-même, par la réflexion et par l'étude; tantôt il est excité par un objet extérieur, par la contemplation de la nature, par diverses circonstances qui l'émeuvent fortement.

§ III. IMAGINATION ET TALENT.

L'*imagination* est aussi une faculté créatrice; elle se représente les objets sous de vives couleurs, et les reproduit dans ses œuvres par des images frappantes.

L'imagination est comme le caractère permanent, la physionomie habituelle des natures poétiques. Elle n'est pas, comme l'inspiration, l'apanage exclusif des hommes de génie; elle existe aussi, quoique à un degré moins élevé, chez les hommes de *talent ;* c'est un brillant miroir où la pensée vient se réfléchir, un prisme au moyen duquel tous les objets se revêtent des plus riches couleurs (1).

L'imagination suppose un esprit vif et une âme sensible : un esprit vif saisit les rapports, les ressemblances et les différences, et les peint en leur donnant du mouvement et de l'éclat; une âme sensible est facilement impressionnée, et reproduit fidèlement son émotion par des images.

Mais, au moyen de l'imagination, le poète peut aussi créer et inventer d'une manière absolue : c'est ainsi qu'il peut exprimer les passions sans les sentir; que pour décrire un combat, une tempête, un paysage, il n'est pas toujours nécessaire qu'il en ait vu le tableau. Dante n'a point vu Ugolin dans la tour de la Faim, il n'a pas ressenti les tortures de son âme paternelle en voyant ses enfants mourir d'inanition ; il *imagine*, et quelles couleurs naturelles ! quelle émotion saisissante !

(1) Voir ci-dessus ce qui a été dit sur les images, p. 22.

La lecture, l'étude, la comparaison, prêtent à l'imagination ce qui lui manque réellement; elle peut même sortir tout-à-fait du monde réel pour s'élancer dans le monde de la fantaisie, où elle échappe aux lois positives de la raison. Flamme capricieuse et vagabonde, elle aime les espaces sans bornes qui séparent le ciel de la terre; là, comme un météore changeant, elle fascine nos regards, nous étonne, nous enchante, nous éblouit.

C'est par l'imagination que Virgile nous transporte aux Champs-Élysées, que le Tasse construit le palais d'Armide au sein des nuages, que Milton nous fait assister à la perte du Paradis.

Pourtant l'imagination est plus sûre de son effet quand elle ne sort pas de la réalité, quand la raison la guide, quand elle rend fidèlement la nature. Une peinture bizarre, extravagante, peut étonner et éblouir; mais elle ne charme jamais les personnes de goût.

L'imagination est une faculté qui naît avec nous, mais qui a besoin de l'éducation pour se développer. L'étude la rend plus vive en l'appliquant à la contemplation des beautés de la nature et de l'art; elle se fixe et se pose des règles; alors le goût la dirige, et elle devient, pour un esprit cultivé, la source de douces jouissances.

L'imagination, ainsi cultivée par l'étude, tend à sortir d'elle-même et à devenir créatrice: elle est l'indice non équivoque du talent ou du génie. Appliquée à la littérature ou aux arts, elle produit ces œuvres qui captivent l'admiration des hommes, et vont éveiller dans leurs âmes l'écho endormi de l'imagination: c'est par cet échange de sentiments que nous goûtons les charmes de la culture de l'esprit, et que nous nous félicitons d'appartenir à un siècle civilisé.

L'inspiration et l'imagination sont les deux éléments essentiels du génie poétique: la première, divine et toute-puissante; la seconde, plus humaine et plus calme, mais toujours brillante dans ses conceptions.

Mais la poésie, comme l'art, a un double but: outre l'imitation de la nature, elle aspire à l'*idéal*.

§ IV. IDÉAL.

Qu'est-ce que l'*idéal?* C'est le beau absolu, c'est la perfection, en un mot, c'est Dieu même, source première de toute poésie.

A ce point de vue, la poésie n'est plus un art particulier, mais l'art suprême et unique qui comprend tous les autres, et les absorbe dans sa sublime généralité. Michel-Ange avait donc raison de dire que la poésie est le plus beau des arts: l'art, en effet, n'existe point, si la poésie ne le couronne de son auréole.

Le poète inspiré a comme une révélation mystérieuse et intime de la beauté infinie; il s'échauffe par l'admiration qu'il conçoit pour elle; il cherche à la réaliser dans son œuvre, à la faire descendre du ciel sur la terre: il ne réussit jamais qu'imparfaitement, car ses forces sont bornées, et le fini ne peut jamais contenir l'infini; mais il parvient, comme Prométhée, à dérober quelques rayons de cette flamme céleste, idéal de ses rêves; il les communique aux mortels ravis, qui, en reconnaissance, lui décernent l'immortalité.

§ V. BUT DE LA POÉSIE.

Puisque la poésie découle de Dieu même, entrevu par l'idéal, elle doit avoir un effet essentiellement moral; elle doit élever l'âme au-dessus de la matière, et lui inspirer le goût de tout ce qui est beau, grand et sublime. La poésie et les arts sont donc chez un peuple des éléments de civilisation et de moralité, quand ils ne sont pas détournés de leur but par des intentions vicieuses et perverses. Ils ennoblissent la nature humaine, en excitant l'admiration pour le beau idéal, en nous pénétrant vivement de la pensée de l'infini, vers lequel tendent toutes nos destinées.

§ VI. POÉSIE DANS LES BEAUX-ARTS.

Tous les arts ont une poésie qui leur est propre, et qui parle au cœur et à l'imagination par le moyen des sens. L'*architecture* et la *sculpture* parlent aux yeux par la grandeur, la noblesse, la grâce des proportions et des formes; la *peinture*, par la vérité de la composition, la richesse des couleurs et la perfection du dessin. La *musique* enchante l'oreille et touche l'âme par la mélodie des sons et par la savante harmonie des accords. La *danse* est la musique du corps et l'harmonie des mouvements.

Tous les arts se prêtent un mutuel secours : l'architecture et la peinture se traduisent réciproquement dans leurs œuvres, et la seconde est souvent appelée à orner la première, comme dans les loges de Raphaël au Vatican, dans les fresques qui décorent les églises, et dans les tableaux qui masquent la nudité des murailles.

La sculpture fait en quelque sorte partie de l'architecture, dont elle est même un accessoire indispensable. La musique se marie harmonieusement, dans les grands édifices religieux, aux lignes majestueuses des basiliques. La poésie de chacun de ces arts rejaillit ainsi sur les autres, et en relève le goût et la beauté.

§ VII. POÉSIE DU LANGAGE.

La poésie proprement dite, celle du langage, est bien plus importante, plus complète et plus variée que celle des arts : c'est l'âme elle-même, avec tous ses sentiments, toutes ses passions, qui se traduit, dans les compositions du poète, en paroles musicales et harmonieuses. Quoique la prose puisse servir à l'expression de la poésie, les vers n'en sont pas moins la vraie langue poétique. Par l'heureuse disposition des syllabes, par la coupe habile du vers, par la répétition des mêmes sons, la pensée se dessine plus frappante et plus vive ; elle saisit à la fois l'oreille et l'imagination, elle pénètre plus profondément dans le cœur et dans la mémoire.

Le vers se plie, comme la musique, à toutes les émotions de l'âme ; il se modifie selon les sujets et les genres, soit pour exprimer les passions humaines, soit pour peindre et animer la nature, soit pour donner un corps et une image aux idées abstraites et métaphysiques. Le poète tire encore un puissant secours de la variété des rhythmes, de l'arrangement habile des strophes, pour donner au style tantôt de la grandeur et de la majesté, tantôt de la vivacité, de la douceur et de la grâce.

Le vers contribue encore à donner un caractère plus vigoureux, plus original aux élans du génie. La difficulté même d'encadrer sa pensée dans la mesure étroite du vers, fait naître une lutte éminemment favorable à l'éclosion des beautés poétiques ; cette concentration fortifie la pensée, et prépare chez les hommes de talent ou de génie l'explosion des idées les plus heureuses, en même temps qu'elle comprime les infructueuses tentatives de la médiocrité.

De la contrainte rigoureuse
Où l'esprit semble resserré,
Il reçoit cette force heureuse
Qui l'élève au plus haut degré :
Telle, dans les canaux pressée,
Avec plus de force élancée,
L'onde s'élève dans les airs ;

Et la règle, qui semble austère,
N'est qu'un art plus certain de plaire,
Inséparable des beaux vers.

LA FAYE.

§ VIII. DU BEAU EN GÉNÉRAL.

1° *Nature du beau.*

Le beau, dit Platon, *c'est la splendeur du vrai.* Saint Augustin ajoute : *C'est aussi l'éclat du bon.* Le beau, selon nous, se sent mieux qu'il ne s'explique : c'est une lumière qui brille, une flamme qui échauffe, une puissance qui touche et remue toutes les fibres du sentiment. C'est encore quelque chose de plus, qu'il n'est pas facile de définir : c'est une force vague et mystérieuse qui s'impose par elle-même, et dont tout le monde reconnaît l'autorité, parce qu'elle est douce et irrésistible. Vers le beau convergent toutes les facultés nobles et généreuses de l'homme : c'est le pôle du cœur humain.

2° *Source du beau.*

Le beau, par sa nature même, échappe à l'analyse, parce qu'il tient à l'infini. Dieu en est l'origine et le centre ; il l'a imprimé dans ses œuvres, comme un reflet de lui-même, comme le cachet sublime de sa puissance. Dans la nature, le beau se manifeste à l'homme par une sorte de rayonnement céleste ; et dans les arts, l'homme exprime l'idée qu'il en a conçue dans son double rapport avec Dieu et avec la nature.

3° *Sentiment du beau.*

Ce qui est beau n'émeut pas tous les hommes au même degré : l'un en a une vue claire et distincte, l'autre n'en a qu'une perception confuse ; c'est que l'un est poète, et que l'autre ne l'est pas. Car on peut être poète par le sentiment, sans produire des œuvres de poésie. Il est des personnes qui resteront froides et indifférentes à la lecture du *Cid*, à la vue d'une belle nuit constellée, d'un tableau de Raphaël ou de la coupole de Saint-Pierre; d'autres, au contraire, seront émues et transportées. Ce sentiment poétique du beau fait partie de notre nature, mais l'éducation le perfectionne et l'agrandit; elle lui donne, comme flambeau, le goût, qui éclaire et dirige le sentiment: elle prépare ainsi à l'âme les plus vraies et les plus douces jouissances, car la poésie double la vie de l'âme.

4° *Essence du beau.*

Si nous examinons la nature même de la beauté, et la cause de l'émotion qu'elle produit en nous, nous trouverons que les attributs du beau sont les mêmes que ceux de l'essence divine, et qu'on peut lui appliquer ce que Voltaire a dit de Dieu même:

> La *puissance*, l'*amour* avec l'*intelligence*;
> Unis et divisés, composent son essence.

Ce qui nous semble beau doit participer, plus ou moins, à l'une de ces trois qualités, et souvent à toutes les trois à la fois.

Tel est le beau en général dans les arts; tel il sera aussi dans la littérature, et principalement dans la poésie; car la poésie, selon nous, c'est l'émanation même et le parfum de la beauté: il est impossible que ce qui est beau ne soit pas en même temps poétique, et que ce qui est poétique ne soit pas beau.

§ IX. DU SUBLIME EN GÉNÉRAL.

On a défini le beau la splendeur du vrai; on peut définir le sublime *la splendeur du beau*, car le sublime n'est autre chose que le beau porté à sa plus haute puissance. On ne peut dire avec précision où finit le beau et où commence le sublime, parce que ce ne sont que les manifestations diverses d'une même force à différents degrés.

Le sublime en général est une puissance de beauté qui dépasse les proportions habituelles de la nature, et qui touche à l'infini dont elle nous donne une vague révélation. On voit par là qu'il y a un rapport immédiat entre le sublime et l'idéal.

Impression du sublime.

L'impression que nous recevons du sublime produit dans notre âme une sorte de ravissement et de stupeur qui confond et atterre ses facultés.

C'est que le sublime est une grandeur dont la mesure nous échappe, et qui ne trouve plus dans notre nature, dans nos idées habituelles, aucun point de rapport, aucun point de comparaison. Le sublime s'élance au delà des bornes du fini : c'est l'aigle qui se perd dans la nue. En le contemplant à cette hauteur, notre intelligence éprouve une sorte de vertige ; elle palpite et se débat pour retrouver son centre habituel ; elle y revient bientôt, car l'impression du sublime n'est que momentanée ; mais elle est fatiguée et comme brisée par l'élan de son admiration. Tel est le sentiment que l'on éprouve quand on se trouve pour la première fois dans un pays de hautes montagnes, dans les Alpes, par exemple ; ou bien encore au milieu d'un océan sans bornes ; mais quand on est familiarisé avec ce spectacle, l'étonnement diminue et le sentiment du sublime s'évanouit.

Dans les arts et dans la poésie, la grandeur du sublime frappe moins peut-être que dans la nature, parce qu'elle parle plus à l'âme qu'aux sens ; il appartient surtout aux esprits cultivés de la sentir ; car si les sens ont besoin d'élucation dans l'enfance, les facultés de l'âme ne demandent pas moins une culture assidue et délicate pour s'élever, par le sentiment, au niveau des sublimes beautés de la poésie.

Citons comme exemples du sublime, dans les arts : l'*Apollon du Belvédère*, le *Laocoon*, le *Jugement dernier* de Michel-Ange, les *pyramides d'Egypte*.

En littérature : l'*Iliade* d'Homère, l'*Enfer* de Dante. Dans Corneille, ce vers si connu :

> Soyons amis, Cinna, c'est moi qui t'en convie,

qui faisait pleurer le grand Condé.

Cette pensée de Pascal :

> « L'univers est une sphère infinie dont le centre est partout, et la circonférence nulle part (1).

§ X. ORIGINE DE LA POÉSIE.

A l'origine des sociétés, l'homme est encore enfant ; il sent plus qu'il ne réfléchit. En présence de Dieu et de la nature, son cœur s'épanouit d'admiration, d'enthousiasme ou de reconnaissance. Ce qui est beau et grand le frappe ; il exprime ses sentiments avec simplicité, avec énergie ; il chante, et la poésie est créée.

La poésie est donc un chant ; elle est sœur de la musique ; l'une et l'autre ont pour base la mélodie et la mesure : voilà pourquoi les hymnes primitifs, les premiers élans poétiques de tous les peuples sont revêtus d'un rhythme musical.

Ages de la poésie.

Quand un peuple est jeune encore, la religion a toujours un grand empire sur son imagination ; ses premiers chants

(1) Voir plus haut, page 165, ce qui a été dit sur le sublime dans le style.

sont toujours consacrés à la Divinité. Alors le poète se confond avec le musicien et le devin ; celui qui est atteint du souffle sacré de l'inspiration est considéré comme un être privilégié, comme l'interprète des dieux ; il maîtrise, il gouverne les peuples.

Chez les Grecs, les premiers poètes inventent la lyre ; Orphée fonde les mystères et apprivoise les bêtes féroces, c'est-à-dire les hommes sauvages, par la douceur de ses chants ; Amphion élève les murs de Thèbes au son de sa lyre. Les Gaulois et les Germains ont leurs *bardes*, et les Scandinaves leurs *scaldes*, revêtus aussi d'une espèce de sacerdoce poétique.

Cette première période de l'humanité, marquée par l'enthousiasme religieux, et enveloppée souvent de fabuleux mystères, peut se nommer *religieuse* et *mythique* ; c'est l'époque de la *poésie lyrique inspirée.*

Peu à peu l'humanité sort de l'enfance pour entrer dans la *jeunesse*, époque de passions fougueuses, de force expansive et de combats gigantesques. Alors apparaissent les héros et leurs merveilleuses aventures ; c'est l'*âge héroïque.* La poésie sort du lyrisme pour raconter les exploits des guerriers ; elle aborde l'*épopée*, où la Divinité se trouve encore mêlée aux actions des hommes. La science est plus religieuse qu'exacte, et si elle crée le poème didactique, comme chez Hésiode, c'est avec un ton inspiré.

Bientôt le prestige héroïque disparaît ; la société atteint l'âge mûr. L'homme agit par lui-même ; c'est l'époque de l'*action* par excellence, c'est-à-dire de l'action énergique et mesurée. La poésie traduit l'action humaine dans le *drame.* Alors naît aussi la prose, expression de la pensée réfléchie : l'histoire raconte les évolutions des peuples dans leur sphère d'activité. C'est l'apogée du développement humain, c'est aussi l'*âge d'or* de la littérature, le moment où la langue atteint sa maturité.

Après l'*action* vient le *repos*, et dans le repos naît la réflexion, la *philosophie*. L'humanité a dépassé le sommet de la vie ; elle descend lentement la pente opposée en s'étudiant elle-même, en réfléchissant au passé, en rêvant à l'avenir ; c'est l'*âge philosophique*. Elle n'a plus que par intervalles des élans d'enthousiasme ; son lyrisme est mêlé de froides abstractions ; son épopée est une imitation calculée des siècles héroïques, à laquelle il manque la véritable inspiration. La critique commence ; impuissante à créer, elle pose des règles, fruit de l'expérience ; le genre didactique est florissant, et se mêle au genre descriptif. Le drame est infecté de l'esprit de système. L'âme, blasée sur les nobles jouissances, cherche des émotions raffinées ou violentes ; elle les trouve dans le drame ou le roman. Dégoûtée parfois de ces plaisirs factices et énervants, elle va demander à la pastorale de la retremper dans les innocentes émotions de la vie champêtre ; ou bien elle exhale ses douleurs, imaginaires ou réelles, dans les plaintes de l'élégie.

La décadence a commencé ; elle tend à la décrépitude, à moins que les évènements humains ne viennent secouer l'engourdissement de l'esprit, et le régénérer en le retrempant dans des éléments nouveaux.

Telle est, en général, la marche progressive de l'humanité, et sa division naturelle en *âge lyrique, âge épique, âge dramatique, âge philosophique,* correspondant à l'enfance, à la jeunesse, à l'âge mûr, à la vieillesse de l'homme ou de la société. Il ne faudrait pas, sans doute, vouloir appliquer ce système dans toute sa rigueur et à toutes les littératures ; mais il suffit de jeter un coup-d'œil sur l'histoire pour en saisir la justesse et la vérité. C'est d'après ce cadre que nous diviserons les divers genres de poésie.

Genres en vers.

DIVISION.

Nous pouvons diviser, comme il suit, les genres de littérature en vers :

Quatre grands genres.	Le genre lyrique.	
	Le genre épique.	
	Le genre dramatique.	Tragédie. Comédie.
	Le genre didactique.	
Six genres secondaires.	Le genre élégiaque.	
	Le genre pastoral.	
	Le genre satirique.	
	L'apologue ou fable.	
	L'épître.	
	Les poésies diverses ou fugitives.	

CHAPITRE II.

§ I. GENRE LYRIQUE.

Le chant lyrique est, en général, l'expression de l'enthousiasme, le langage du sentiment inspiré. Ce qui le caractérise, c'est l'élan spontané, l'émotion vive du poète, la marche impétueuse de sa pensée.

1° *Caractère de cette poésie chez les anciens.*

Chez les peuples primitifs, le poète était musicien ; il préludait sur sa lyre, il s'animait au bruit de l'harmonie, il se donnait le ton et la mesure, il chantait, il composait d'inspiration ; les paroles naissaient en même temps que la musique ; de là une concordance parfaite entre le rhythme musical et le rhythme poétique.

Cette poésie antique était la plus vraie et la plus complète ; c'était un cri d'amour et de reconnaissance envers Dieu, un transport d'admiration pour des vertus héroïques ou des actions sublimes ; elle fut le plus ancien de tous les arts, le produit de l'imagination et de l'inspiration réunies.

2° *Caractère de cette poésie chez les modernes.*

Plus tard, quand l'inspiration diminua, la poésie devint plus calme, plus réfléchie ; elle cessa de demander des émotions à la lyre et se sépara de la musique. On continua pourtant d'imiter les formes et les expressions de l'antique poésie ; on laissa à cette imitation dégénérée le nom de poésie lyrique ; les poètes répétèrent souvent : *Je chante,* et parlèrent toujours des *accords de la lyre*, en travaillant péniblement leurs vers dans le silence du cabinet.

Pourtant la poésie lyrique a rencontré de nobles interprètes, même parmi les modernes, quand une émotion vive et véritable a échauffé leur verve. Lamartine a trouvé, dans le sentiment chrétien et dans l'admiration de la nature, des élans lyriques qui ne nous laissent rien à envier à l'antiquité.

3° *Désordre lyrique.*

Dans la poésie lyrique, le poète n'a pas une marche régulière ; sa course est impétueuse et vagabonde ; son sentiment le presse et part comme un torrent qui rompt ses digues. Il passe du ciel à la terre, il parcourt la nature entière ; dans la fougue de ses pensées, il ne saisit que les plus remarquables ; il peut se passer de transitions, et laisser dans sa marche un désordre apparent qui produit plus d'effet que l'ordre lui-même.

Le ton élevé du poème lyrique, la vivacité de l'enthousiasme qui y règne, ne permettent pas de lui donner une grande étendue. Quand le poète a épuisé tous les côtés saillants de son sujet, il l'abandonne pour ne pas affaiblir l'impression qu'il a produite : l'inspiration dure peu, surtout quand elle est forte ; elle s'épuise par elle-même.

Il est une inspiration céleste que nous ne pouvons comparer à celle de la terre : c'est celle qui se manifeste dans les Livres saints, et qui a pour interprète les cantiques de Moïse et de David ; rien de plus sublime que les pensées et les images qui remplissent ces chants. La prophétie de Joad, dans l'*Athalie* de Racine, reproduit avec un bonheur incomparable le mouvement lyrique des Livres sacrés : aussi n'avons-nous rien de plus beau dans notre langue.

Mais d'où vient que mon cœur frémit d'un saint effroi?
Est-ce l'Esprit divin qui s'empare de moi?
C'est lui-même : il m'échauffe, il parle ; mes yeux s'ouvrent,
Et les siècles obscurs devant moi se découvrent.
Lévites, de vos sons prêtez-moi les accords,
Et de ses mouvements secondez mes transports.
Cieux, écoutez ma voix ; terre, prête l'oreille.
Ne dis plus, ô Jacob, que ton Seigneur sommeille !
Pécheurs, disparaissez ; le Seigneur se réveille.
Comment en un plomb vil l'or pur s'est-il changé ?
Quel est dans le lieu saint ce pontife égorgé?
Pleure, Jérusalem ; pleure, cité perfide,
Des prophètes divins malheureuse homicide ;
De son amour pour toi ton Dieu s'est dépouillé ;
Ton encens à ses yeux est un encens souillé..,
Où menez-vous ces enfants et ces femmes?
Le Seigneur a détruit la reine des cités ;
Ses prêtres sont captifs, ses rois sont rejetés ;
Dieu ne veut plus qu'on vienne à ses solennités.
Temple, renverse-toi ; cèdres, jetez des flammes.
Jérusalem, objet de ma douleur,
Quelle main en un jour t'a ravi tous tes charmes?

Qui changera mes yeux en deux sources de larmes,
Pour pleurer ton malheur ?

Quelle Jérusalem nouvelle
Sort du fond des déserts brillante de clartés,
Et porte sur son front une marque immortelle ?
Peuples de la terre, chantez!
Jérusalem renait plus charmante et plus belle.
D'où lui viennent de tous côtés
Ces enfants qu'en son sein elle n'a point portés ?
Lève, Jérusalem, lève ta tête altière ;
Regarde tous ces rois de ta gloire étonnés ;
Les rois des nations, devant toi prosternés,
De tes pieds baisent la poussière ;
Les peuples à l'envi marchent à ta lumière.
Heureux qui, pour Sion, d'une sainte ferveur
Sentira son âme embrâsée !
Cieux, répandez votre rosée,
Et que la terre enfante son Sauveur !

4° *Différentes formes de la poésie lyrique.*

La poésie lyrique n'a pas toujours l'élan sublime de l'enthousiasme ; elle peut aussi se plier à une inspiration plus légère et plus gracieuse ; elle peut prendre tous les tons, depuis l'hymne jusqu'à la chanson.

§ II. DE L'ODE.

Le poème lyrique prend généralement le nom d'*ode*, qui signifie *chant*. Boileau la définit ainsi :

L'ode avec plus d'éclat, mais non moins d'énergie,
Élevant jusqu'au ciel son vol ambitieux,
Entretient dans ses vers commerce avec les dieux.
Aux athlètes, dans Pise, elle ouvre la barrière,
Chante un vainqueur poudreux au bout de la carrière...
Son style impétueux souvent marche au hasard :
Chez elle un beau désordre est un effet de l'art.

Art poétique.

Chez les anciens, l'ode était chantée et représentée sur la scène ; elle se composait de plusieurs parties ou stances, qui prenaient le nom de *strophe, antistrophe* et *épode*, et qui correspondaient à certains mouvements du chœur. Telles étaient les odes de Pindare, ainsi que les chœurs des tragédies de Sophocle.

Chez les modernes, le chant lyrique est souvent libre, mais l'ode a une forme déterminée ; le poète arrange à son gré la strophe, mais toutes les strophes doivent se ressembler par le nombre et la disposition des vers.

L'ode prend différents noms, suivant le caractère de l'inspiration et l'objet du chant.

1° *Ode sacrée.*

L'*ode sacrée*, nommée particulièrement *hymne* ou *cantique,* chante la Divinité ; elle est consacrée aux fêtes religieuses, aux solennités des temples.

2° *Dithyrambe.*

Le dithyrambe était un hymne consacré à Bacchus, dieu du vin ; le ton enthousiaste de ce chant le faisait ressembler au délire de l'ivresse. Nous verrons plus loin que c'est du dithyrambe que sortit chez les Grecs l'art dramatique. De nos jours ce genre est peu en usage : il sert à exprimer les mouvements les plus impétueux de l'imagination et du cœur. Le plus connu en France est le dithyrambe de Delille sur l'*immortalité de l'âme.*

3° *Odes diverses. Poésie légère.*

L'ode varie de ton selon les sujets qu'elle chante : elle est *héroïque*, si elle célèbre les exploits ou le génie des grands hommes, les grands évènements qui agitent le monde; *morale* ou *philosophique*, si elle roule sur un sujet sérieux de morale, d'art ou de science; *badine*, si l'objet du chant est simple, léger et gracieux. Horace, chez les Latins, nous a laissé d'admirables modèles de ces différentes espèces d'odes; son génie facile se pliait à tous les tons, depuis le plus élevé jusqu'au plus simple, depuis l'inspiration pindarique jusqu'au simple billet en vers, à la manière d'Anacréon.

C'est à l'ode badine que nous pouvons rattacher ce qu'on appelle en France la *poésie légère*, muse sémillante et folâtre, dont l'esprit français s'est comme approprié le domaine. Elle aime à se jouer au soleil et parmi les fleurs; elle séduit par l'abandon et la grâce; elle éblouit par le reflet de ses couleurs vives et chatoyantes. Voltaire est inimitable dans ce genre qui convenait admirablement à son esprit fin, souple et gracieux. Chaulieu et Gresset s'y sont aussi distingués.

4° *Chanson*.

La poésie légère touche de près à la *chanson*, qui est comme une miniature de la poésie lyrique. La chanson est l'expression de ce qu'il y a de plus vif, de plus léger, de plus gai dans l'esprit humain. Elle effleure chaque objet; elle n'a point de caractère fixe; elle sourit, elle provoque, elle égratigne. Tantôt douce et tendre, tantôt piquante et moqueuse, elle prend tous les tons, elle joue en passant avec tous les sentiments du cœur; mais elle aime surtout le plaisir, l'enjouement et l'esprit. La chanson, par la forme multiple de son inspiration, se rapproche tour à tour de l'épigramme, du madrigal, de l'élégie, de la pastorale, et même de l'ode, comme nous le voyons souvent dans Béranger.

La France est par excellence le pays de la chanson : c'est comme un fruit naturel de cette terre où l'on aime avant tout l'esprit et la gaieté. Le moindre incident fait naître des couplets : victoires et défaites, plaisirs et amours, personnes et choses, on chansonne tout, on s'amuse de tout ; on est satisfait quand on a lancé une plaisanterie ou quelques rimes ; en un mot, comme dit le proverbe : *Tout finit en France par des chansons*. La Ligue et la Fronde faisaient la guerre autant avec des chansons qu'à coups d'épée. « Le peuple chante ? disait Mazarin, qui venait d'établir un nouvel impôt, il payera. »

Le style de la chanson doit être rapide, léger, brillant comme les ailes du colibri ; il doit se jouer du rhythme et de la rime, et ne sentir nulle part le travail et la difficulté.

Les strophes de la chanson se nomment couplets ; la fin de chaque couplet est ordinairement aiguisée par une pensée fine et délicate.

On distingue plusieurs espèces de chansons : la chanson *érotique* et la *romance*, qui célèbrent l'amour (Anacréon, célèbre poète grec, a laissé son nom au genre *anacréontique*, qui chante aussi l'ivresse et l'amour) ; la chanson *satirique*, dont le nom indique assez l'objet ; la chanson *bachique*, qui chante le vin, etc.

La chanson satirique s'appelait autrefois *vaudeville*, mot qui vient probablement de *voix de ville*, parce que la chanson faisait son butin des bruits qui couraient par la ville. D'autres font venir ce mot de *veau de Vire*, parce que l'un de nos plus anciens chansonniers, Olivier Basselin, chantait dans la vallée (vau) de Vire, en Normandie. Boileau a fort bien caractérisé le vaudeville :

> Le Français, né malin, forma le vaudeville,
> Agréable indiscret, qui, conduit par le chant,
> Passe de bouche en bouche et s'accroît en marchant.
>
> *Art poétique.*

5° *Cantate.*

La cantate est un chant lyrique destiné à être mis en

musique. Ce genre a été créé et porté à sa perfection par J.-B. Rousseau. On cite surtout de lui la cantate de Circé (1).

---

(1) Principaux poètes lyriques :

GRÈCE ANCIENNE.

Linus, Orphée, Musée, Tyrtée, Pindare, Alcée, Sapho, Anacréon.

ROME ANCIENNE.

Horace.

CHINE.

Le *Chi-King*, recueil de chants rassemblés par Confucius.

INDE.

Les livres sacrés nommés *Védas*, *Kalidasa*.

PERSE, ARABIE.

Les chants nommés *Cassideh*, et *Ghazèls*, par divers auteurs.

GRÈCE MODERNE.

Chants populaires recueillis par Fauriel.

ESPAGNE.

Les *Romances*, chants à la fois lyriques et épiques ; les romances du Cid surtout. — Boscan-Almogaver, Garcilasso de la Véga, Herrera, Ponce de Léon, Gongora, les deux frères d'Argensola, Quévédo, Villegas, Mélendez-Valdès.

PORTUGAL.

Ferreira, Camoëns, Dinez da Cruz e Sylva, Garçaõ, Faria y Souza, Manoël de Nascimento, Barbosa du Bocage.

ÉCOSSE, ANGLETERRE, IRLANDE.

Les Ménestrels au moyen-âge. Cowley, Dryden, Pope, Collins, Gray, Mason, Wordworth, Coleridge, Southey, Byron, Th. Moore, Rogers.

ITALIE.

Pétrarque, Bembo, Molza, Caro, Chiabrera, Testi, Filicaja, Guidi, Frugoni, Parini, Cassiani, Mazza, Manzoni, Monti.

ALLEMAGNE.

Les Minnesænger et les Meistersænger au moyen-âge. Hans-Sachs, Opitz, Flemming, Haller, Klopstock, Ramler, Denis, Burger, Gleim, Goëthe, Schiller, Léopold de Stolberg, Hardenberg, Kœrner, Matthison, Heine, Grün.

FRANCE.

Les Troubadours et les Trouvères au moyen-âge. Ronsard, Malherbe, J. Racine, J. B. Rousseau, Le Franc de Pompignan,

CHAPITRE III.

§ I. GENRE ÉPIQUE.

L'*épopée* est *le récit d'une grande action*, qui peut être à la fois héroïque et merveilleuse.

Choix du sujet.

L'épopée est la plus grande, la plus importante et la plus difficile de toutes les compositions poétiques. Il lui faut pour sujet quelque chose de mémorable, un héros populaire aux exploits gigantesques, la chute ou la naissance des empires, ces rares évènements de l'histoire qui changent la face du monde, et dans lesquels le poète puisse faire intervenir la Divinité.

« Il y a, dit M. Villemain, des époques d'enthousiasme, de mœurs naïves et de vertus guerrières, qui ne peuvent

---

Malfilâtre, Gilbert, André Chénier, Lebrun, C. Delavigne, Lamartine, V. Hugo, A. de Vigny, Sainte-Beuve, Reboul, Béranger.

RUSSIE.

Lomonosoff, Derjavine, Kapniste, Dmitrieff, Batuchkoff, Joukofski, Katchine, Pouchkine, Bénédictoff, Lermontoff, Iazikoff, Baratinski, Koltzoff.

SUÈDE.

Lidner, Frauzen, Atterbom, Staveglius, Tégner, Geyer, Wallin.

DANEMARK.

Ingemann, OEhlenschlæger, Baggesen.

HOLLANDE.

Vondel, les frères Van Haren, Feith.

s'exprimer et se peindre que dans une épopée. Il y a des époques de corruption fine, d'élégance et de frivolité, qui se résument dans une satire et dans une chanson. Un grand récit en vers veut s'adresser à des imaginations encore neuves, qu'on puisse surprendre et émouvoir avec cette simplicité sans laquelle les longs ouvrages sont insupportables. Là où les imaginations ont perdu cette première candeur, le poète épique ne saurait naître ; il appartient à la jeunesse des nations et des idiomes : seulement, si la nation est rude et l'idiome grossier, on a ces longs récits en vers qui amusaient nos aïeux ; si, au contraire, la nouvelle langue est belle et forte dès son origine, on entend la voix du Dante.

» Un peuple, une civilisation ne porte en soi, peut-être, qu'un sujet d'épopée. Pour que l'inspiration revienne, il faut un autre culte, une autre société, un monde renouvelé.

» L'épopée véritable des temps modernes, notre Iliade, c'était l'expédition des croisés. La *Jérusalem délivrée* a dû naître en Italie, sur la terre privilégiée du catholicisme.

» Le christianisme renfermait encore un autre sujet, immense et sans date, contemporain de l'humanité plutôt que d'une époque. Le génie le féconda et le fit éclore dans le *Paradis Perdu*. Le coloris de Milton est aussi vrai et aussi durable que celui d'Homère.

» L'*Énéide* de Virgile ne fut pas à Rome une œuvre native et inspirée : c'est une admirable copie de l'art grec dans les premiers livres, et un monument indigène, une épopée nationale dans les derniers ; mais dans la partie même la plus épique de son ouvrage il est moins vrai qu'Homère, que le Dante, ou même que le Camoëns : il a la simplicité que donnent l'art et le goût, mais non cette naïveté primitive des anciens récits. Le siècle d'Auguste était trop raffiné pour être épique. »

Faut-il s'étonner après cela que Voltaire, philosophe

du dix-huitième siècle, esprit léger et incrédule, ait fait une épopée froide et décolorée? Le sujet de la *Henriade* manque d'antiquité, de grandeur et de prestige : on y cherche en vain la véritable inspiration.

Nous préférons de beaucoup le poème germanique des *Niebelungen*, tout rude et barbare qu'il est; on y trouve au moins la peinture d'une époque, l'héroïsme, la grandeur, et ce cachet d'originalité nationale qui doit être l'essence de l'épopée. — Ainsi doit naître le poème épique, plus rare encore que cette fleur qui ne couronne qu'une fois dans un siècle la cime de l'aloès.

§ II. CARACTÈRES GÉNÉRAUX DE L'ÉPOPÉE.

1° *Caractère moral.*

L'épopée doit avoir un résultat moral pour le lecteur : ce n'est pas tout de l'intéresser, il faut encore l'instruire. Nous ne voulons pas dire par là que le poème épique soit une allégorie où l'auteur choisisse la moralité pour la revêtir d'une action, comme peut le faire un fabuliste; rien ne serait plus froid qu'un tel ouvrage.

Le poème épique chante les passions; il les montre en action dans son récit avec leurs bons ou leurs mauvais résultats : c'est la colère d'Achille dans l'*Iliade*, c'est l'amour de Didon pour Énée dans l'*Énéide*, c'est l'orgueil de Satan dans le *Paradis perdu*. Les passions sont la vie même de l'homme et le mobile de tous ses actes : ce qui le pousse à agir, c'est toujours un sentiment d'amour ou de haine. L'épopée, qui est un tableau héroïque des sentiments humains, laisse dans l'âme du lecteur une impression vive; c'est cette impression qui doit être morale et vertueuse : le poème qui n'atteindrait pas ce but pécherait par la base.

Mais si l'épopée doit avoir un caractère moral, il ne faut pas pour cela que le poète s'érige en moraliste et en philosophe. S'il est permis de jeter en passant quelques réflexions courtes et vives, qui éclairent l'ouvrage comme des traits lumineux, il ne faut pas oublier que l'action est l'élément essentiel de l'épopée.

2° *Caractère héroïque.*

Les passions et les caractères de l'épopée doivent nous montrer l'humanité sous un côté héroïque et grandiose, pour exciter en nous des émotions généreuses. Placée dans le lointain des siècles et vue à travers le mirage fantastique de l'imagination, l'action épique grandit par la distance : ses personnages sont à la fois humains et surnaturels. Les héros d'Homère sont des types imposants et majestueux; ils dominent les armées et dépassent les autres guerriers de toute la tête; leurs passions sont impétueuses, leurs actions surhumaines; ils combattent même contre les dieux et balancent le destin.

3° *Du merveilleux.*

Le *merveilleux* épique, c'est l'intervention de la divinité ou celle des êtres surnaturels dans l'action.

Grâce à ces fictions merveilleuses, l'épopée s'ennoblit et prend des proportions colossales; elle peut embrasser la terre, l'enfer et le ciel; elle ne connaît d'autres bornes que celles de la pensée elle-même; elle a pour domaine l'infini. Quelle belle et vaste carrière pour le génie du poète! La foi religieuse, en animant ses récits, leur donne une consécration solennelle, et leur communique ce caractère mystérieux qui laisse dans les âmes une impression vive et durable.

Les modernes ont souvent agité la question de savoir si le merveilleux chrétien peut être employé comme ressort d'une action épique.

Ce n'était pas l'opinion de Boileau, qui dit, dans son *Art poétique* :

> De la foi d'un chrétien les mystères terribles
> D'ornements égayés ne sont point susceptibles.

Boileau était trop préoccupé de l'imitation de l'antiquité païenne pour comprendre que la poésie moderne doit reposer sur des bases nouvelles. La religion chrétienne, en effet, a renouvelé le monde et transformé les sentiments de l'humanité. C'est donc un vrai contre-sens pour la poésie que d'aller puiser ses inspirations dans un monde qui n'existe plus, dans une religion qui n'est plus pour nous qu'une fantasmagorie fausse et ridicule. Si nous valons quelque chose par les idées et les sentiments, c'est à la religion chrétienne que nous le devons : la proscrire des chants du poète, c'est renier notre origine et nos croyances, c'est abdiquer ce qu'il y a de plus noble et de plus élevé dans nos mœurs et nos inspirations.

M. de Châteaubriand, dans son *Génie du Christianisme*, a prouvé que la religion chrétienne est poétiquement supérieure à l'Olympe païen, et, pour confirmer cette doctrine par l'exemple, il a composé son beau poème des *Martyrs*. Mais il nous semble que la question avait déjà été résolue par les épopées chrétiennes du Dante, du Tasse, de Milton, de Klopstock. Cette discussion semble oiseuse aujourd'hui : Homère pâlit devant la Bible, comme le mensonge devant la vérité.

Rien n'empêche donc d'introduire dans l'épopée le Dieu des chrétiens avec sa majesté terrible et douce, la sainte Vierge, les anges, les saints, et ces intelligences déchues, que leur désobéissance a plongées dans l'abîme. Il y a, dans les régions célestes où plane l'imagination du chrétien, tout un monde resplendissant de poésie, dont l'épopée peut s'approprier les richesses. Si l'on doit faire quelques reproches au Tasse, à Milton et à Camoëns, ce n'est pas d'avoir emprunté des personnages à la religion chrétienne, c'est d'avoir laissé à côté d'eux quelques souvenirs de l'Olympe païen.

Il y a une autre espèce de merveilleux qui est pauvre d'invention et d'effet, c'est le *merveilleux philosophique ;* il consiste dans l'emploi des personnages allégoriques, tels que la *Renommée*, la *Discorde,* la *Paix,* la *Mollesse,* la *Mort,* le *Sommeil*, ou dans la personnification des vices et des vertus. Rien n'est plus froid que ces fictions ; elles ne disent rien à l'esprit ni au cœur ; elles rendent l'action épique languissante et détruisent l'intérêt des faits auxquels elles se trouvent mêlées : c'est un des défauts de la *Henriade*, où l'on voit agir l'*Envie*, l'*Hypocrisie*, la *Politique*, le *Fanatisme*.

4° *De la vraisemblance.*

La vraisemblance doit être observée, même dans l'emploi du merveilleux. Ce qui donne aux personnages allégoriques un air faux et ennuyeux, c'est qu'ils manquent de vraisemblance, et qu'ils ne peuvent jamais faire une illusion complète.

Les exploits des héros ne doivent pas dépasser certaines bornes possibles. Ce ne sont pas des humains qui peuvent entasser des montagnes pour escalader le ciel : ce sont des géants rivaux des divinités en force et en stature. Les démons du *Paradis perdu* peuvent rivaliser un instant avec la foudre de Jéhovah ; ce merveilleux plaît à l'imagination sans la blesser ; mais si vous mettiez des hommes à la place, il n'y aurait plus de vraisemblance.

5° *Qualités de l'épopée.*

Les qualités principales de l'épopée sont l'*unité*, l'*intégrité*, la *grandeur*, l'*intérêt*.

L'*unité* de l'action consiste à faire converger toutes les parties autour d'un centre commun. Il doit y avoir un héros qui domine tous les autres : deux actions, deux héros qui marchent simultanément divisent l'attention, et l'intérêt diminue.

L'unité de l'action n'empêche pas d'y introduire des *épisodes*, c'est-à-dire certaines actions secondaires et incidentes, qui sont liées à l'action principale : les épisodes doivent varier l'intérêt, et reposer un instant le lecteur. Tels sont l'entretien d'*Hector* et d'*Andromaque*, dans l'*Iliade*; l'histoire de *Nisus et Euryale*, dans l'*Énéide*; les aventures de *Tancrède avec Herminie et Clorinde*, dans la *Jérusalem délivrée*; l'histoire de *Velléda*, dans les *Martyrs*.

Le poème épique a de l'*intégrité* quand il est complet et renfermé dans une juste étendue. On y trouve un commencement ou *exposition*; un milieu ou corps de l'action, c'est là qu'elle se *noue* et se déploie ; une fin ou *dénoûment*, c'est à-dire la solution des obstacles, qui satisfait complètement la curiosité du lecteur. Le dénoûment du poème épique est ordinairement heureux et laisse une impression agréable : ce n'est pourtant pas une loi absolue. Le poème des *Niebelungen* se dénoue par une sanglante tragédie.

La *grandeur* de l'action dépend de son importance, de sa position reculée dans le lointain des siècles, et de la manière dont le poète sait élever son sujet par des créations nobles et saisissantes, tour à tour héroïques et merveilleuses.

L'*intérêt* est la condition première de toutes les œuvres imagination. Dans l'épopée, l'intérêt dépend de bien des choses : il tient d'abord aux qualités que nous avons mentionnées, l'unité, la grandeur, l'intégrité ; il tient encore au choix du sujet, aux caractères des personnages ; à la manière progressive dont l'action est conduite ; aux situations dramatiques, aux sentiments, passions qui s'y déploient ; au mouvement, à la variété du récit ; enfin, aux mille ressources de l'imagination du poète. L'intérêt est surtout vivement excité, quand l'action avance majestueuse et rapide : il faut qu'elle marche, qu'elle nous entraîne. La *Messiade* de Klopstock pèche de ce côté ; elle manque d'action : c'est le lyrisme qui y domine.

Le poème épique n'est borné ni par le temps, ni par le lieu, ni par l'espace ; c'est la plus vaste des compositions humaines : il n'est aucun genre où le génie du poète puisse prendre un plus sublime essor.

6° *Personnages et mœurs de l'épopée.*

L'observation des caractères et des mœurs est un des points importants de l'épopée.

Si les personnages sont historiques, ils doivent agir et parler d'après leur caractère connu et d'après les mœurs de leur époque ; rien ne serait plus choquant que de braver à ce sujet l'opinion reçue et de donner, par exemple, des idées, des opinions modernes à des héros anciens. Les personnages d'Homère nous choquent quelquefois : c'est qu'il les a peints tels qu'ils étaient de son temps, et c'est là un des plus grands mérites de ses œuvres.

La vérité des caractères et des mœurs peut seule donner à un poème l'originalité qui le fasse vivre.

Si les personnages et les mœurs sont imaginaires, le poète doit se régler d'après les convenances de son œuvre.

Les caractères doivent être soutenus et variés en même temps, sans jamais sortir du naturel.

Des héros de roman fuyez les petitesses :
Toutefois aux grands cœurs donnez quelques faiblesses.
Achille déplairait, moins bouillant et moins prompt :
J'aime à lui voir verser des pleurs pour un affront.
A ces petits défauts marqués dans sa peinture,
L'esprit avec plaisir reconnaît la nature.
Qu'il soit sur ce modèle en vos écrits tracé :
Qu'Agamemnon soit fier, superbe, intéressé ;
Que pour ses dieux Énée ait un respect austère.
Conservez à chacun son propre caractère.
Des siècles, des pays, étudiez les mœurs :
Les climats font souvent les diverses humeurs.

BOILEAU, *Art poét.*

Il est d'usage de placer dans le poème épique un héros qui domine tous les autres par sa grandeur ou par sa vertu; l'ouvrage y gagne en unité et en intérêt. Autour de lui se rangent les personnages secondaires, dont chacun doit avoir sa physionomie, son caractère, ses vertus ou ses défauts. Ils parlent, ils agissent ; ils se peignent par leurs discours et par leurs actions, et tous concourent, selon leur importance, à la marche du poème ; la variété se trouve ainsi confondue dans l'unité. Dans l'*Iliade*, Achille est le héros principal, mais sa grandeur ne fait pas tort à celle des autres personnages, tels qu'Hector, Ajax, Diomède, Ulysse, Nestor, Priam.

Voulez-vous longtemps plaire et ne jamais lasser ?
Faites choix d'un héros propre à m'intéresser,
En valeur éclatant, en vertus magnifique ;
Qu'en lui, jusqu'aux défauts, tout se montre héroïque.

BOILEAU, *Art poét.*

7° *Forme de l'épopée.*

L'épopée peut varier dans sa forme : nous ne faisons que constater ici l'usage général.

Le poème s'ouvre par la *proposition* ou *début*. Tel est le début de la *Henriade :*

> **Je chante ce héros qui régna sur la France**
> **Et par droit de conquête et par droit de naissance.**

Boileau a dit :

> **Que le début soit simple et n'ait rien d'affecté.**

Après le début vient l'*invocation* : c'est une prière adressée par le poète à une divinité ou à la muse, pour lui demander l'inspiration.

Le poète fait ensuite l'*exposition* du sujet, et commence le *récit*, qui se déroule sans interruption jusqu'au *dénoûment*. L'épopée est divisée en *chants*, dont le nombre est abandonné à la volonté de l'auteur.

Le récit épique se fait de deux manières : ou le poète parle en son nom, comme dans l'*Iliade* et la *Jérusalem délivrée* : c'est la fable *simple* ; ou le poète se jette tout d'abord au milieu de l'action, et fait ensuite raconter par le héros les faits antérieurs, comme dans l'*Odyssée* et l'*Énéide* : c'est la fable *composée*. Cette dernière paraît être plus intéressante.

8° *Style épique.*

Le poème épique est la plus vaste des compositions humaines : le génie seul peut parvenir à l'embrasser ; aussi toutes les richesses de l'imagination et du style doivent concourir à son ornement ; toutes les connaissances sur

Dieu, sur l'homme, sur la nature, peuvent y entrer : c'est ainsi qu'Homère est universel, et que ses poèmes sont le tableau complet de son époque.

L'épopée a besoin d'une véritable inspiration ; l'art ne suffit pas pour la composer. Le poème doit être semé de descriptions éclatantes et variées, de tableaux et de portraits où se déploient la vivacité, la chaleur et la pompe du style. Un coloris brillant doit animer tout l'ouvrage. Les grandes images, les figures hardies y sont à leur place ; une harmonie constante doit enchanter l'oreille et l'imagination ; enfin, la simplicité, jointe à la majesté sublime, doit faire de cet ouvrage le chef-d'œuvre de l'esprit humain (1).

Outre l'épopée proprement dite, dont nous venons de parler, nous dirons quelques mots des épopées secondaires, telles que le *poème héroïque*, le *poème héroï-comique*, le *poème badin*.

§ III. POÈME HÉROÏQUE.

Le poème héroïque ne diffère du précédent que par l'absence du merveilleux : pour le reste, il peut suivre abso-

---

(1) Voici les épopées les plus célèbres : *l'Iliade* et *l'Odyssée*, d'Homère (grec). *L'Énéide*, de Virgile (latin). *Le Ramayana*, de Valnicki (sanscrit). *Le Mahabarata*, par Vyasa (sanscrit). *Le Ragouvansa*, par Kalidasa (sanscrit). *Le Chab-Nameh*, ou livre des Rois, par Ferdoucy (persan). *La Divine Comédie*, du Dante (italien). *La Jérusalem délivrée*, du Tasse (italien). *Le Paradis perdu*, de Milton (anglais). *Les Lusiades*, de Camoëns (portugais). *La Henriade*, de Voltaire (français). *La Messiade*, de Klopstock (allemand). *Les Martyrs*, de Châteaubriand (français). *La Divine Épopée*, par A. Soumet (français).

lument la même marche, les mêmes lois et le même style.

Souvent le poème héroïque n'est que de l'histoire mise en vers, mais ornée de tous les charmes de l'imagination et de tous les prestiges de la poésie. Son but est toujours de célébrer la gloire de quelque héros (1).

§ IV. POÈME HÉROÏ-COMIQUE.

Ce poème a toute la forme extérieure de la grande épopée, tandis qu'il ne présente au fond qu'une aventure comique et de peu d'importance. Le poète emploie toutes les grandes machines de l'épopée à la conduite d'une action plaisante, où figurent des personnages vulgaires. Cet artifice n'étant pris au sérieux ni par le poète ni par le lecteur, délasse agréablement l'esprit, et provoque le rire par des

---

(1) Poètes héroïques remarquables :

GREC.

Apollonius de Rhodes : *l'Argonautique.*

LATINS.

Lucain : *la Pharsale.*
Silius Italicus : *les Guerres puniques.*
Stace : *l'Achilléïde.*

GAÉLIQUE.

Ossian.

ALLEMAND.

Les *Niebelungen.*

SUÉDOIS.

Tégner : *Frithiof's saga.*

FRANÇAIS.

Parceval-Grandmaison : *Philippe-Auguste.*

ANGLAIS.

Dryden : *l'Année des merveilles.*
Southey : *Madoc, Roderic,* etc.

RUSSE.

Pouchkine : *Bakhiehi-Saraï, Rouslan et Ludmila.*

contrastes piquants, par des rapprochements inattendus (1).

§ V. POÈME BADIN.

Le poème badin ne prend jamais le ton de l'épopée; c'est une histoire plaisante et légère qui brille par la vivacité et l'enjouement du récit, par l'agrément des détails et la rapidité du style. Un peu de satire moqueuse et de bon goût n'y est point déplacée. On peut citer comme modèle le *Vert-Vert* de Gresset.

Le *poème burlesque*, mis autrefois à la mode en France par Scarron, est le degré le plus bas et le plus trivial de la poésie ; c'est ordinairement un travestissement de mœurs et de langage, ou la parodie d'un poème sérieux. Les Anglais ont dans ce genre un ouvrage célèbre : c'est *Hudibras*, par Butler.

---

(1) Poëtes héroï-comiques :

GREC.

La Batrachomyomachie, attribuée à Homère.

FRANÇAIS.

Boileau : *le Lutrin*.

ITALIENS.

Arioste : *Roland furieux*.
Tassoni : *le Seau enlevé*.
Pulci : *Morgante*.
Fortiguerra : *Richardet*.

ANGLAIS.

Pope : *la Boucle de cheveux enlevée*.

ALLEMANDS.

Wieland : *Obéron*.
Zacharie : *le Renommiste*.

DANEMARK.

Holberg : *Pierre Pors*.

ESPAGNE.

Diniz da Cruz e Sylva, *le Goupillon*.

CHAPITRE IV.

GENRE DRAMATIQUE.

§ I. ORIGINE DU DRAME.

L'invention de la poésie dramatique n'appartient pas à un seul peuple ; on la rencontre à différents degrés chez toutes les nations. Elle naît d'elle-même en Grèce. Les Osques de la Campanie jouent des comédies grossières nommées *Atellanes*, et les transmettent aux Romains avant que l'imitation grecque ait pénétré en Italie. Les Indous possèdent, dès la plus haute antiquité, une littérature dramatique assez riche ; un de leurs drames, *Sacontala* ou *l'Anneau fatal*, du poète Kalidasa, a été traduit en français. La Chine a un théâtre aussi fort ancien : Voltaire en a tiré l'*Orphelin de la Chine*. Les voyageurs ont signalé l'existence de certaines actions dramatiques au Mexique, au Pérou, et même chez les sauvages de l'Afrique. Enfin, le moyen-âge jouait ses *Mystères* et ses *Moralités* avant d'avoir encore rien appris de l'antiquité classique.

Les représentations dramatiques ont évidemment leur origine dans un besoin d'imitation naturel à l'homme. C'est l'instinct mimique qui est la source du drame ; or, cet instinct est de tous les temps, de tous les lieux et de toutes les civilisations.

« Les enfants de tous les pays, dit M. Magnin, se plaisent dans leurs jeux, à sortir d'eux-mêmes, à imiter les grandes personnes, à jouer les rôles de père, de général, de roi ; ces peintures imparfaites de la société et des passions humaines les intéressent souvent plus vivement que leurs jeux favoris, la course en plein air, les exercices corporels. Aristote a signalé cette disposition de l'enfance; ce grand observateur déclare l'homme le plus imitateur de tous les animaux. » Joignez à cet instinct celui du chant, de l'harmonie et de la danse, vous avez les bases de l'art dramatique, qui est aussi ancien que l'homme lui-même.

Mais il y a deux sentiments contraires qui se disputent sans cesse notre âme : la joie et la douleur, qui se manifestent par le rire et les larmes : c'est comme la double face de l'humanité.

Le drame, imitation exacte de la vie, doit reproduire cette double physionomie de l'existence : tantôt il est sérieux, solennel, et cherche à émouvoir la sensibilité par le tableau de la douleur : c'est la *tragédie;* tantôt il est plaisant, badin, et provoque la gaîté par la peinture du ridicule : c'est la *comédie;* quelquefois enfin il met, comme la nature, le rire à côté des pleurs ; il mêle dans une même action le plaisant et le sérieux, le comique et le tragique : c'est alors le *drame* proprement dit.

§ II. COUP-D'OEIL SUR LE THÉATRE GREC.

En Grèce, nous voyons poindre le drame en même temps que la poésie lyrique et l'épopée ; ces trois genres se tiennent de près à l'origine. Les rhapsodes, en chantant en public les poésies homériques, y mêlaient des gestes et des mouvements qui en faisaient une sorte de représentation dramatique. Dans les fêtes religieuses, les anciens chœurs lyriques, accompagnés de danses, figuraient aussi un commencement de drame.

Mais c'est surtout au milieu des fêtes de Bacchus que le théâtre prit naissance. Les vendanges excitaient une sorte de délire poétique en l'honneur du dieu du vin. On composait des *dithyrambes* où l'on célébrait ses louanges, en racontant les aventures merveilleuses de sa vie. Des concours de poésie s'établirent dans ces fêtes ; le meilleur chant était récompensé par le don d'un bouc ; c'est de là que vient le mot *tragédie*, qui signifie *chant du bouc.*

Le chant du dithyrambe était accompagné de farces grossières représentées par le cortége de Bacchus, les faunes, les satyres et les sylvains. Il y avait dans ces fêtes un côté sérieux et un côté comique : c'est de ce dernier que naquit la comédie. La partie sérieuse du dithyrambe s'ennoblit peu à peu, se dégagea de la farce et pénétra dans les villes ; la partie bouffonne resta longtemps encore à la campagne pour amuser de rustiques spectateurs : de là le nom de *comédie*, qui signifie *chant du village.*

La comédie et la tragédie ont donc pour origine commune le chant lyrique nommé *dithyrambe.* Ce poème était chanté par des *chœurs*, qui se séparaient quelquefois en plusieurs bandes, se répondant alternativement par des *strophes* et des *antistrophes.*

Pour mêler un peu de variété au chant, *Thespis*, au temps de Solon, imagina de le couper par un récit : c'était un pas de fait. Cinquante ans plus tard, *Eschyle* y introduisit le dialogue entre deux personnages, leur fit représenter quelque action intéressante sur un theâtre orné de décorations analogues au lieu de la scène, inventa les costumes, les masques, les cothurnes : la tragédie était créée.

Bientôt on oublia les louanges et les aventures de Bacchus ; le chœur, lié à l'action, ne fut plus la partie principale : la tragédie grecque atteignit sa perfection avec *Sophocle* et *Euripide.*

Le chœur, dans la tragédie antique, conserva pourtant toujours un rôle important. Il était partagé en deux moitiés, dont chacune avait un chef nommé *coryphée*. Lorsque le chœur prenait part au dialogue, c'était par l'organe de son chef ; la partie lyrique du chœur était chantée par tous les membres et accompagnée de la flûte.

Le chœur avait pour effet de rendre la tragédie plus pompeuse et plus morale ; le poète s'y livrait à de sublimes élans lyriques ; la musique qui l'accompagnait donnait de la variété et de la dignité au spectacle. Il était chargé de faire ressortir le côté moral de la pièce, et de donner en toute occasion des leçons de vertu.

Le chœur restait constamment sur le théâtre pendant la pièce : il remplissait par ses chants les intervalles des actes ; il n'y avait pas de toile à baisser ; la représentation était continue. De là sont nées tout naturellement les unités de temps et de lieu ; la scène ne pouvait pas changer, et l'action ne durait guère que l'espace de temps employé à la représentation : l'illusion était aussi complète que possible.

La tragédie moderne n'a pas imité le chœur antique, sauf dans quelques pièces, telles que l'*Esther* et l'*Athalie* de Racine, le *Paria* de Casimir Delavigne.

Comme on le voit, le théâtre grec eut une origine toute religieuse ; il conserva toujours chez les anciens ce caractère sacré. Les dieux étaient mêlés à l'action, directement ou indirectement ; leur influence au moins s'y faisait toujours sentir dans la conduite des hommes et des évènements. Le *Destin*, divinité terrible et inflexible, en était le ressort principal ; il pesait sur l'action et amenait la catastrophe dramatique ; les passions humaines n'occupaient qu'une place secondaire.

§ III. DÉFINITION ET BUT DU DRAME.

Le mot *drame* signifie action. Le drame est donc *la repré-*

sentation d'une action imitée de la vie humaine. Son but est d'amuser et d'instruire.

Quoique les jeux de la scène soient destinés à intéresser et à distraire le spectateur, il ne faut pas oublier que le théâtre doit avoir un but et un résultat moral, comme toute poésie et toute œuvre d'imagination. Nous savons que ce but n'est pas souvent atteint, et que l'on sort rarement du théâtre, corrigé et amélioré; c'est que les auteurs dramatiques cherchent plus souvent à plaire qu'à instruire, et que, pour avoir du succès, ils flattent les passions au lieu de les réprimer. Le théâtre est une école dangereuse; il ne faut pas s'étonner que l'Église ait laissé peser sur lui l'anathême et que les moralistes l'aient frappé de proscription.

C'est souvent aussi à la perversité de notre nature que tient le danger du théâtre. Il met en jeu les passions humaines; il représente le vice aux prises avec la vertu; celle-ci sort triomphante de la lutte; mais au fond de notre cœur, l'impression du mal reste plus vive que celle du bien, et c'est une semence qui porte de tristes fruits. Il faut une volonté forte et un vertu solide pour résister à cette séduction.

§ IV. QUALITÉS DE L'ACTION DRAMATIQUE.

Trois qualités principales sont nécessaires à l'action dramatique ; 1° la *vérité* ou la *vraisemblance ;* 2° *l'unité*; 3° la *conduite*.

1° *Vérité* ou *vraisemblance*.

La vérité de l'action ne l'oblige pas à être historique : on laisse à l'auteur toute liberté d'invention. Mais il ne doit jamais sortir de la nature : là est la vérité éternelle, là est la source du plaisir dramatique.

Le théâtre n'est au fond qu'une illusion ; nous le savons : nous y allons pour être agréablement trompés par l'imitation de la vie ; mais nous voulons que cette imitation soit vraie, sans être pourtant une réalité. Il y a des vérités horribles et dégoûtantes qui nous révolteraient. Ce dont on ne doit jamais s'écarter, c'est de la *vraisemblance.*

Jamais au spectateur n'offrez rien d'incroyable :
Le vrai peut quelquefois n'être pas vraisemblable.
Une merveille absurde est pour moi sans appas :
L'esprit n'est point ému de ce qu'il ne croit pas.
Ce qu'on ne doit point voir, qu'un récit nous l'expose :
Les yeux, en le voyant, saisiraient mieux la chose ;
Mais il est des objets qu'un art judicieux
Doit offrir aux oreilles et reculer des yeux.

BOILEAU, *Art poét.*

2° *Unité.*

D'après la *Poétique* d'Aristote et d'après les ouvrages anciens imités par les classiques modernes, l'action dramatique doit être soumise à la règle des *trois unités*, formulée par Boileau dans ces vers si connus :

Qu'en *un lieu*, qu'en *un jour, un seul fait* accompli
Tienne jusqu'à la fin le théâtre rempli,

L'*unité de lieu* exige que l'action s'accomplisse toute entière dans le même lieu, sans passer d'un endroit à un autre.

L'*unité de temps* exige que la durée de l'action soit à peu près la même que celle de la représentation, ou au moins qu'elle ne dépasse pas vingt-quatre heures.

L'*unité d'action* consiste à développer un seul fait, une seule intrigue principale, de manière à ce que toutes les parties de la pièce aient un centre commun.

L'observation de ces trois unités a pour but de porter aussi loin que possible la vraisemblance et l'imitation de la vie réelle. Les pièces grecques, qui se représentaient sans interruption, étaient obligées de s'y astreindre. Mais il faut avouer que le poète a souvent de la peine à s'y conformer rigoureusement, et que bien peu de sujets sont de nature à s'y prêter : l'art, renfermé dans ce cercle étroit, ne peut étendre ses ailes.

Aussi, l'observation des unités a-t-elle été l'objet d'une lutte très-vive entre l'école classique, imitatrice des anciens, et l'école romantique moderne. Les romantiques rejettent surtout bien loin les unités de temps et de lieu; ils acceptent l'unité de fait, en se réservant le droit de s'y soustraire, si l'intérêt du drame l'exige; selon eux, il faut intéresser, impressionner, n'importe par quels moyens.

On comprend que cette indépendance de toute règle doit ouvrir la carrière à bien des abus. Quand l'imagination n'a plus de frein, elle touche bien vite à l'extravagance; et c'est ce qui arrive fréquemment sur notre théâtre.

Sans donner une liberté illimitée au poète, nous avouerons pourtant que les unités de temps et de lieu ne nous semblent pas devoir être de rigueur. On va au théâtre pour trouver l'illusion ; on sait bien que tout est feint dans ce spectacle : la toile, les planches, les décorations, la lumière des lampes, les costumes, les personnages, nous savons que tout cela est factice; notre esprit passe par-dessus tous ces mensonges, et s'intéresse pourtant à l'action qui les accompagne. L'effort n'est pas plus grand si, pendant le temps de l'entr'acte, on s'imagine qu'il s'est écoulé des mois, des années, ou que l'action s'est transportée d'un lieu à un autre. Il est certain que si l'intérêt est vif, si l'action conserve son unité et est bien conduite, le spectateur ne pense pas à reprocher à l'auteur de le promener dans le temps et dans l'espace. Le drame peut ainsi prendre un large essor, et aborder une foule de beaux sujets qui lui seraient interdits par l'autre méthode : cette opinion a prévalu de nos jours.

3° Conduite de l'action.

On doit trouver dans une pièce de théâtre : l'*exposition*, le *nœud*, l'*intrigue*, les *péripéties*, le *dénoûment*.

Exposition.

Que, dès les premiers vers, l'action préparée
Sans peine du sujet aplanisse l'entrée.

BOILEAU, *Art poét.*

L'*exposition* doit initier le spectateur au sujet de la pièce : elle se fait en action, naturellement, par le langage des personnages eux-mêmes ; elle doit contenir en germe tous les évènements de la pièce, mais en les couvrant du voile du mystère ; l'exposition doit éveiller l'intérêt, sans le satisfaire. On admire l'exposition du *Bajazet* de Racine, comme une des plus belles du théâtre.

Tous les personnages doivent paraître ou être désignés dans le premier acte.

Nœud ou intrigue.

Le *nœud* est le lien de l'action : il sort de l'exposition ; il se resserre à mesure que l'action avance, que les obstacles se multiplient avec les efforts, et que les alternatives d'inquiétude et d'espérance se succèdent et se balancent dans l'âme du spectateur.

L'action doit avancer de scène en scène et l'intrigue se tendre, se compliquer de plus en plus : c'est de là que dépend l'intérêt, but capital de toute représentation dramatique. Si l'action languit, tout est perdu : quelques belles situations ne suffiront pas pour faire vivre la pièce.

Si les incidents sont trop multipliés, l'intrigue devient obscure et difficile à dénouer ; si elle est trop simple, elle n'éveille pas assez l'attention. C'est ici que tout le talent du poète est nécessaire pour triompher de la plus grande difficulté de l'art dramatique. On cite comme modèle d'intrigue habilement nouée l'*Héraclius* de Corneille.

Péripéties.

On nomme *péripéties* les changements ou révolutions qui s'opèrent dans l'action ou dans la situation des personnages. Quand les péripéties se font soudainement, on les appelle des coups de théâtre. Les péripéties servent à étonner, à émouvoir vivement le spectateur ; elles contribuent puissamment à l'intérêt de la pièce : il ne faut pas en abuser en les multipliant. C'est par péripétie que s'opère le dénoûment de l'action : par exemple, l'élévation de Joas au trône, dans *Athalie* ; l'emprisonnement de *Britannicus*, etc.

Dénoûment.

Que le trouble, toujours croissant de scène en scène,
A son comble arrivé, se débrouille sans peine.
L'esprit ne se sent point plus vivement frappé
Que, lorsqu'en un sujet, d'intrigue enveloppé,
D'un secret tout-à-coup la vérité connue
Change tout, donne à tout une face imprévue.

BOILEAU, *Art poét.*

Le *dénoûment* est l'évènement qui termine l'action ; il doit être préparé de loin, mais sans être prévu : l'intérêt ne se soutient que par l'incertitude qui plane sur le sort des personnages et sur l'intrigue. Le dénoûment est ordinairement malheureux dans la tragédie : on le nomme *catastrophe*. Dans la comédie, c'est presque toujours un mariage qui termine la pièce.

Actes et scènes.

La pièce se compose de plusieurs parties qu'on nomme *actes* : le nombre des actes varie de un à cinq. Dans les *entr'actes*, l'auteur peut faire supposer que l'action continue; il profite de cet intervalle pour écarter de la scène les choses qu'il ne veut pas y faire paraître, et il reprend son action un peu plus loin, en ayant soin que ce vide soit expliqué et motivé par la suite.

Les actes, quoique séparés, doivent s'enchaîner l'un à l'autre, pour former un tout complet.

Les actes se partagent en scènes, caractérisées par l'entrée ou par la sortie des divers personnages.

Le théâtre ne doit jamais rester vide; l'entrée et la sortie doivent avoir un motif. Les scènes doivent être amenées l'une par l'autre, et être liées sans embarras, sans confusion. On appelle *dialogue* l'entretien de deux ou de plusieurs personnes, et *monologue* le discours d'un seul. Dans le monologue, l'individu se parle à lui-même; il pense tout haut : les monologues trop longs manquent de naturel.

PREMIÈRE SECTION.

Drame sérieux, ou Tragédie.

§ I. DÉFINITION ET BUT DE LA TRAGÉDIE.

La *tragédie* proprement dite représente une action héroïque et malheureuse.

Le sujet de la tragédie et son arrangement se nomme *fable*. La fable peut être historique ou imaginaire.

Le but de la tragédie est d'émouvoir par le tableau des passions et du malheur ; elle emploie pour cela deux moyens, la *terreur* et la *pitié* : ce sont les bases de l'intérêt tragique.

Plaisir de la tragédie.

L'homme, dans ses plaisirs, ne recherche pas toujours le rire et la joie ; il se plaît encore, et plus vivement peut-être, au spectacle de la douleur ; il aime les émotions de la terreur et de l'effroi, qui lui font verser des larmes : c'est ainsi que les enfants aiment le merveilleux, le terrible, les contes à faire peur ; que certains peuples ont recherché les combats de gladiateurs et d'animaux.

D'où vient ce singulier plaisir ? D'un attrait naturel de l'homme pour les émotions fortes, et en même temps de la satisfaction intime qu'il éprouve de se sentir à l'abri des malheurs dont on lui représente le tableau.

« Ce n'est pas, dit un spirituel critique (1), que l'homme aime le malheur d'autrui, mais il aime la pitié qu'il en éprouve ; et comme au théâtre la souffrance des personnages n'a rien de réel, il jouit à son aise de son émotion. L'âme se fait un plaisir de l'agitation que lui donne le spectacle des passions humaines, et un plaisir d'autant plus doux, qu'elle sait que ces passions ne sont qu'une image et qu'une illusion qu'elle croit sans dangers. Ces sentiments impétueux qui poussent au crime les héros tragiques, ces amours qui font leur joie et leur tourment, nous émeuvent et nous attendrissent sans nous inquiéter. »

Le tableau du malheur, dans la tragédie, a aussi un effet moral : il perfectionne la sensibilité, et attendrit l'âme aux

(1) Saint-Marc Girardin, *Cours de littérature dramatique.*

souffrances de l'humanité. Cette école de l'adversité nous fortifie par une épreuve anticipée du malheur, en même temps qu'elle nous rend moins confiants dans la prospérité, et qu'elle nous apprend à compatir aux maux d'autrui : le malheur est comme ces pluies d'orage qui purifient l'air et hâtent la maturité des fruits.

§ II. DES PASSIONS TRAGIQUES.

1° *Système ancien.*

LE DESTIN.

La tragédie nous présente l'homme en lutte avec l'adversité. La cause de cette lutte est en nous-mêmes ou en dehors de nous : de là deux systèmes de tragédie, l'ancien et le moderne.

Chez les anciens, le mobile principal de la tragédie n'était pas dans l'homme lui-même, dans sa volonté ou dans ses passions ; il était dans une cause supérieure, dans la volonté ou dans la colère des dieux, dans les arrêts inflexibles du destin. Œdipe, Agamemnon, Oreste, sont poursuivis par la fatalité ; leur malheur est inévitable ; ils luttent, mais ils doivent succomber : le dénoûment est prévu.

Ce système était en harmonie avec les croyances religieuses de l'antiquité ; il était bon, parce qu'il ne pouvait être autre. Il frappait le spectateur d'une terreur et d'une pitié profondes ; il lui laissait une vive impression de la puissance des dieux. Son but était à la fois moral, religieux et politique ; car il pénétrait les esprits de l'ascendant de la destinée, afin d'accoutumer les hommes aux évènements de la vie, de les y résigner d'avance et de les rendre patients, courageux, déterminés. Le théâtre donnait ainsi aux mœurs publiques un caractère de stoïcisme en rapport avec le but de la société.

Le théâtre antique, avec ce caractère religieux et la pompe solennelle de ses représentations, avait quelque chose de plus simple et de plus grandiose que le nôtre; la lutte était forte et pathétique. Ajoutez-y cette multitude assemblée sur les gradins d'un vaste édifice aux lignes harmonieuses et régulières; le soleil éclairant la scène; le chœur la remplissant de sa mélodie; les acteurs grandis par le cothurne, et couverts d'un masque qui grossissait la voix : vous aurez une idée de l'art grec dans toute sa majesté.

2° *Système moderne.*

LES PASSIONS.

Les modernes ont déplacé la base de l'intérêt tragique; au lieu de le laisser dans le ciel, ils l'ont mis sur la terre, dans le cœur de l'homme lui-même : ils ont fondé leur drame sur l'antagonisme des passions; c'est le devoir aux prises avec les penchants du cœur, qui amène les situations pathétiques et tragiques. Tel est le nouveau ressort dramatique dont Corneille a donné en France les premiers exemples dans ses chefs-d'œuvre.

Le système ancien enlevait à l'homme une partie de sa liberté; la lutte n'était pas égale entre le ciel et la terre; l'inexorable destin devait toujours l'emporter. Dans le théâtre moderne, l'homme a recouvré son libre arbitre et sa dignité : il peut choisir entre le bien et le mal; son bonheur et son malheur dépendent de lui, de sa volonté; par conséquent, il doit répondre de ses actes et s'attendre à une récompense ou à un châtiment, selon le parti qu'il embrassera.

Cette situation de l'homme est, sans contredit, plus élevée et plus morale : on sent ici l'influence du christianisme, qui a rendu à notre âme ses titres de noblesse en l'affranchissant du joug de la fatalité.

Le théâtre moderne, fondé sur le choc des passions du cœur, a donc l'avantage d'être plus moral, plus fécond et plus varié en ressources. Il est plus moral, parce que la victoire dépend de notre volonté, de nos efforts, et qu'il nous enseigne à nous craindre nous-mêmes, à ne pas nous laisser décourager ni abattre dans la lutte ; il est plus fécond et plus varié, en ce sens qu'il peut mettre en œuvre toutes les passions, et tirer de leurs développements et de leurs contrastes des situations pleines d'intérêt, des mouvements toujours nouveaux.

Le cœur humain est lui-même le théâtre d'un drame sans cesse renaissant : il passe alternativement du calme à la tempête ; il aime et il hait ; il se laisse enthousiasmer, tromper, séduire; il résiste, il souffre, il fait souffrir les autres ; ce sont des alternatives sans fin ; c'est la vie elle-même avec toutes les péripéties de son drame : océan mobile et jamais dompté. Voilà, certes, pour le théâtre, une source intarissable d'émotions : si le poète sait peindre les passions avec vérité, et parler le langage de la nature, il est sûr, en tous temps et en tous lieux, de remuer les cœurs.

Les passions les plus dramatiques sont l'ambition, la vengeance et l'amour; ce sont elles surtout qui poussent l'homme à de grandes actions, soit criminelles, soit vertueuses. Mais, en recherchant les grands effets sur le théâtre, l'auteur doit se garder de peindre le crime brutal et féroce; l'effroi ne doit pas être poussé jusqu'à l'horreur sauvage, comme on le voit dans quelques drames modernes. Cette exagération monstrueuse de l'effet tragique est un grave défaut ; elle change l'émotion en dégoût, et s'asse aux sens plutôt qu'à l'esprit; elle recherche, non plus passions simples et naturelles, mais les passions bi-res, exceptionnelles, extravagantes : c'est la dégradation l'art dramatique.

.'amour, dans la tragédie moderne, est la passion dra-tique par excellence :

De cette passion la sensible peinture
Est, pour aller au cœur, la route la plus sûre.

BOILEAU, *Art poét.*

.es anciens ont rarement employé l'amour comme mo-principal de l'action tragique; chez les modernes, au ıtraire, il tient presque toujours la première place. Ce st pas pourtant que ce ressort soit indispensable, puis-sans lui la tragédie antique a atteint la perfection : *Atha-* et *Mérope* sont les chefs-d'œuvre de Racine et de Vol-e, et ne contiennent aucun rôle d'amour.

Néanmoins, aucune passion n'est plus universelle ni plus onde en émotions de tout genre; aucune n'est d'un et plus sûr au théâtre, quand elle est maniée habilement. première condition est que l'amour soit tragique, qu'il rte les personnages à de grands crimes ou à d'héroïques rtus, comme dans *Phèdre,* dans *Andromaque*, dans *Zaïre*. l dégénère en discours efféminés, en fades conversa-ns, comme dans la *Mort de Pompée*, de Corneille, et dans *Edipe* de Voltaire, il produit un effet tout contraire au t de la tragédie; il manque d'intérêt et de pathétique. Il faut pas oublier que, dans la tragédie, personnages, sen-ıents et style, tout doit être héroïque et aspirer au su-me.

De plus, l'amour doit être moral; c'est-à-dire qu'en ussant les personnages au crime, il doit en amener le âtiment. Toute passion mauvaise au théâtre doit porter peine, sinon elle est d'un effet dangereux : à moins que la volonté elle-même n'en triomphe par un effet de vertu.

> Et que l'amour, souvent de remords combattu,
> Paraisse une faiblesse et non une vertu.
>
> BOILEAU, *Art poét.*

3° *Style tragique.*

Le style de la tragédie doit être clair, vif, soutenu, et revêtu partout d'une noble simplicité. La tragédie n'est pas un chant comme la poésie lyrique et l'épopée; c'est un discours ou un dialogue. On aurait donc tort d'y employer les figures poétiques, les hyperboles, les fleurs du langage. Les figures qu'on aime à y voir sont celles qui conviennent à la passion véhémente, aux mouvements pathétiques du cœur. Les descriptions ne sont bonnes que quand elles tiennent à l'action et sont amenées par le sentiment.

Le dialogue est la partie importante du drame ; c'est par là surtout que la tragédie produit de l'effet. Il faut qu'il soit juste, rapide, entraînant, coupé à propos. Corneille nous en donne d'admirables modèles: voyez *Horace, le Cid, Polyeucte.*

La tragédie s'écrit ordinairement en vers. Le langage mesuré donne au style plus de vigueur ; il satisfait davantage l'oreille et saisit mieux la mémoire. La forme rhythmique est plus littéraire ; la tragédie en prose n'aurait pas produit ces beaux morceaux, ces passages immortels des auteurs que chacun a retenus.

Cependant, il faut le dire, la versification n'est pas indispensable à l'intérêt dramatique. Dans la chaleur du dialogue et de l'action, on oublie la forme et le mètre ; le pathétique l'emporte. L'*Inès* de Lamotte est intéressante, malgré de mauvais vers. Mais dans les endroits où la passion est moins excitée, l'oreille se plaît à retrouver la cadence et l'harmonie : c'est un charme continu auquel l'imagination est sensible (1).

A la tragédie se rattache de près le *drame* proprement dit et le *drame lyrique* ou *opéra*.

§ III. DRAME PROPREMENT DIT.

Le drame est une transformation de la tragédie : il appartient aux temps modernes. On peut en distinguer deux variétés : 1° l'un, qu'on nomme *tragédie bourgeoise*, ou *drame domestique* ; 2° l'autre est le *drame romantique*.

1° Le drame bourgeois représente les scènes de la vie commune dans ce qu'elles ont de plus touchant et de plus lamentable.

---

(1) **Principaux poètes tragiques :**

GRECS.

Eschyle, Sophocle, Euripide.

LATIN.

Sénèque.

SANSCRIT.

Kalidasa.

FRANÇAIS.

Jodelle, Hardy, Garnier, Mairet, Rotrou, P. Corneille, Th. Corneille, Racine, Crébillon, Voltaire, Lamotte, Lagrange-Chancel, Lemierre, de Belloy, Laharpe, M.-J. Chénier, Ducis, Legouvé, Arnault, A. Guiraud, C. Delavigne, A. Soumet, Ponsard.

ANGLAIS.

Rowley, Marlowe, Shakspeare, Fletcher et Beaumont, Otway, Lee, Thompson, Rowe, Maturin, Addison, Byron.

C'est un genre mixte entre la tragédie et la comédie. Il n'a pas le ton élevé de la tragédie ; il choisit ses personnages autour de nous ; il représente la société telle qu'elle est; enfin, il est l'expression des mœurs modernes. Ce drame se rapproche de la comédie par le ton simple du langage, il admet la prose aussi bien que les vers, et il mêle quelquefois le rire aux larmes qu'il fait répandre. Son but est de représenter toutes les faces de la vie humaine dans leur expression la plus saisissante et la plus vraie. Mais à force de vouloir être vrai, il tombe parfois dans la platitude grossière et la bassesse triviale. C'est *La Chaussée*, en France, qui a créé la tragédie bourgeoise (1).

2° Le drame, ou tragédie romantique, plus élevé en général que le drame populaire, s'en rapproche par plusieurs

---

ALLEMANDS.

Lessing, Klopstock, Klinger, Gœthe, Schiller, Kœrner, Collin, Werner, Mullner, Grillparzer.

ITALIENS.

Trissin, Rucceлaï, Dolce, Speroni, Morelli, Maffei, Alfieri, Pindemonte, Silvio-Pellico.

ESPAGNOLS.

Lope de Véga, Guillen de Castro, Alarcon, Calderon.

PORTUGAIS.

Gil Vicente, Gomez, Pimenta de Aiguyar.

RUSSES.

Soumarokoff, Ozeroff.

HOLLANDAIS.

Hooft, Vondel, Coster, Nomsz, Feith.

(1) Citons après lui Beaumarchais, Anicet-Bourgeois, Frédéric Soulié. — En anglais : Otway, Southern. Lillo. — Eu allemand : Lessing, Iffland, Kotzebue. — En italien : Avelloni, Goldoni, Federici.

côtés. Il n'admet pas les règles sévères de la tragédie classique. Les unités lui pèsent; ce qu'il cherche avant tout, c'est l'impression, c'est l'*effet* : peu lui importent les moyens, pourvu qu'il y arrive. Partant de ce principe, que la nature est remplie de contrastes, qu'on y trouve le laid à côté du beau, le ridicule et le grotesque à côté du sublime, il représente ces mêmes contrastes sur la scène : il ne cherche pas, comme la tragédie, à élever, à ennoblir tout ce qu'il touche; il exprime la nature telle qu'elle est, comme une médaille qui reproduit en saillie les creux du moule où elle a été coulée. Au lieu d'idéaliser la nature, il préfère la matérialiser : l'atroce et l'horrible sont les éléments qu'il aime.

Même liberté dans le style : la noblesse, la correction sont pour le dramaturge des obstacles qu'il se plaît à braver, sous prétexte qu'il faut donner aux personnages un langage en harmonie avec leur position et leur éducation. Enfin, le drame romantique emprunte une grande partie de son effet au mouvement physique de la scène, aux machines, aux décorations, aux éclats de voix, aux surprises, aux grands coups de théâtre.

La Melpomène antique, la vraie tragédie, est une muse aux traits nobles et sévères, au geste modéré, sobre de mouvements, et se drapant majestueusement dans les plis de sa robe; elle est belle jusque dans ses fureurs; elle met de l'art jusque dans les convulsions de l'agonie. La Melpomène moderne a la physionomie grimaçante, l'œil hagard, le poignard toujours levé, la bouche toujours pleine de poisons. Sa voix, son geste, son regard, tout est tendu et forcé : elle ne cherche à plaire que par l'effroi qu'elle inspire.

La tragédie romantique est née spontanément chez les peuples modernes, à l'époque de la renaissance du théâtre.

En Angleterre, elle est créée par Shakspeare ; en Espagne, par Alarcon , Lope de Vega et Calderon ; en Allemagne, par Gœthe et Schiller. La France, longtemps fidèle à l'imitation classique des Grecs, a vu naître, dans les derniers temps, une réaction violente contre la tragédie : V. Hugo, A. de Vigny, A. Dumas, F. Soulié, lui ont donné un drame romantique.

Malgré tous les efforts de la critique, le drame l'a emporté ; il a presque tué la tragédie. Il a habitué le public à son allure indépendante, à ses émotions violentes et sensuelles : il l'a rendu avide de ces représentations fiévreuses qui ont quelques rapports avec les jeux du cirque et les combats de l'amphithéâtre.

Si le drame ne se laissait pas aller à ces excès , la littérature serait disposée à l'admettre comme un genre bon et nécessaire peut-être dans nos mœurs ; car il est certain qu'il a plus de passion, d'intérêt et de vérité que la tragédie : mais ses abus le font redouter des personnes de goût.

On appelle *mélodrame* une espèce de drame mêlé de chant, qui sert d'intermédiaire entre le drame et l'opéra.

§ IV. TRAGÉDIE LYRIQUE, OU OPÉRA.

Ce poème est destiné à être mis en musique et chanté. On distingue l'*opéra sérieux*, ou tragédie lyrique , de l'opéra *bouffe*, ou comique : nous ne parlerons ici que du premier ; le second appartient à la comédie.

La tragédie lyrique ne peut être astreinte aux règles fixes et sévères de la tragédie ordinaire : destinée à plaire surtout aux yeux et aux oreilles par le jeu mimique de la scène et par l'enchantement de la musique, sa composition littéraire devient d'une importance secondaire, et la plupart du temps, le spectateur s'inquiète peu des paroles. Nous avons même des *mimodrames* où toute l'action se fait par gestes, avec le seul secours de la musique.

Aussi laisse-t-on à l'auteur une grande latitude pour le choix et la disposition du sujet. Tout en représentant une action malheureuse, il peut y mêler des alternatives de joie, d'espérance et de plaisirs : par ce moyen, l'opéra admet tous les tons, toutes les pompes, toutes les merveilles de la scène, les danses, les féeries, le jeu des machines, les décorations éblouissantes, les effets les plus saisissants de l'harmonie musicale. Là, tout est fait pour émouvoir, étonner, enchanter le spectateur, pour ravir à la fois les sens et l'imagination par la réunion de tous les arts.

L'opéra peut emprunter ses sujets au ciel, à la terre et à l'enfer ; mettre à contribution l'histoire, la fable, le roman, la magie, le monde des chimères et des merveilles : de là une foule d'espèces d'opéras que nous n'essayerons pas de classer.

On distingue dans l'opéra le *récitatif*, qui est une sorte de déclamation musicale ; les *airs*, qui se placent dans les moments passionnés ; et les *chœurs*.

Quoique la composition littéraire de l'opéra soit trop souvent sacrifiée à la musique, et qu'elle soit le refuge ordinaire de la médiocrité, l'auteur qui tient à sa gloire ne doit pourtant pas en négliger l'ordonnance et le style. Un opéra bien écrit se lit toujours avec plaisir : c'est le style qui fera vivre les opéras de *Quinault*, de *Métastase* et de *Scribe*. D'ailleurs, le musicien se règle sur l'œuvre du poète : la beauté des vers, la vivacité des passions, le pathétique des situations, sont autant de moyens d'inspiration pour le compositeur.

Les vers de l'opéra sont libres et coupés, pour faciliter l'expression des mouvements de l'âme et favoriser la musique.

SECONDE SECTION.

Drame plaisant, ou Comédie.

§ I. DÉFINITION ET BUT DE LA COMÉDIE.

La comédie est la représentation d'une action montrée sous le côté ridicule, dans le but de corriger par le rire.

La tragédie peint les crimes des hommes pour les rendre odieux, leurs infortunes pour nous attendrir; la comédie peint les vices, les travers, les folies de l'humanité, pour les rendre ridicules ou méprisables, et les redresser.

1° *Moralité de la comédie.*

La comédie a donc un but moral : elle n'est pas seulement destinée à amuser, mais encore à instruire. Le poète comique n'est pas toujours un homme gai ; c'est souvent, comme Molière, un philosophe sérieux et observateur, qui connait à fond le cœur humain et la société, qui en saisit les côtés faibles et les traduit sur la scène avec génie ou avec esprit.

Cependant la comédie ne doit point s'ériger directement en école de morale; son effet est indirect : en montrant ses personnages ridicules, elle nous porte à éviter les défauts qui les rendent tels. Il faut avouer que ce but est rarement atteint : nous avons souvent trop bonne opinion de nous-mêmes pour nous reconnaître dans un portrait qui représente en tout ou en partie notre ridicule moral. Nous y découvrons plutôt notre voisin : c'est l'histoire de la besace dont parle La Fontaine. Quelquefois même nous rions de notre propre image en la reconnaissant, pour faire bonne contenance et cacher aux autres ce que nous cherchons à nous cacher à nous-mêmes : de toutes manières, l'effet moral est médiocre.

La comédie en se servant du ridicule, doit se garder de jamais abuser de cette arme terrible pour attaquer les personnes ou les choses dignes de respect, et encore moins pour les représenter sous une couleur fausse ; la malignité publique aime à se repaître du mal et à tout critiquer, même le bien ; l'auteur qui flatte ce penchant est coupable.

2° *Du comique.*

Le *comique* est ce qui provoque en nous l'hilarité.

D'où naît cette singulière puissance ? D'une quantité de causes, mais qui paraissent toutes se rattacher à un centre commun : le *contraste.*

Nous avons de chaque chose une idée naturelle ou acquise : c'est comme un type général auquel nous rapportons tout le reste. Or tout ce qui vient à heurter cette idée, à faire *contraste* avec ce type, excite en nous le sentiment du comique et provoque le rire. Ainsi, toute difformité physique ou morale, pourvu qu'elle n'ait rien de repoussant, paraît comique, parce qu'elle fait *contraste* avec l'idée que nous avons des convenances physiques et morales ; toute situation bizarre, toute idée singulière, extravagante, est comique, parce qu'elle *contraste* avec les idées simples, ordinaires et naturelles. Ainsi, l'on rit d'une physionomie irrégulière et grotesque, des travers d'un caractère, des manies de l'esprit ; on rit d'un vice qui trahit dans l'homme des sentiments déplacés ; on rit d'une chute, d'une dissonance, de la gaucherie mêlée à l'intention de plaire, d'un bon mot, d'une raillerie piquante, d'une malice qui réussit ou qui échoue ; on rit des surprises, des méprises, des mécomptes, de la gravité, comme de la folie ; il n'est pas un aspect de la vie humaine qui ne puisse prêter à la plaisanterie et devenir comique ; mais si l'on se rend compte de la cause qui amène le rire, on y trouvera toujours au fond un contraste, même quand on rit de rien, par contagion, ainsi que cela arrive souvent.

Comme on le voit, le répertoire du comique est immense : c'est une mine inépuisable comme les contrastes de la vie, comme les sottises et les ridicules de l'humanité. L'art du poète peut en multiplier les ressources à l'infini par les diverses combinaisons qu'il en fait ; il peut même en exagérer un peu l'expression, pour produire plus sûrement l'effet qu'il cherche.

3° Force comique.

Le génie du poète consiste à atteindre cette *force comique* dont parlaient les anciens, et qui se trouve dans Aristophane chez les Grecs, dans Plaute chez les Latins, et dans Molière chez les Français. Cette force, c'est l'expression risible du ridicule, qui ne s'atteint que par une observation profonde, par un jugement fin et une imagination vive. Elle résulte, soit d'une habile combinaison dans le plan, soit d'une situation amenée avec art et naturel, soit de la peinture vigoureuse des caractères. L'auteur ne se contente pas de quelques traits isolés ; il rassemble tous les traits épars, pour tracer un tableau complet, où il n'y aït plus rien à ajouter. C'est ainsi que l'*Avare* et le *Misanthrope* de Molière sont devenus des types immortels, des individualités morales, animées par le souffle du génie.

4° Diverses espèces de comique.

On distingue généralement trois espèces de comique : le *haut comique*, ou le comique *noble*, qui peint la société evée, les vices polis, les ridicules de la *bonne compagnie ;* est sérieux, délicat, et ne fait rire que l'esprit : tel est un bout à l'autre le *Misanthrope*.

Le *comique bourgeois*, qui peint les mœurs et les ridiles de la société moyenne : c'est le plus fécond et le plus cile à saisir ; le *Bourgeois gentilhomme*, par exemple.

Le *bas comique*, ou comique populaire, qui convient aux rsonnages inférieurs ; il doit être simple, naturel, naïf, ais jamais grossier : la grossièreté, la charge choquent ujours au théâtre les gens de goût : il faut laisser le bursque aux tréteaux de la foire.

Les trois genres de comique peuvent se trouver dans ne même pièce, comme, par exemple, dans le *Don Juan* Molière.

Il faut ajouter aussi que la comédie s'attendrit parfois et it verser des larmes ; c'est ce qu'on appelle le *comique rmoyant* : mais alors elle se rapproche du drame : l'*Anrienne* de Térence, et *Nanine* de Voltaire, en sont des xemples. Scribe a plusieurs pièces dans ce genre.

5° *Règles de la comédie.*

La première règle, c'est l'étude de la nature.

Que la nature donc soit votre étude unique,
Auteurs qui prétendez aux honneurs du comique.
Quiconque voit bien l'homme, et, d'un esprit profond,
De tant de cœurs cachés a pénétré le fond ;
Qui sait bien ce que c'est qu'un prodigue, un avare,
Un honnête homme, un fat, un jaloux, un bizarre,
Sur une scène heureuse il peut les étaler,
Et les faire à nos yeux vivre, agir et parler.

BOILEAU. *Art poét.*

La combinaison de l'action varie suivant les espèces de omédie : elle est simple dans les pièces de mœurs, compliquée dans les pièces d'intrigue. L'action doit toujours marcher vivement au but.

L'observation des unités de temps et de lieu paraît être moins rigoureuse encore pour la comédie que pour la tragédie : dans la haute comédie, ces unités font pourtant un excellent effet ; on aurait tort de les négliger.

La marche de la comédie ressemble à celle de la tragédie : elle a une exposition, un nœud, des péripéties, un dénoûment.

C'est surtout au troisième acte qu'on doit développer tout l'éclat, toute l'énergie de l'intrigue ou des caractères. La loi capitale de l'intérêt, c'est de suivre une gradation sensible dans le développement de l'action, et d'économiser les moyens qui font rire, pour ne pas laisser languir le spectateur à la fin. C'est toujours au troisième et quatrième acte que Molière porte ses grands coups.

6° Différentes espèces de comédies.

La comédie emploie différents moyens pour amuser ; de là deux espèces de comédies : la *comédie de mœurs* et la *comédie d'intrigue.*

Comédie de mœurs et de caractère.

La comédie de mœurs a pour but de peindre soit un caractère unique, et alors on l'appelle aussi *comédie de caractère*, soit un côté particulier des mœurs générales.

Le caractère que l'on veut peindre doit dominer tous les autres, l'*Avare* de Molière, le *Menteur* de Corneille, le *Glorieux* de Destouches. Ici, l'action est subordonnée au caractère : tout doit tendre à le faire ressortir ; aucun trait capital ne doit être omis ; il est même ordinairement un peu outré, car l'auteur peint en lui moins un individu que toute une classe d'individus, en réunissant sur le même type tous les traits épars : c'est ainsi que les noms d'*Harpagon*, d'*Alceste*, de *Tartufe* et de *Turcaret* (1) deviennent des individualités stéréotypées dans la langue.

Quelquefois l'auteur peint à la fois plusieurs caractères, sans en présenter un seul dominant, comme Molière dans les *Femmes savantes*, l'*École des Maris* et l'*École des Femmes* : c'est alors une *comédie mixte*.

Une comédie de caractère est d'autant meilleure qu'elle peint des mœurs plus générales, parce qu'ainsi elle est sûre de plaire dans tous les temps et dans tous les pays : c'est ce qui assure l'immortalité aux grandes œuvres de Molière.

Quand la comédie peint les mœurs particulières et locales, elle peut obtenir d'abord un plus grand succès ; mais ce succès est passager : il s'efface avec le ridicule qui l'a fait naître. Ainsi, les *Précieuses ridicules* de Molière ont eu jadis plus de succès que le *Misanthrope;* mais cette vogue a été limitée à la France et au siècle de Louis XIV : de nos jours, elles n'amusent plus que par souvenir, et dans mille ans le *Misanthrope* sera encore neuf et vrai. Voilà pourquoi toutes les pièces d'actualité et de circonstance ne sont que des *bluettes* éphémères, aujourd'hui étincelantes de gaieté, demain éteintes dans la nuit de l'oubli. L'auteur qui court après le succès du moment ne se fonde pas une gloire durable : l'auteur de génie qui peint l'homme en général coule en bronze sa propre statue.

Comédie d'intrigue et autres.

La comédie d'intrigue consiste dans un enchaînement

---

(1) Pièce de Le Sage.

d'aventures plaisantes, qui se compliquent de plus en plus, et tiennent le spectateur en haleine jusqu'au dénoûment. Là, c'est l'action qui est l'objet principal de la pièce ; les caractères et les mœurs ne doivent pas y être négligés, mais ils sont d'une importance secondaire : tel est l'*Envieux* de Destouches.

Outre les deux classes précédentes de comédies, nous en distinguons encore d'autres, d'après leur forme ou leur objet.

La *comédie larmoyante*, qui mêle l'attendrissement à la gaieté : *Nanine* de Voltaire, *Valérie* de Scribe.

La *comédie-ballet*, où l'on introduit des pantomimes et des danses : le *Malade imaginaire* de Molière.

La *farce* ou *comédie populaire*, qui est une caricature des mœurs ; elle vise à exciter le gros rire par une peinture chargée des mœurs et des ridicules : l'*Avocat patelin* ; les *Plaideurs* de Racine ; *Scapin*, *Pourceaugnac*, le *Médecin malgré lui* de Molière.

Les *pièces à tiroir* ou *à scènes détachées*, dont les scènes sont autant d'épisodes, sans liaison entre elles : les *Fâcheux* de Molière.

La *parodie*, qui travestit un sujet sérieux ; c'est une composition triviale et facile, dont le résultat trop fréquent est de détruire l'admiration de ce qui est beau : le *Mauvais Ménage*, parodie de la *Marianne* de Voltaire.

L'*opéra-comique*, comédie d'intrigue mise en musique.

Le *vaudeville*, petite comédie d'intrigue où l'on introduit des couplets : ce sont les chansons qui font donner leur nom à ces pièces. Le mérite est d'amener à propos les couplets, et de leur donner une pointe de gaieté et d'esprit qui les fasse vivre dans la mémoire.

Le *proverbe* est une petite comédie dont l'intrigue a pour but de faire ressortir une vérité proverbiale : le dénoûment est comme la sentence de la pièce.

Style de la comédie.

Le style de la comédie doit être simple, aisé, clair et naturel. Son principal ornement est la netteté et la vivacité : la pompe et les grands mots en sont bannis. Les pensées doivent être fines, délicates, ingénieuses et piquantes, mais sans effort et sans recherche. Il faut, dans le dialogue, de la vérité, de l'aisance, des réparties vives et bien suivies, exemptes de babil et de prétention. L'esprit doit régner partout, mais naturel et vrai, sortant comme de lui-même du fond des choses et des mots, tantôt naïf, tantôt étincelant de verve et de gaieté. Ce que l'auteur ne doit jamais oublier, c'est l'élégance de la diction. Sans le style, les comédies les plus gaies et les plus heureuses ne vivent pas dans la littérature, parce que la lecture en est insipide en dehors de la scène.

Du reste, le style varie suivant la nature de la pièce et la position des personnages : il s'abaisse ou s'élève au besoin pour prendre tous les tons. Dans les *Femmes savantes*, la servante Martine parle tout autrement que Philaminte et Bélise.

La comédie s'écrit en vers et en prose ; sous l'une ou l'autre forme, c'est toujours le ton de la conversation ; mais il est certain que les vers ont sur la prose l'avantage de l'élégance et de la rapidité (1).

---

(1) Principaux auteurs comiques :

GRECS.

Aristophane, Ménandre.

LATINS.

Plaute, Térence.

FRANÇAIS.

Au moyen âge, les *farces* et les *soties*. Larivey, Mairet, Cy-

CHAPITRE V.

GENRE DIDACTIQUE ET DESCRIPTIF EN VERS.

§ I. POÉSIE DIDACTIQUE.

Le *poème didactique,* comme son nom l'indique, est celui qui a pour but spécial d'instruire. Il s'adresse moins à l'imagination qu'à la raison. Il peut embrasser tous les sujets sérieux, tels que les sciences, les arts, la morale, la religion.

Dans les autres genres de poésie, l'instruction est subordonnée à l'amusement; dans celui-ci, c'est l'amusement qui est subordonné à l'instruction. L'auteur prend le ton dogmatique, il enseigne: il oublie la fiction pour parler le langage de la vérité.

---

rano de Bergerac, P. Corneille, Scarron, Molière, Racine, Quinault, Brueys et Palaprat, Regnard, Baron, Montfleury, Visé, Dufresny, Dancourt, Voltaire, Destouches, Lamotte, Marivaux, Piron, Gresset, Collé, Favart, Sedaine, Desmahis, Boissy, Lesage, Barthe, Beaumarchais, Fabre d'Églantine, Andrieux, C. Delavigne, Étienne, Picard, C. Bonjour, O. Leroy, Scribe, Clairville, Carmouche, Mélesville, Ancelot, Viennet, Bayard, A. de Musset, E. Augier.

ANGLAIS.

Shakspeare, Ben-Johnson, Fletcher et Beaumont, Otway, Schadwell, Congrève, Farquhar, Wecherley, les deux Cibber, Foote, Garrick, Murphy, Sheridan, Steele.

ALLEMANDS.

Hans-Sachs, Ayrer, Élie Schlegel, Lessing, Gebler, Weisse, Gœthe, Tieck, Kotzebue, Schrœder, Ayrenhoff, Castelli, Holbein, Bauernfeld.

Le poème didactique est une sorte de traité régulier sur un sujet sérieux et utile; il s'attache à poser les principes d'un art ou d'une science, à prouver une vérité philosophique ou morale; mais il revêt son langage de tous les charmes de la versification.

Le poème didactique est surtout exposé à un écueil, la froideur. Pour traiter avec charme un sujet sérieux, l'auteur doit rechercher trois qualités essentielles : l'*interêt du sujet même*, l'*ordre*, la *beauté de l'élocution*.

Le sujet doit avoir un fond solide et intéressant, qui donne à l'imagination quelque prise.

L'ordre est surtout nécessaire dans une composition où la raison a la plus grande part. Pourtant cet ordre ne doit pas être trop apparent, trop rigoureux : il en résulterait une sécheresse pédantesque et rebutante. Les idées doivent s'enchaîner par des liens de fleurs.

Pour rompre la monotonie du poème didactique et reposer le lecteur en l'amusant, on y introduit des descriptions et des épisodes ; l'art consiste à les amener naturellement,

---

ITALIENS.

Arioste, Machiavel, Arétin, Firenzuola, Dolce, Gelli, Lasca, Cecchi, d'Ambra, Porta, Goldoni, Rossi, Giraud.

ESPAGNOLS.

Naharro, Cervantes, Lope de Vega, Montalvan, Alarcon, Calderon, Solis, Morto, Zarate, de Hoz, Molina, Roxas, Zamora, Cannizarez.

PORTUGAIS.

Gil Vicente, Miranda, Ferreira, Diniz de la Cruz.

RUSSES.

Volkoff, Soumarokoff, Kniajnine, Fon-Visine, Ablésimoff, Chakofskoï, Gogol, Griboïedoff.

DANOIS.

Holberg, Heiberg, père et fils, OEhlenschlæger.

et à les bien encadrer dans le sujet. Virgile excelle sous ce rapport : les épisodes de ses *Géorgiques* sont des morceaux achevés.

Enfin, le style doit être le principal ornement du poème : c'est par là que le sujet se relève et s'embellit. On aime à voir le poète lutter contre les difficultés d'une matière stérile, l'enrichir de tous les trésors de l'imagination, l'orner de figures, de tours harmonieux et hardis, et nous enchanter en nous instruisant. La clarté, la justesse, la précision, sont aussi des qualités indispensables à ce style (1).

§ II. POÉSIE DESCRIPTIVE.

Le poème descriptif est une extension, un abus du poème didactique ; il décrit pour décrire, sans avoir précisément une intention morale ou un but scientifique.

Ce genre appartient aux temps modernes. Les anciens étaient sobres de détails ; ils voyaient surtout l'objet dans l'ensemble, d'un coup-d'œil synthétique ; ils se contentaient de le décrire en peu de mots, par les traits les plus saillants. Les modernes ont l'esprit d'analyse et d'observation joint à un goût minutieux et raffiné ; ils s'arrêtent cu-

---

(1) Principaux poëtes didactiques.

GREC.

Hésiode.

LATINS.

Virgile, Horace, Lucrèce.

PERSAN.

Sadi.

ANGLAIS.

Prior, Pope, Thompson, Sommerville, Cowper, Amstrong.

FRANÇAIS.

Boileau, Louis Racine, Voltaire, Saint-Lambert, Lemierre, Roucher, Legouvé, Delille, Fontanes, Berchoux, Esménard.

ALLEMANDS.

Opitz, Haller, Breitinger, Wieland, Ruckert.

rieusement autour de chaque objet, et ne l'abandonnent souvent qu'après en avoir épuisé la peinture ; ils aiment à se perdre dans les détails, dans la contemplation vague et la rêverie mélancolique : c'est de cette tendance qu'est né le genre descriptif en vers comme en prose.

Ce genre est le plus facile, parce qu'il ne demande ni invention, ni ordre, ni ensemble, ni disposition de parties ; il présente une succession de tableaux dont chacun séparément peut avoir du mérite, mais dont la réunion offre une fastidieuse monotonie.

Le poète qui décrit cherche à briller par l'imitation de la nature, par la symétrie des vers, par la cadence habilement calculée, par la pompe des mots et l'harmonie des sons ; mais cette poésie, qui lutte d'expression avec la nature, parle plus à l'oreille qu'à l'âme, et est trop souvent vague et creuse ; elle s'avilit en devenant un ingénieux mais puéril mécanisme. Delille, avec sa merveilleuse facilité pour tout décrire en vers, nous fait bien sentir, par la fatigue qu'il nous cause, le grave inconvénient des poèmes purement descriptifs.

La description a sans doute des charmes : en nous détaillant les beautés de la création, elle élève notre âme au Créateur ; mais il faut qu'elle soit bornée, et que la vie ou le sentiment l'anime. L'homme est fait pour l'action ; le poème, qui marche et agit, convient mieux à sa nature. Lamartine, dans son poème intitulé *Jocelyn*, nous offre de ravissantes descriptions, mais qui fatiguent par leur richesse même et leur abondance (1).

---

(1) Citons parmi les poètes descriptifs : en France : Saint-Lambert, Delille, Michaud, Campenon.—En Angleterre : Young, Akenside, Grahame, Campbell, Byron, Shelley. — En Danemark : Tullin.

Nous devons rapprocher du genre didactique la *fable*, la *satire* et l'*épître*, qui ont aussi pour but d'enseigner quelque chose.

CHAPITRE VI.

§ I. APOLOGUE, OU FABLE.

L'apologue est une petite épopée où l'on peut mettre en action les dieux, les hommes, les animaux et les êtres inanimés.

Le but de la fable est de présenter une instruction utile, que l'on nomme *moralité*.

Une instruction directe, qui ressemble à une remontrance, peut souvent choquer notre amour-propre : on n'aime pas à être corrigé par ses égaux ; on redoute les leçons austères d'un supérieur. La fable, en couvrant d'un voile ingénieux et agréable l'image de la raison et du devoir, nous instruit et nous corrige par une insinuation douce et bienveillante. Son langage n'a rien d'impérieux ; elle plaît à l'enfance, à l'âge mûr et à la vieillesse. Si elle est présentée avec une tournure heureuse et piquante, avec un style simple, riant, gracieux et surtout naïf, elle revêt un charme inexprimable ; elle devient un puissant auxiliaire pour initier l'homme à la sagesse, aux idées morales et pratiques, aux règles du bon sens, de la justice et de la raison.

Qualités de l'apologue.

L'action de la fable, comme celle de l'épopée, doit avoir de l'*unité*, de la *justesse*, du *naturel ;* de plus, il faut qu'elle ait une étendue convenable, mais sans longueurs, avec un commencement, un milieu et une fin.

L'action de la fable est allégorique, et couvre toujours une vérité morale.

La vérité doit naître de la fable, dit Lamotte. Cette vérité ou moralité doit en sortir naturellement et sans effort. L'auteur l'exprime ordinairement lui-même par une sorte de sentence courte et frappante, qu'il place au commencement ou à la fin du récit. Le plus souvent la moralité termine l'apologue, pour laisser au lecteur le temps et le plaisir de la deviner : la fable y gagne en intérêt. Quelquefois le sens moral est tellement clair qu'on se dispense de l'exprimer.

La simplicité et la naïveté font les plus grands charmes de la fable. Ces deux qualités découlent du naturel et du vrai, c'est-à-dire de l'espèce de bonne foi ingénue et crédule avec laquelle l'auteur expose son récit.

La simplicité et la naïveté n'excluent pas une légère pointe de finesse et de malice, mais sans recherche ni affectation ; l'esprit doit se cacher sous une apparence de bonhomie qui fasse illusion : nulle part le bel esprit n'est plus déplacé que dans la fable.

De tous les fabulistes connus, c'est La Fontaine en France, et Kryloff en Russie, qui nous semblent l'expression la plus complète du génie de la fable ; ils en ont porté la perfection à un degré inimitable et sublime ; leur popularité tient surtout à ce que chacun d'eux a reproduit admirablement le caractère de sa nation.

Origine de l'apologue.

L'apologue paraît avoir pris naissance dans l'imagination vive et métaphorique des Orientaux, qui croyaient à la métempsycose, et prêtaient aux animaux le sentiment et la raison : c'est chez eux que nous trouvons les plus anciens apologues, employés dans les discours religieux, moraux et philosophiques. Ce n'était donc pas dans l'origine un genre de littérature, mais un accessoire du discours, un moyen énergique et agréable de rendre plus sensibles certaines vérités.

L'Inde nous présente les fables de *Bidpai* ou *Pilpai*, et l'Arabie celles de *Lokman*, traduites de nos jours.

Les Grecs reçurent sans doute la fable de l'Orient; Hésiode a placé dans un de ses poèmes celle de l'*Epervier et du Rossignol*; Stésichore adressa aux Himériens celle du *Cheval et du Cerf*. Le Phrygien Ésope, qu'on a regardé à tort comme l'inventeur de l'apologue, légua aux Grecs la sagesse orientale de ses fables, mais de vive voix et sans rien écrire; il fit sentir le premier la puissance de ce moyen oratoire, auquel il dut sa célébrité. La franchise de son langage le fit précipiter, à Delphes, du haut d'un rocher. Ses ingénieux récits restèrent dans la mémoire des hommes, et l'on en fit par la suite différents recueils en prose. Ces fables étaient d'une simplicité et d'une brièveté extrêmes. Socrate, pour tromper l'ennui de sa prison, entreprit de mettre en vers les fables d'Ésope, et montra le premier qu'on pouvait faire de l'apologue un genre particulier de composition.

A Rome, Ménénius-Agrippa avait ramené le peuple mutiné du Mont-Sacré dans la ville, en lui racontant la fable des *Membres et de l'Estomac*. Phèdre, esclave grec amené à Rome et affranchi par Auguste, imita Ésope, et se montra original avec succès ; ses fables sont courtes, ses vers élégants et d'un style très-pur.

La fable convenait singulièrement à l'esprit fin et naïf de nos pères : outre les nombreux fabliaux que nous présente le moyen-âge, citons le recueil de fables de Marie de France, tirée en partie d'Ésope.

La Fontaine a puisé à toutes les sources : il a copié, imité, traduit ; et pourtant jamais écrivain n'atteignit un plus haut degré d'originalité. C'est qu'il a su tellement s'identifier avec tous les sujets, les revêtir d'un caractère et d'un style tellement inimitables, qu'il est arrivé à personnifier la fable en lui-même. En faisant agir et parler ses personnages sous les yeux du lecteur, il a fait de la fable

> Une ample comédie à cent actes divers (1).
>
> LA FONTAINE.

---

(1) Fabulistes remarquables :

INDE.

Bidpaï ou Pilpaï.

ARABIE.

Lokman.

GRÈCE.

Ésope, Babrius.

ROME.

Phèdre, Avianus.

FRANCE.

Marie de France, La Fontaine, Lamotte, Florian, Aubert, Arnault, Bailly, Viennet.

ALLEMAGNE.

Hagedorn, Gellert, Zacharie, Lessing, Pfeffel, Lichtwer.

ANGLETERRE.

Dryden, Gay.

HOLLANDE.

Jacob Cats.

ITALIE.

Roberti, Passeroni, Pignotti.

RUSSIE.

Dmitrieff, Kryloff.

§ II. MÉTAMORPHOSE.

La *métamorphose* se rapproche de la fable : elle raconte les transformations fabuleuses des êtres et leurs changements de nature. Ovide a composé plusieurs livres de métamorphoses, et les a revêtues de toutes les richesses de son style. La Fontaine en a imité quelques-unes, telles que *les Filles de Minée, Philémon et Baucis.*

§ III. CONTE.

Le *conte* en vers est un récit fabuleux, dont le but est d'amuser et d'instruire. Il est plus hardi, plus aventureux que la fable et l'épopée ; son allure est libre et capricieuse : comme il n'est jamais pris au sérieux, il peut étendre son domaine dans les régions les plus lointaines de la fantaisie. Il doit régler sa marche et sa longueur d'après l'intérêt qu'il inspire. On aime à y voir des scènes dialoguées, ingénieuses et piquantes, où les caractères et les mœurs se joignent avec finesse et vivacité : tels sont les contes d'Andrieux, etc.

CHAPITRE VII.

SATIRE.

Son origine.

La satire touche de près à la comédie ; chez les Grecs, elle prit même naissance sur le théâtre : les comédies d'Aristophane sont essentiellement satiriques. Le poète, alors, ne se contentait pas de censurer en général les vices et les travers de l'homme, il traduisait les individus sur la scène, avec leur nom, leur costume, leur physionomie : cette licence ne put être arrêtée que par des lois sévères.

A Rome, la satire commença aussi sur le théâtre, dans les vers *fescenniens*. Ennius la tira de la place publique, et en composa ces poèmes pleins de variété et de malice qui prirent le nom de *satires*, mot qui voulait dire mélange. Lucilius, qui vint ensuite, donna à la satire un tour nouveau et une forme plus piquante. Boileau a fort bien caractérisé les satiriques latins dans les vers suivants :

> Lucile, le premier, osa la faire voir ;
> Aux vices des Romains présenta le miroir,
> Vengea l'humble vertu de la richesse altière,
> Et l'honnête homme à pied du faquin en litière.
> Horace à cette aigreur mêla son enjouement :
> On ne fut plus ni fat ni sot impunément ;
> Et malheur à tout nom qui, propre à la censure,
> Put entrer dans les vers sans rompre la mesure !
> Perse, en ses vers obscurs, mais serrés et pressants,
> Affecta d'enfermer moins de mots que de sens.
> Juvénal, élevé dans les cris de l'école,
> Poussa jusqu'à l'excès sa mordante hyperbole.
> Ses ouvrages, tout pleins d'affreuses vérités,
> Etincellent pourtant de sublimes beautés.

Règles de la satire.

La satire est un discours en vers, où l'on attaque directement les vices et les travers des hommes, de même que les erreurs de l'esprit et le mauvais goût littéraire.

La satire n'a pas pour but de publier les vices et les scandales, d'exciter les passions haineuses ni de repaître la malignité publique. Elle ne doit pas remuer la fange ni étaler de cyniques tableaux, sinon elle corrompt les mœurs au lieu de les corriger : Juvénal mérite ce reproche.

La vraie satire attaque les vices généraux de la société, frappe le ridicule sans avilir les personnes, flétrit le mal, le préjugé, l'erreur, sans sortir des bornes des convenances, sans blesser le goût ni la pudeur. Sous ce rapport, Boileau, dans ses satires, est un modèle de bon ton et d'esprit.

Le style de la satire doit briller par la vivacité et l'énergie : il doit mordre et laisser au front du vice des stigmates ineffaçables ; car si la satire ne corrige pas, elle punit au moins le mal. L'ïambe était le vers autrefois consacré à la satire.

La satire, ordinairement peu étendue, prend quelquefois de larges dimensions ; on l'appelle alors poème satirique; tels sont : *les Tragiques* de d'Aubigné, *la Dunciade* de Pope, *les Délateurs* de Dupaty.

L'*épigramme* est la menue monnaie de la satire (1).

---

(1) Satiriques célèbres :

GRECS.

Archiloque, Aristophane.

LATINS.

Pacuvius, Ennius, Lucilius, Horace, Perse, Juvénal.

FRANÇAIS.

La satire *Ménippée* (prose et vers), Regnier, Boileau, Voltaire, Gilbert, Barbier.

ALLEMANDS.

Fischart, Brandt, Murner, Laurenberg, Rachel, Liscof, Rabener, Glein, Falk.

RUSSES.

Kantemir, Dmitrieff, Chakofskoï.

ANGLAIS.

Wyatt, Rochester, Dryden, Prior, Pope, Young, Churchill, Byron.

DANOIS.

Holberg.

HOLLANDAIS.

Vondel.

ESPAGNOLS.

Lupercio, Léonard d'Argensola, Barthélemy d'Argensola.

CHAPITRE VIII.

ÉPITRE.

L'*épître* est une lettre en vers qui peut prendre tous les tons, depuis le plus familier jusqu'au plus élevé. Il n'est pas de sujet qu'elle ne puisse faire entrer dans son domaine. Horace, dans une épître à Auguste, développe d'excellents principes de littérature ; Boileau raconte le passage du Rhin sur le ton de l'épopée ; Gresset déroule toutes les grâces de son vers facile dans la description de sa *Chartreuse.*

L'épître, selon le ton et le sujet qu'elle choisit, se distingue en *épître sérieuse* et en *épître familière.* L'épître sérieuse est rapide, animée, concise, mais toujours relevée par une tournure piquante et ingénieuse. L'épître familière prend un air de négligence et de liberté ; elle badine agréablement, elle sème partout la saillie, les traits d'esprit et la grâce. Voltaire est inimitable dans ce dernier genre. Quant au style de l'épître, il doit, comme le caméléon, prendre la couleur de chaque objet qu'il touche.

On nomme *héroïde* une sorte d'épître où figurent des héros animés de quelque passion : telles sont les *Héroïdes* d'Ovide. L'héroïde est souvent élégiaque.

Il y a aussi des épîtres mêlées de prose, où l'auteur cherche à briller par la délicatesse et la grâce (1).

---

(1) Auteurs d'épîtres :

LATINS.

Horace, Ovide.

CHAPITRE IX.

DE L'ÉLÉGIE.

La plaintive élégie, en longs habits de deuil,
Sait, les cheveux épars, gémir sur un cercueil.

BOILEAU, *Art poét.*

L'élégie dont le nom signifie *dire hélas!* est le poème de la douleur et de la plainte. Son ton habituel est la mélancolie : pourtant chez les Grecs, elle eut d'abord un caractère guerrier, comme dans les chants de Tyrtée; ce fut Mimnerme qui la rendit plaintive et touchante. Chez les latins, l'élégie prit encore un autre ton ; elle chanta dans les vers de Tibulle et de Properce, les peines et les plaisirs de l'amour.

Le rhythme élégiaque était le distique, composé d'un vers hexamètre et d'un vers pentamètre.

Le poète élégiaque se plaît à verser des larmes, à exhaler sa douleur par des expressions tantôt vives et entrecoupées, comme des sanglots qui partent de l'âme ; tantôt

---

FRANÇAIS.

Marot, Boileau. Voltaire, Gresset, J.-B. Rousseau, Millevoye, Guiraud, Lebrun, Saintine.

ALLEMANDS.

Wieland, Gleim.

ANGLAIS.

Prior, Pope, Cowper, Th. Moore.

RUSSES.

Dmitrieff, Joukofski, Voïeikoff, Batuchkoff, Pouchkine.

PORTUGAIS.

Ferreira, Bernadès, Manoël, Garçao.

douces et harmonieuses, comme les soupirs prolongés de la souffrance. Il chante sa peine sur tous les tons, la peint sous toutes les couleurs ; il cherche à y intéresser tout ce qui l'entoure, le ciel, la terre, les êtres animés et inanimés ; mais tout sert à la nourrir, à l'envenimer. Parfois l'espérance lui envoie un rayon consolateur, et alors il sourit au milieu de ses larmes ; mais bientôt le malheur ressaisit sa victime ; l'élégie se noie dans les pleurs et caresse l'image de la mort.

L'écueil de l'élégie, c'est d'énerver l'âme : malgré le soulagement passager qu'elle procure, elle affaiblit et décourage ceux qui se livrent avec trop d'abandon au charme décevant de ces gémissements de la poésie : il est dangereux de se laisser trop aller à la volupté des larmes.

Pour être morale et consolatrice, l'élégie ne doit pas s'enfoncer dans le désespoir, mais elle doit élever son regard vers le ciel et aspirer à Dieu. Lamartine a bien compris cette mission sainte de l'élégie : sa poésie est vraiment celle des cœurs tendres et affligés.

Mais c'est du ciel que descend toute consolation ; c'est dans les Livres saints qu'il faut aller chercher la plus haute inspiration élégiaque. Là, ce n'est plus le langage humain, c'est Dieu lui-même qui parle par les prophètes ; c'est lui qui met dans la bouche de David l'expression la plus vraie et la plus touchante de la douleur de l'âme, tempérée par les élans de la foi et de l'espérance religieuse : telle est entre autres le psaume qui chante la captivité de Babylone (*Super flumina Babylonis*), et que Châteaubriand appelle *le plus beau des cantiques sur l'amour de la patrie*. Les *Lamentations de Jérémie* sont aussi d'admirables élégies, véritables chants funèbres de la patrie expirante, de Jérusalem, la reine des nations, assise dans l'abandon, la tristesse et le veuvage. Ces complaintes du prophète portent jusqu'au sublime l'émotion religieuse de la douleur. Plusieurs passages de Job et d'Ézéchiel peuvent aussi être regardés comme de vraies élégies.

L'élégie, hymne de la douleur, se rencontre surtout aux époques de civilisation où les malheurs publics et privés pèsent sur les âmes, les replient sur elles-mêmes et les découragent ; où les passions, et surtout l'amour, tendent au raffinement et se prêtent à une analyse intime.

Voilà pourquoi notre époque a été marquée par un débordement d'élégies : jamais on ne vit tant de poètes entonner des chants de douleur et de mort. Plusieurs avaient sans doute à exprimer des peines réelles ; plusieurs, comme Millevoye et Gilbert, ont chanté au bord de la tombe : aussi leurs vers portent-ils l'empreinte d'un sentiment vrai et profond ; mais d'autres n'ont chanté que des douleurs factices et caressé que des chimères ; ils mouraient par métaphore, et riaient sous cape de voir le public s'attendrir sur leurs infortunes. Nous avons eu un moment de monomanie élégiaque qui heureusement est passé.

L'élégie moderne a eu de hardies inspirations, et s'est souvent rapprochée de la poésie lyrique au point de se confondre avec elle. Les *Messéniennes* de C. Delavigne sont des chants patriotiques à la manière de Tyrtée ; les poésies de Lamartine et de Byron sont souvent des élégies au large essor (1).

---

(1) Principaux poètes élégiaques.

GRECS.

Callinus, Mimnerme, Simonide.

LATINS.

Properce, Catulle, Tibulle, Ovide.

RUSSES.

Glinka, Joukofsky, Pouchkine, Batuchkoff.

CHAPITRE X.

GENRE PASTORAL.

La poésie pastorale est un petit tableau dramatique de la vie champêtre, dont les personnages sont ordinairement des bergers ; elle nous montre les mœurs de la campagne avec des charmes qui nous les font aimer.

Il ne faut pas croire que la poésie pastorale appartienne à l'âge d'or ou à la vie patriarcale ; elle n'en est qu'un reflet lointain et un souvenir ; elle apparaît aux époques où la civilisation, déjà avancée, incline vers la corruption et la décadence. C'est alors, en effet, que les hommes, blasés sur les plaisirs tumultueux et factices des cités, se reportent, par le souvenir, aux douces jouissances des temps

---

SUÉDOIS.

Stanéglius, Tégner, Geyer, Bœttinger.

PORTUGAIS.

Miranda, Ferreira.

FRANÇAIS.

Malherbe, La Fontaine, Gilbert, A. Chénier, Millevoye, C. Delavigne, Lamartine, V. Hugo, Reboul, A. Soumet, A. Guiraud, Sainte-Beuve, A. de Vigny, E. Deschamps, J. Lefèbre ; mesdames Desbordes-Valmore, Tastu, Mélanie Valdor, L. Colet, Élisa Mercœur, Anaïs Ségalas.

ANGLAIS.

Tickel, Gray, Th. Moor, Byron.

ITALIENS.

Métastase, Silvio-Pellico.

ALLEMANDS.

Goëthe, Hoelty, Gleim, Tiedge.

primitifs ; ils éprouvent le besoin d'aller se retremper aux sources du beau et du vrai, c'est-à-dire dans la nature. Ainsi, c'est par contraste que la poésie pastorale trouve de l'écho dans les âmes. Théocrite, Virgile, Florian sont des poètes de cour qui prouvent la vérité de ce que nous venons de dire.

La poésie pastorale est donc une sorte d'idéal fictif et allégorique ; elle chante la campagne à la ville ; elle l'aime en imagination plus qu'en réalité ; ses bergers sont des bergers de convention ; les scènes rustiques sont embellies des riantes couleurs de la poésie.

La pastorale ne peut, il est vrai, entrer dans la réalité, trop souvent grossière et pénible, de la vie des gens de la campagne : rien n'est moins heureux ni moins poétique. D'un autre côté, elle doit craindre, en voulant l'embellir, de sortir du naturel et de tomber dans l'affectation et le raffinement, comme l'a fait Florian. Il faut tenir un certain milieu entre ces extrêmes. Les bergers doivent être placés à une époque où régnaient l'aisance, l'égalité, l'innocence ; il ne faut montrer que le côté poétique, riant et gracieux de leur existence ; leur langage sera simple et naïf, sans grossièreté comme sans recherche et sans bel esprit ; ils plairont par l'innocence et l'ingénuité de leurs mœurs. La campagne sera ainsi présentée sous son point de vue le plus aimable et le plus attrayant, dans un idéal vraisemblable.

§ I. ÉGLOGUE ET IDYLLE.

La poésie pastorale ou bucolique comprend l'*idylle* et l'*églogue* : le mot idylle veut dire petite pièce, petit tableau ; et le mot églogue, pièce de choix. La différence entre ces deux genres est à peu près nulle.

Il y a des poésies pastorales qui se rapprochent du genre lyrique, d'autres du genre narratif ; d'autres, enfin, sont de petits drames où le poète fait parler ses personnages. Cette variété nous fait voir que la pastorale s'est permis de traiter toutes sortes de sujets. Dans Théocrite, le *Combat de Pollux et d'Amycus* est un morceau épique ; dans Bion, le *Chant funèbre d'Adonis* appartient à l'élégie : mais la vraie pastorale doit toujours être champêtre. Écoutons ce qu'en dit Boileau :

> Telle qu'une bergère, au plus beau jour de fête,
> De superbes rubis ne charge point sa tête,
> Et, sans mêler à l'or l'éclat des diamants,
> Cueille en un champ voisin ses plus beaux ornements ;
> Telle, aimable en son air, mais humble dans son style,
> Doit éclater sans pompe une élégante idylle.
> Son tour simple et naïf n'a rien de fastueux,
> Et n'aime point l'éclat d'un vers présomptueux.
>
> *Art poétique.*

§ II. HISTORIQUE DE LA PASTORALE.

L'Écriture sainte nous offre d'admirables modèles de la vie pastorale dans le tableau de l'existence des patriarches. Le livre de Ruth est une véritable églogue pleine de pureté et de simplicité : Florian l'a mise en vers avec bonheur.

Théocrite, né à Syracuse, passa en Égypte à la cour de Ptolémée Philadelphe. Dans ses idylles, il peint les mœurs champêtres avec une simplicité et une vérité inimitables ; ses vers sont pleins de grâce et d'harmonie ; Bion et Moschus, ses contemporains, sont moins naturels.

Virgile imita Théocrite sans l'égaler ; ses églogues pèchent par l'uniformité et la monotonie des personnages

Admirable dans son style, il lui manque la naïveté qui caractérise son modèle.

Il est difficile, en effet, à la pastorale de rester dans cette région moyenne que nous avons indiquée : en voulant éviter la bassesse, elle tombe presque aussitôt dans l'excès contraire, c'est-à-dire dans l'affectation et la subtilité. Les Italiens, portés naturellement au faux brillant, n'ont pas manqué de donner à leurs bergers le jargon raffiné du bel esprit et de la galanterie.

En France, Racan, Segrais et madame Deshoulières ont des traits heureux, mais beaucoup d'imperfections. Lamotte, Fontenelle, Florian sont des bergers poudrés, musqués et spirituels, qui ne promènent jamais leur houlette que dans les salons et les palais.

Seul parmi les modernes, Gessner marche à côté de Théocrite et de Virgile. Il a retrouvé la pastorale dans les montagnes de l'antique Helvétie, au milieu des mœurs patriarcales et des vertus de l'âge d'or. La pastorale, naturellement froide, monotone et fade, s'est embellie et agrandie sous sa plume par des tableaux touchants et des scènes attendrissantes de famille.

Aujourd'hui l'églogue est passée de mode : ce n'est pas que l'on sente moins vivement la nature ; au contraire, l'admiration pour la campagne et pour les œuvres du Créateur est plus vive et plus vraie que jamais, mais ce sentiment s'épanche en élans lyriques et passionnés ; ou bien l'imagination, enivrée d'admiration, se donne carrière dans la poésie descriptive. Il y a, dans le *Jocelyn* de Lamartine, une sorte d'églogue sur *les laboureurs* qui laisse bien loin tous les tableaux champêtres anciens et modernes (1).

---

(1) Principaux poëtes bucoliques :

GRECS.

Théocrite, Bion, Moschus.

CHAPITRE XI.

POÉSIES FUGITIVES.

On comprend, sous le nom de poésies fugitives, tous ces petits poèmes courts et légers destinés à plaire un moment. Ce sont des pièces de circonstance, des amusements de société, des jeux d'esprit : fleurs légères, qui ont parfois assez de grâce et de parfum pour être conservées. Les Grecs nous en ont laissé un certain nombre que l'on a recueillies sous le titre d'*Anthologie*.

On peut ranger sous le titre de poésies fugitives les pièces suivantes : le *sonnet*, la *ballade*, le *rondeau*, le *triolet*, l'*épigramme*, le *madrigal*, l'*épithalame*, l'*épitaphe*,

---

LATIN.

Virgile.

FRANÇAIS.

Racan, Segrais, Deshoulières, Fontenelle, Lamothe, Florian, Léonard, A. Chénier.

ALLEMANDS.

Gilbert, Goëthe, Woss, Muller, Gessner, Bronner, Hebel.

ANGLAIS.

Spencer, Brown, Bloomfield.

RUSSES.

Gneditch, Panaïeff.

ITALIENS.

Sannazar, Beccari, Tasse, Guarini, Meli.

ESPAGNOLS.

Garsilasco de la Véga, Barahona, Suarez.

PORTUGAIS.

Ribeyro, Falçam, Miranda, Bernardès, Camoëns, Veiga, Faria y Souza, Torrès, du Bocage.

l'*énigme*, le *logogriphe*, la *charade*, l'*acrostiche*, les *bouts-rimés.*

§ I. SONNET.

Le *sonnet* se compose de quatorze vers, divisés en deux quatrains et deux tercets ; les deux quatrains ont les mêmes rimes, masculines et féminines ; les deux tercets n'ont qu'une rime masculine et deux féminines, ou réciproquement. Le sens est suspendu à la fin de chaque stance ; le même mot ne doit pas reparaître deux fois. Voici, pour exemple, un sonnet d'Auguste Barbier :

RAPHAEL.

Ce qui donne du prix à l'humaine existence,
Ah ! c'est de la beauté le spectacle éternel.
Rien n'égale en splendeur le destin d'un mortel
Qui peut la contempler dans sa plus pure essence.

Et ce fut là ton sort, bienheureux Raphaël,
Artiste plein d'amour, de grâce et de puissance !
Ton œil noir, de bonne heure attaché sur le ciel,
Y chercha du vrai beau la divine substance.

En vain autour de toi, jeune encore et sans nom,
Le monstre impur du laid, hurlant comme un dragon,
Déroula ses anneaux et ses replis de fange :

Tu dédaignas ses cris, ses bonds tumultueux,
Et, d'un brodequin d'or foulant son front hideux,
Tu t'élanças vers Dieu comme le grand archange.

§ II. BALLADE.

La ballade, asservie à ses vieilles maximes,
Souvent doit tout son lustre au caprice des rimes.

BOILEAU.

La *ballade* a aussi ses règles sévères : elle renferme trois couplets de huit, de dix ou douze vers, et un envoi avec un refrain, qui doit être le même pour l'envoi que pour les couplets.

Ces trois couplets sont symétriquement égaux, soit par le nombre des vers, soit par la disposition des rimes, qui se répètent toujours les mêmes. Le sens doit être coupé après le quatrième, le cinquième ou le sixième vers de chaque couplet. L'envoi n'est qu'une moitié du couplet : il s'adresse au personnage pour lequel la ballade est écrite ; le refrain doit avoir quelque chose de piquant.

Voici un fragment de ballade adressée par La Fontaine à Fouquet :

Trois fois dix vers, et puis cinq d'ajoutés
Sans point d'abus, c'est ma tâche complète :
Mais le mal est qu'ils ne sont pas comptés ;
Par quelque bout il faut que je m'y mette.
Puis, que jamais ballade je promette !
Dussé-je entrer au fin fond d'une tour,
Nenni, ma foi ! car je suis déjà court ;
Si que je crains que n'ayez rien du nôtre.
Quand il s'agit de mettre une œuvre au jour,

Refrain :

Promettre est un, et tenir est un autre.

Suivent deux couplets exactement semblables au premier, avec le même refrain ; puis l'envoi suivant :

ENVOI.

O vous, l'honneur de ce mortel séjour,
Ce n'est pas d'hui que ce proverbe court ;
On ne l'a fait de mon temps ni du vôtre :
Trop bien savez qu'en langage de cour
Promettre est un, et tenir est un autre.

Les règles dont nous venons de parler sont celles de

l'ancienne ballade française, tombée en désuétude depuis madame Deshoulières et La Fontaine. La ballade allemande a une autre forme et un autre caractère : c'est un petit poème d'un genre capricieux et fantastique, qui, sous une forme presque lyrique, contient ordinairement un récit merveilleux, une légende tragique, un rêve, une tradition populaire. Une des plus connues est la ballade de *Léonore*, par Bürger. V. Hugo s'est aussi essayé avec succès dans ce genre de ballade.

§ III. RONDEAU.

Le *rondeau* est composé de treize vers roulant sur deux rimes, l'une masculine et l'autre féminine ; il se divise en trois couplets, le premier de cinq, le second de trois, et le dernier de cinq vers. Les premiers mots du rondeau sont répétés comme refrain à la fin du second et du troisième couplet. Voici un rondeau composé par Chapelle pour critiquer Benserade, qui avait eu la malheureuse idée de traduire en rondeaux les *Métamorphoses d'Ovide* :

A la fontaine où l'on puise cette eau
Qui fait rimer et Racine et Boileau,
Je ne bois point, ou bien je ne bois guère ;
Dans un besoin si j'en avais affaire,
J'en boirais moins que ne fait un moineau.

Je tirerai pourtant de mon cerveau
Plus aisément, s'il le faut, un rondeau,
Que je n'avale un verre plein d'eau claire
A la fontaine.

De ces rondeaux un livre tout nouveau
A bien des gens n'a pas eu l'art de plaire ;
Mais, quant à moi, j'en trouve tout fort beau,
Papier, dorure, images, caractère :
Hormis les vers qu'il fallait laisser faire
A La Fontaine.

§ IV. TRIOLET.

Le triolet est formé de huit vers sur deux rimes : le premier vers doit être répété après le troisième, et les deux premiers après le sixième. En voici un exemple de Scarron :

Il faut désormais filer doux,
Il faut crier miséricorde.
Frondeurs, vous n'êtes que des fous :
Il faut désormais filer doux.
C'est mauvais présage pour vous,
Qu'une fronde n'est qu'une corde :
Il faut désormais filer doux,
Il faut crier miséricorde.

§ V. ÉPIGRAMME.

L'épigramme, plus libre en son tour plus borné,
N'est souvent qu'un bon mot de deux rimes orné.

BOILEAU.

L'*épigramme*, chez les Grecs, n'était qu'une inscription pour les monuments, les statues et les tombeaux. Telle est l'inscription suivante, sur une statue de l'Amour, que Voltaire a traduite du grec :

Qui que tu sois, voici ton maître :
Il l'est, le fut, ou le doit être.

Depuis, l'épigramme est devenue une pensée fine, ingénieuse, souvent satirique et mordante. L'épigramme en vers a une exposition destinée à amener la *pointe* ou bon mot qui la termine; cette pointe doit être un trait d'esprit piquant, quelquefois un jeu de mots. Voici une épigramme de Lebrun qui a le mérite d'être courte et acérée :

Églé, belle et poète, a deux petits travers :
Elle fait son visage, et ne fait pas ses vers.

Le sel de l'épigramme ne doit pas dégénérer en poison. La méchanceté, la calomnie en font quelquefois une arme dangereuse : on ne peut trop blâmer cet abus de l'esprit.

Martial, chez les Latins, s'est distingué dans l'épigramme : en France, on en trouve d'excellentes dans Marot, Boileau, Piron, Voltaire, J.-B. Rousseau, Lebrun.

§ VI. MADRIGAL.

Le *madrigal* ressemble assez à l'épigramme, sauf qu'au lieu d'être malin et mordant, il a quelque chose de simple, de délicat, de gracieux dans sa pointe. Tel est le madrigal de Desmarets de Saint-Sorlin sur la *violette*, inséré dans la *Guirlande de Julie*, album célèbre, dont le duc de Montausier fit hommage à mademoiselle de Rambouillet :

Modeste en ma couleur, modeste en mon séjour,
Franche d'ambition, je me cache sous l'herbe ;
Mais si sur votre front je puis me voir un jour,
La plus humble des fleurs sera la plus superbe.

§ VII. ÉPITHALAME.

L'*épithalame* est une pièce de vers composée à l'occasion d'un mariage ; elle est destinée à louer les nouveaux époux, et à exprimer des vœux pour leur bonheur.

§ VIII. ÉPITAPHE.

L'*épitaphe*, ou inscription tumulaire, est un trait de louange, quelquefois de morale ou de satire placé sur un tombeau. Celle de La Fontaine, composée par lui-même, est fort connue. Voici celle de notre vieux satirique Regnier, qui la fit aussi lui-même :

> **J'ai vécu sans nul pensement,**
> **Me laissant aller doucement**
> **A la bonne loi naturelle,**
> **Et si m'étonne fort pourquoi**
> **La mort osa songer à moi,**
> **Qui ne songeai jamais à elle.**

Les petits genres de poésie dont nous venons de parler sont pour la plupart passés de mode ; ils ont été trop souvent le langage du bel esprit prétentieux, de la galanterie raffinée ; c'était la poésie des ruelles ; l'hôtel de Rambouillet se pâmait à la lecture d'une ballade, d'un rondeau, d'un madrigal : la cour et la ville se partageaient en deux camps, à propos des fades sonnets de Job et d'Uranie, par Benserade et par Voiture.

De nos jours, on ne met plus ainsi le sentiment à l'alambic ; mais on se plaît à torturer l'esprit par l'énigme, le logogriphe et la charade, qui font l'amusement des oisifs de salon : on n'y gagne pas grand'chose, sinon peut-être de se croire de l'esprit en cherchant à deviner celui des autres. N'oublions pas que ces bagatelles et ces caprices ne sont plus de la poésie, mais de simples artifices de versification. Si nous en parlons ici, c'est pour être complet, et suivre toutes les variétés de la forme poétique, depuis les plus sublimes conceptions jusqu'aux plus frivoles.

§ IX. ÉNIGME.

L'*énigme* est la définition ou la description d'une chose en termes vagues et détournés, qui laissent à l'esprit le plaisir de la deviner. Il doit y avoir, dans les différents termes de la définition, une certaine ambiguïté de rapport qui donne le change à l'esprit : cela rend l'énigme à la fois plus embarrassante et plus piquante ; cependant ces rapports doivent paraître justes aussitôt qu'on connaît la chose dont il s'agit. En voici deux exemples :

Quand je suis sous les pieds, je marche sur la tête.

On m'a souvent pour une obole,
J'exige des soins assidus :
Si l'on me perd, on se désole ;
Si l'on me gagne, on ne m'a plus.

Le mot de la première énigme est *clou* ; celui de la seconde, *procès*.

§ X. LOGOGRIPHE.

Le *logogriphe* est une énigme qui donne à deviner, non pas une chose, mais un mot, par la décomposition de ce mot même en lettres ou en syllabes différemment arrangées. Exemple :

Sur quatre pieds, j'entends, et, par trois, je réponds.
Ouïe, oui.

Autour de moi quelque soin qu'on se donne,
Pour être plus poli, je n'en suis pas moins dur.
Mais retranchez mon chef, vous aurez, j'en suis sûr,
De mes fleurs au printemps, de mes fruits en automne.
Marbre, arbre.

§ XI. CHARADE.

La *charade* est une énigme où l'on donne à deviner un mot dont on divise les syllabes, quand chacune de ces syllabes forme un mot :

Quoique je porte un nom vulgaire,
Chacun m'estime et me chérit.

Voici pourquoi : mon entier désaltère,
Mon premier chauffe, et mon second nourrit.

Bois-son.

§ XII. ACROSTICHE.

L'*acrostiche* est une petite pièce où chaque vers commence par une des lettres d'un mot ou d'une phrase prises de suite. Ainsi, dans le quatrain suivant, chaque vers commence par une lettre du mot *ange* :

A...nge qui me protéges,
N...e m'abandonne pas ;
G...arde-moi de tous piéges,
E...t suis partout mes pas.

§ XIII. BOUTS-RIMÉS.

Les *bouts-rimés* sont des vers faits sur des rimes imposées d'avance. Voici un sonnet en bouts-rimés composé par Molière sur des rimes données par le prince de Condé :

Que vous m'embarrassez avec votre..........grenouille,
Qui traine à ses talons le doux mot d'..........hypocras !
Je hais des bouts-rimés le puéril..................fatras,
Et tiens qu'il vaudrait mieux filer une...........quenouille.

La gloire du bel air n'a rien qui me..............chatouille;
Vous m'assommez l'esprit avec un gros..........plâtras ;
Et je tiens heureux ceux qui sont morts à........Coutras,
Voyant tout le papier qu'en sonnets on..........barbouille.

M'accable de rechef la haine du..................cagot
Plus méchant mille fois que n'est un vieux......magot,
Plutôt qu'un bout-rimé me fasse entrer en......danse !

Je vous le chante clair comme un..............chardonneret ;
Au bout de l'univers je fuis dans une.............manse.
Adieu ! grand prince, adieu ! Tenez-vous.......guilleret.

CHAPITRE XII.

ABRÉGÉ DES RÈGLES DE LA VERSIFICATION FRANÇAISE.

§ I. DU VERS.

Un *vers* est un assemblage de mots arrangés d'après certaines règles, et soumis à une mesure.

La *versification* enseigne les procédés employés pour construire les vers; on la nomme aussi *prosodie.*

Le vers français se mesure par le nombre des syllabes : il est *syllabique*; celui des Grecs et des Latins était *métrique*, c'est-à-dire qu'il était basé sur la combinaison des syllabes brèves et des syllabes longues.

Dépourvu de mètre et de forte accentuation, le vers français est un peu monotone; il cherche à racheter ce défaut par la coupe qu'on appelle *césure*, et par *la rime.*

§ II. DES SYLLABES.

On appelle *syllabe* une ou plusieurs lettres qui se prononcent par une seule émission de voix.

Scander un vers, c'est le prononcer en faisant sentir chaque syllabe dont il se compose. Exemple :

C'est-pour-les-mal-heu-reux-que-l'a-mi-tié-fut-faite.

LAYA.

Quand deux voyelles se trouvent placées de suite, on peut être embarrassé sur la mesure qu'on doit leur donner;

tantôt les deux voyelles forment diphthongue, et ne représentent qu'une syllabe ; tantôt elles se prononcent séparément, et forment deux syllabes.

Ainsi, les voyelles se réunissent en diphthongues dans les mots suivants : *fiacre*, *viande*, *premier*, *lumière*, *ciel*, *mien*, *lieu*, *aimions*, *loin*, *fouet*, *celui*, etc.

Les voyelles sont séparées et forment double syllabe dans les mots *mari-age*, *di-amant*, *confi-ant*, *pri-ère*, *défi-er*, *matéri-el*, *li-en*, *aéri-en*, *vi-olet*, *acti-on*, *avou-er*, *tuer*, *mu-et*, *rui-ne*, etc.

Pour faire des vers, et même pour les bien lire, il est nécessaire de connaître exactement la quantité syllabique des mots, qui est invariablement fixée par l'usage. Cette connaissance s'acquiert surtout par la pratique. L'habitude de lire les poètes à haute voix donne le sentiment instinctif de la mesure beaucoup mieux que les règles.

§ III. DE LA MESURE.

La *mesure* est le nombre des syllabes du vers.

Excepté le vers de onze syllabes, qui n'est pas admis par l'usage ni par l'oreille, on fait des vers depuis douze syllabes jusqu'à une.

Le *grand vers*, de douze syllabes, se nomme aussi *alexandrin*, *hexamètre* ou *héroïque*. C'est le vers le plus grave et le plus majestueux. Celui de dix syllabes est plus léger, plus doux; celui de neuf est peu en usage; celui de huit peut avoir de la noblesse aussi bien que de la douceur et de la grâce; celui de sept ne manque pas d'énergie, mais il est moins harmonieux ; le vers de six syllabes est un peu monotone; celui de cinq est d'une rapidité gracieuse ou terrible. L'emploi des autres vers est rare : on les trouve surtout mêlés aux vers de mesure plus longue. Le vers d'une syllabe, ou vers à écho, n'est guère qu'un jeu de versification. Voici des exemples de chaque espèce de vers : il faut noter que toute syllabe muette ne compte pas à la fin des vers.

Douze Syllabes.

1 2 3 4 5 6 7 8 9 10 11 12
La plus belle victoire est de vaincre son cœur.

LA FONTAINE.

Dix Syllabes.

1 2 3 4 5 6 7 8 9 10
Se faire aimer, c'est être utile aux autres.

BÉRANGER.

Huit Syllabes.

1 2 3 4 5 6 7 8
Travaillez, prenez de la peine.

LA FONTAINE.

Sept Syllabes.

1 2 3 4 5 6 7
Les cieux instruisent la terre
A révérer leur auteur.

J.-B. ROUSSEAU.

Six Syllabes.

Et, rose, elle a vécu ce que vivent les roses,
1 2 3 4 5 6
L'espace d'un matin.

MALHERBE.

Cinq Syllabes.

1 2 3 4 5
Dans ces prés fleuris
Qu'arrose la Seine.

DESHOULIÈRES.

Quatre Syllabes.

1 2 3 4
Rompez vos fers,
Tribus captives.

RACINE.

Trois Syllabes.

La cigale ayant chanté
1 2 3
Tout l'été.

Deux Syllabes.

O mon pays, sois mes amours,
1 2
Toujours !

CHATEAUBRIAND.

Une syllabe.

Si tu fais ce que je désire,
1
Sire,
Nous t'édifierons un tombeau
1
Beau.

Victor HUGO.

§ IV. DE LA CÉSURE.

Le mot *césure* signifie coupure. La césure est un repos plus ou moins sensible dans l'intérieur du vers. Ce repos, dans l'alexandrin, se fait au milieu, après la sixième syllabe : il partage le vers en deux parties qu'on nomme *hémistiches* (demi-vers). Boileau donne ainsi le précepte et l'exemple :

Que toujours, dans vos vers | le sens coupant les mots
Suspende l'hémistiche, | en marque le repos.

Dans le vers de dix syllabes, la césure se place après la quatrième :

> J'ai vu l'impie | adoré sur la terre.
>
> RACINE.

Outre la césure obligée, il y a encore des césures mobiles et variables, qu'on nomme aussi *coupes* ou *suspensions* : elles ont pour but de varier agréablement la forme du vers :

Voltaire a dit :

> Observez l'hémistiche, | et redoutez l'ennui,
> Qu'un repos uniforme | attache auprès de lui.
> Que votre phrase heureuse | et clairement rendue
> Soit tantôt terminée | et tantôt suspendue.
> C'est le secret de l'art....

Voici un exemple de césure mobile :

> Qu'on tremble | en comparant l'offense et le supplice !
>
> RACINE.

La fin de chaque vers doit aussi être marquée par un repos.

Le vers qui manque de césure à l'hémistiche — ressemble à une ligne de prose : tels sont les vers suivants :

> Ma foi, j'étais un franc—portier de comédie.
>
> RACINE.

> Adieu ; je m'en vais à—Paris pour mes affaires.

La césure est surtout de rigueur dans les genres élevés de poésie ; elle peut être plus faiblement marquée dans la comédie et dans les genres secondaires.

La césure ne peut jamais tomber sur une syllabe muette :

le repos se fait toujours sur une syllabe sonore et accentuée; ainsi la césure est mauvaise dans le vers suivant :

A sa voix tout *tremble* sur la terre et sur l'onde.

Le vers sera bon si l'on met *trembla.*

L'*accent temporel*, dans le vers français, remplace ce qui lui manque sous le rapport de la quantité syllabique.

§ V. DE L'ACCENT TEMPOREL.

La prononciation française est une des moins accentuées qu'il y ait : de là un peu de monotonie. Cependant on aurait tort de croire que l'accent n'existe pas; le Français appuie toujours sur la dernière syllabe quand elle n'est pas muette, et sur la pénultième ou avant-dernière, quand la dernière est muette : *éclat*, *carquois*; *emblême*, *incroyable* (1).

Il suit de là que chaque mot a une syllable accentuée ou longue, et que toutes les autres sont brèves. Les monosyllabes, quand ils se lient par la prononciation au mot suivant et s'appuient sur lui, n'ont pas d'accent temporel. Exemple :

Que fait-*il*? *Il* s'enfuit, l'ingrat! il me délaisse!

Dans ce vers, le premier *il* est accentué; les deux autres sont brefs.

---

(1) Une mauvaise prononciation vient surtout de ce qu'on place mal l'accent : chaque province en France a sa manière d'accentuer; de là vient qu'il y a si peu de Français dont la prononciation soit parfaitement pure. Le Gascon, le Normand, l'Alsacien, le Picard, se reconnaissent aussitôt à l'accent; c'est le Tourangeau qui prononce le plus purement.

D'après ce principe, le vers français a donc véritablement des longues et des brèves, c'est-à-dire des syllabes accentuées et d'autres qui ne le sont pas. C'est l'oreille qui les compte, pour l'harmonie et l'effet qu'on veut produire. Un vers chargé de syllabes fortes et accentuées est en réalité beaucoup plus long que celui qui en a moins, fussent-ils composés du même nombre de syllabes. Voici un vers composé de douze syllabes qui sont toutes accentuées :

Lac, prés, bois, monts, ifs, pins, eaux, mers, flamme, air, tout fuit.

Quelle dissonance, quelle pesanteur insoutenable! Le vers suivant, au contraire, est léger et harmonieux :

A vaincre sans péril, on triomphe sans gloire.
(1 vaincre, 2 péril, 3 triomphe, 4 gloire)

CORNEILLE.

Il est composé de quatre longues et de huit brèves ; le premier est donc réellement d'un tiers plus long que le second.

Le vers alexandrin, pour être harmonieux, doit avoir de quatre à six accents, deux fixes, à la césure et à la rime, deux mobiles : s'il en a plus, il est lourd ; s'il en a moins, il manque de gravité.

§ VI. DE L'ENJAMBEMENT.

Il y a *enjambement* quand le repos manque à la fin du vers, et qu'il y a un *rejet* du sens au commencement du vers suivant :

L'enjambement est un défaut, quand il ne sert pas à produire une beauté. C'est à dessein que Delille a amené l'enjambement suivant :

Soudain le mont liquide, élevé dans les airs,
Retombe ; un noir limon bouillonne au fond des mers.

L'enjambement est défendu dans le vers français à cause de la rime, qu'il tendrait à faire disparaître ; il choque l'oreille et le goût : tel est ce vers :

> Consultons un devin, un prêtre, un interprète
> *Des songes* ; car souvent............

Depuis Malherbe, le *vers sur le vers n'osa plus enjamber;* nos meilleurs poètes ont évité l'enjambement, surtout dans les genres élevés; on est moins sévère pour les genres simples. De nos jours, les poètes ont voulu réhabiliter l'enjambement, et se sont mis à *ronsardiser* : ils ont poussé l'excès jusqu'au ridicule, et leur exemple n'a fait que confirmer la règle.

§ VII. DE L'HIATUS.

L'*hiatus,* ou bâillement, est produit par la rencontre de deux voyelles, dont l'une finit un mot et l'autre commence le mot suivant. Exemple..*Il y est, tu arrives, et il y vient.*

L'hiatus n'est permis que devant le *h* aspiré.

> Le crime fait *la honte*, et non pas l'échafaud.
>
> TH. CORNEILLE.

On peut dire pourtant : *Ah! ah! — oh! oui, — tant y a, — à tort et à travers, — suer sang et eau*, etc. Ces alliances de mots, consacrées par l'usage, se tolèrent surtout dans les genres simples.

C'est Malherbe qui a proscrit l'hiatus comme l'enjambement.

§ VIII. DE L'ÉLISION.

L'*élision* est le retranchement de l'*e* muet dans la mesure des vers, quand il est suivi d'une voyelle ou d'un *h* non aspiré. Exemple :

> Il parl | *e*, et dans la poudr | *e* il les fait tous rentrer.
>
> RACINE.

L'élision n'a pas lieu devant le *h* aspiré :

> Malheureux, j'ai servi *de* héraut à ta gloire!
>
> RACINE.

L'*e* muet placé à l'hémistiche, ne pouvant compter comme syllabe, ainsi que nous l'avons vu, doit toujours être élidé ; exemple :

> Oui, je viens dans son temple adorer l'Eternel.

L'*e* muet précédé d'une voyelle accentuée, dans le corps du vers, doit aussi être élidé, parce qu'il ne peut compter dans la prononciation, comme dans *vie*, *vue*, *joie*, *aimée*, etc., ainsi le vers suivant est défectueux :

> La *joie* ne règne pas dans le cœur du méchant.

Il résulte de là que les mots terminés par un *e* muet précédé d'une voyelle et suivi d'une consonne, ne peuvent entrer dans le corps d'un vers, parce que l'élision est impossible ; ils ne peuvent se mettre qu'à la fin du vers, où la syllabe muette ne compte pas ; tels sont les mots *joies*, *journées*, *lient*, *payent*, etc.

On en excepte les mots *aient*, *soient*, et les terminaisons en *aient*, des imparfaits, où l'*e* muet ne compte pas dans la mesure.

> Français, Anglais, Lorrains, que la fureur assemble,
> *Avançaient*, *combattaient*, *frappaient*, *mouraient* ensemble.
>
> VOLTAIRE.

Dans le corps de certains mots, l'*e* muet est nul et ne

compte pas ; ex. : *je prierai, il avouera.* Dans les vers, on écrit ordinairement *je prîrai, il avoûra.*

Dans le pronom *le*, l'*e* muet devient quelquefois accentué. Exemple :

> Si tu peux en douter, juge-*le* par la crainte.
>
> CORNEILLE.

Dans ce cas, l'élision de *le* est difficile ; pourtant plusieurs poètes se la sont permise. Ex. :

> Du titre de clément rendez-*le* ambitieux.
>
> LA FONTAINE.

Il vaut mieux éviter cette licence.

§ IX. DE LA RIME.

La *rime* est le retour de la même consonnance à la fin de deux ou de plusieurs vers.

La rime est un son musical : *c'est l'écho de la pensée*, a dit madame de Staël. Le poète Lebrun dit à peu près la même chose :

> Les rimes, de nos vers échos harmonieux.

Ce qui prouve que la rime est un besoin de l'oreille, c'est qu'on la retrouve partout, chez les Chinois, les Indiens, les Arabes, et dans toutes les langues modernes. Elle est surtout nécessaire à notre poésie, qui, à défaut de mètre, ne se sauve de l'écueil de la monotonie que par la césure et par la rime. Ceux qui ont voulu faire en français des *vers blancs*, c'est-à-dire sans rime, n'ont fait que prouver plus fortement la nécessité de cette répétition du son à la fin du vers.

Il y a deux sortes de rimes : la rime *masculine* et la rime *féminine*.

La rime masculine est celle qui ne se termine pas par un *e* muet ; et la rime féminine est celle qui finit par un *e* muet, soit seul, soit suivi de *s* ou de *nt*. Ex. : rimes masculines : *vérité, bonté ; désir, plaisir ;* rimes féminines : *place, glace ; belles, nouvelles ; louent, jouent* ; *estimées, aimées* ; *voient, croient*.

La rime est *riche* quand la consonnance porte sur deux articulations toutes semblables. Ex. : *honneur, moissonneur* ; *ardent, dent* ; *coursier, acier*.

La rime est *suffisante* quand il y a conformité de son, mais non d'articulation. Ex. : *goût, tout* ; *rage, partage* ; *faveur, langueur*.

La rime doit avant tout satisfaire l'oreille ; on peut donc faire rimer les mots qui ont le même son sans avoir les mêmes lettres. Ex. : *prix, esprits* ; *terre, solitaire* ; *aimé, consumé*.

Les rimes qui offrent les mêmes lettres sans offrir les mêmes sons ne valent rien ; ainsi l'on ne peut faire rimer *ville* avec *famille* ; *altier* avec *fier* ; *aimer* avec *mer* ; *couronne* avec *trône*.

Deux mots semblables ne peuvent rimer que s'ils ont un sens différent. Ex. : *pas* négation, avec *pas* substantif ; une *livre* avec un *livre*.

Un mot ne peut rimer avec son composé, à moins que l'usage n'ait établi une différence de signification qui efface en partie l'origine commune. Ainsi, *jours* avec *toujours* ; *ami* et *ennemi* ; *faire, refaire* ; *suit, poursuit,* sont de mauvaises rimes ; mais on peut faire rimer *courir* et *secourir* ; *front* et *affront* ; *disposer, reposer*.

Le singulier, en général, ne rime pas avec le pluriel ; *loi* ne rime pas avec *fois, arme* avec *larmes*.

Deux singuliers, l'un terminé par une voyelle, l'autre par une consonne, ne riment pas : *foi* et *exploit ; songea* et *orgeat.*

Un mot qui finit par *s* ne rime pas avec un mot terminé par *t* : *trépas*, *état.*

Un mot sans *s* final ne rime pas avec un mot terminé par *s*, *z* ou *x*; comme *moins* et *foin*; *vers* et *couvert*; *assez* et *passé.*

Les mots terminés par *t*, *d*, *c*, ne riment bien qu'avec des mots terminés par une de ces lettres ; ainsi, les rimes suivantes sont vicieuses : *tyran, courant ; sort, cor* ; *sang, puissant* ; *long, salon* ; mais on peut faire rimer ensemble les mots suivants : *flanc, franc, banc, rang, sang.*

Certains mots, qui ne riment pas au singulier, riment bien au pluriel : *tyrans* et *courants* ; *longs* et *salons* ; *rangs* et *parents.*

On appelle rime *insuffisante* celle qui se borne à une seule lettre, comme *pari* ; *défi* ; *donné, charité*; *vertu, vendu.* De même *brûlant* rime mal avec *parent, action* avec *raison*, etc.

Dans les rimes féminines, les syllabes muettes ne comptent pas pour la rime : ainsi, *monde* ne peut rimer avec *demande.* Il faut éviter les fausses *rimes* ou consonnances semblables entre l'hémistiche et la fin du vers, ou entre les deux hémistiches des vers qui riment ensemble.

> J'eus un frère, *seigneur*, illustre et généreux,
> Digne par sa *valeur* du sort le plus heureux.
>
> CRÉBILLON.

§ X. DISPOSITION DES RIMES.

Il est défendu de faire suivre des vers masculins ou des vers féminins qui ne riment pas ensemble.

On distingue trois combinaisons de rimes : les *rimes plates*, les *rimes croisées*, et les *rimes mêlées*.

1° Les rimes *plates* ou *suivies* sont celles qui offrent alternativement deux vers masculins et deux vers féminins.

2° Les *rimes croisées* sont celles où l'on trouve alternativement une rime masculine et une rime féminine, ou deux rimes masculines placées entre deux rimes féminines, et réciproquement.

3° Les *rimes mêlées* se succèdent sans ordre uniforme.

On appelle *rimes redoublées* celles qui présentent plus de deux fois le retour de la même rime ; ce redoublement a de la grâce et quelquefois de l'énergie dans la poésie légère et dans la poésie lyrique ; mais il ne faut pas en abuser. Voici un exemple où les rimes sont mêlées et redoublées :

Son coursier superbe
Foule comme l'herbe
Les corps des mourants ;
Le héros l'excite,
Et le précipite
A travers les rangs ;
Les feux l'environnent ;
Les casques résonnent
Sous ses pieds sanglants ;
Devant sa carrière,
Cette foule altière
Tombe toute entière
Sous ses traits brûlants,
Comme la poussière
Qu'emportent les vents.

LAMARTINE.

§ XI. DES LICENCES.

Les *licences* poétiques peuvent consister : 1° dans l'orthographe ; 2° dans les mots ; 3° dans les tournures.

1° Dans l'orthographe. On peut se permettre, quoique rarement, de retrancher l's final au présent de certains verbes ; je *voi*, je *croi*, je *reçoi*, je *sai*, j'*averti*, je *revien*. Cette licence est peu tolérée aujourd'hui.

On peut écrire au besoin *grâce* et *grâces*, *jusque* et *jusques*, *guère* et *guères*, *certe* et *certes*, *encore* et *encor* ; *Zéphyr* et *Zéphyre*, *Athène* et *Athènes*, *Charle* et *Charles*, *Londre* et *Londres*, etc.

2° Dans les mots. On peut mettre *où* pour *à qui*, *auquel*, *vers lequel*. Exemple :

> C'est là l'unique étude *où* je veux m'attacher.
>
> BOILEAU.

On met un verbe au singulier avec plusieurs sujets :

> Ane, cheval et mule aux forêts *habitait*.
>
> LA FONTAINE.

La poésie admet de fortes ellipses :

> Je t'aimais inconstant, qu'aurais-je fait fidèle ?
>
> RACINE.

Il y a certains mots poétiques qui vont mieux aux vers qu'à la prose. Exemple : *cité* pour *ville*, *courroux* pour *colère*, *labeur* pour *travail*, *coursier* pour *cheval*, *glaive* pour *épée*, *hymen* pour *mariage*, *onde* pour *eau*, *nautonier* pour *matelot*, *penser* pour *pensée*, etc.

3° Dans les tournures. L'*inversion* est admise en poésie bien plus souvent qu'en prose ; elle est un des caractères essentiels et une des beautés du langage poétique ; elle lui donne de la grâce et de la vigueur. Corneille dit :

> A *qui venge son père* il n'est rien d'impossible,

Un prosateur dirait : *Rien n'est impossible à celui qui venge son père.* On sent ici tout l'avantage du vers. Voici encore quelques exemples d'inversion :

> Polissez-le sans cesse et *le* repolissez.
>
> BOILEAU.

> Craignez *d'un vain plaisir* les trompeuses amorces.
>
> BOILEAU.

> *Du temple, orné partout de festons magnifiques,*
> Le peuple saint en foule inondait les portiques.
>
> RACINE.

Il faut éviter les inversions forcées, obscures, qui choquent l'oreille et le goût, comme les suivantes :

> Je n'ai pu *de mon fils* consentir *à la mort.*
>
> VOLTAIRE.

> A peine *de la cour* j'entrai dans la carrière.
>
> VOLTAIRE.

> Malgré *de nos destins* la rigueur importune.
>
> CORNEILLE.

§ XII. DE L'HARMONIE.

Les vers doivent être une musique ; ils ne vivent que d'harmonie. Si l'oreille ne trouve pas ce nombre cadencé, ce rhythme mélodieux qu'elle cherche et qu'elle attend, tout le charme s'évanouit.

> Il est un heureux choix de mots harmonieux;
> Fuyez des mauvais sons le concours odieux,
> Le vers le mieux rempli, la plus noble pensée,
> Ne peut plaire à l'esprit quand l'oreille est blessée.
>
> BOILEAU.

Nous ne pouvons entrer ici dans le détail des règles de l'harmonie ; ce sont d'ailleurs des secrets qui se devinent et se sentent plutôt qu'ils ne s'enseignent ; une oreille sensible et délicate les trouvera sans peine, et saura les appliquer par instinct.

§ XIII. VERS LIBRES.

On appelle *vers libres* ceux où le poète entremêle différentes mesures sans aucun retour symétrique. Les vers libres conviennent surtout au genre lyrique et aux poésies légères. Exemple :

> J'ai vu l'impie adoré sur la terre :
> Pareil au cèdre, il cachait dans les cieux
> Son front audacieux ;
> Il semblait à son gré gouverner le tonnerre,
> Foulait aux pieds ses ennemis vaincus :
> Je n'ai fait que passer, il n'était déjà plus.
>
> RACINE.

Quoique le mélange des vers libres ne soit assujetti à aucune règle positive, il en est une cependant qu'on ne saurait violer impunément : c'est celle de l'harmonie exigée par l'oreille. Il y a entre les différents mètres une concordance naturelle qu'il faut observer, sous peine de produire des secousses et des saccades désagréables.

Les vers qui s'entremêlent le plus harmonieusement sont ceux de *douze* et de *six*, et parfois de *douze* et de *dix*.

Le vers de *sept* syllabes à côté d'un vers de *huit* ou de *douze* fait un effet choquant : en général, un nombre impair de syllabes s'unit mal à un nombre pair.

Les petits vers, habilement mêlés aux grands, produisent souvent des effets pittoresques et harmonieux. Exemple :

> **C'est promettre beaucoup ; mais qu'en sort-il souvent ?**
> ***Du vent.***
>
> LA FONTAINE.

> **Le bataillon sacré, seul devant une armée,**
> ***S'arrête pour mourir.***
>
> CAS. DELAVIGNE.

Racine, Quinault, La Fontaine, Molière, ont excellé dans l'art d'entrelacer les vers libres.

§ XIV. DES STANCES.

Le mot *stance* veut dire repos. La stance est un nombre déterminé de vers qui forment un sens complet.

La stance se nomme *strophe* dans l'ode, et *couplet* dans la chanson.

On nomme *tercet*, *quatrain*, *sixain*, *huitain*, *dizain*, une stance de trois, quatre, six, huit, dix vers.

Une stance ne peut commencer par la même rime qui finit la stance précédente.

Si une stance finit par une rime *masculine*, la suivante doit commencer par une *féminine*, et réciproquement.

Les stances peuvent varier presque à l'infini, soit par le mélange des rimes, soit par la mesure et le nombre des vers ; le poète n'a d'autres règles à suivre, sous ce rapport, que celles du bon sens et du bon goût. Il doit aussi chercher à approprier la stance au genre de composition qu'il adopte, et au caractère de sa pensée ; car, parmi les stances, les unes sont graves et pompeuses, les autres vives, gracieuses et légères : c'est le sentiment de l'harmonie qui doit toujours le guider.

On peut faire des stances depuis trois jusqu'à dix vers ; on en trouve aussi de douze ; l'oreille n'en supporte guère de plus longues.

Nous ne pouvons entrer ici dans les nombreux détails de la combinaison des stances, dont on peut citer plus de cent variétés ; nous nous contenterons d'indiquer, comme les plus usitées et les plus harmonieuses, les stances de quatre, de six et de dix vers.

Parmi les stances de quatre vers, une des plus belles est celle qui est composée alternativement de vers de douze et de six ou de huit syllabes, en rimes croisées.

Malherbe l'a employée dans son ode à Duperrier :

La mort a des rigueurs à nulle autres pareilles ;
    On a beau la prier :
La cruelle qu'elle est se bouche les oreilles,
    Et nous laisse crier.

La stance de six vers est la plus fréquente : elle est ordinairement coupée en deux tercets par un repos ; le premier vers rime avec le second, le quatrième avec le cinquième, et le troisième avec le sixième. Deux de ces stances font surtout un bel effet : c'est d'abord celle dont le troisième et le sixième vers forment une chute sur six syllabes ou sur huit ; puis celle dont les cinq premiers vers ont douze syllabes, et le dernier huit. Exemple :

Le ciel nous rend toujours les biens qu'il nous prodigue,
Vainement un mortel se plaint et le fatigue
    De ses cris superflus :
L'âme d'un vrai héros, tranquille, courageuse,
Sait comme il faut souffrir d'une vie orageuse
    Le flux et le reflux.

J.-B. ROUSSEAU.

Sur un écueil battu par la vague plaintive,
Le nautonier de loin voit blanchir sur la rive

Un tombeau près du bord par les flots déposé :
Le temps n'a pas encor bruni l'étroite pierre,
Et, sous le vert tissu de la ronce et du lierre,
On distingue.. un sceptre brisé.

LAMARTINE.

La stance de dix vers convient bien à l'ode, à cause de sa majesté et de son harmonie ; c'est une des plus complètes et des plus satisfaisantes pour l'oreille ; elle ressemble à une belle phrase musicale, surtout avec des vers de huit et de sept syllabes. Sa forme la plus ordinaire et la plus symétrique consiste à mettre un repos marqué au quatrième vers, un autre plus faible au septième ; à commencer par une rime féminine, en faisant rimer le premier vers avec le troisième, le second avec le quatrième, le cinquième avec le sixième, le septième avec le dixième, et le huitième avec le neuvième. Telle est la stance suivante :

Le Nil a vu, sur ses rivages,
Les noirs habitants des déserts
Insulter par leurs cris sauvages
L'astre éclatant de l'univers.
Cris impuissants, fureurs bizarres !
Tandis que ces monstres barbares
Poussaient d'insolentes clameurs,
Le dieu, poursuivant sa carrière,
Versait des torrents de lumière
Sur ses obscurs blasphémateurs.

LE FRANC DE POMPIGNAN.

Genres en prose.

Toutes les compositions en prose peuvent se partager en cinq genres, savoir :

1° Le genre oratoire, ou l'éloquence ;
2° Le genre historique ;

3° Le genre didactique ou philosophique;
4° Le genre du roman;
5° Le genre épistolaire.

On réunit quelquefois, sous le nom de genre *narratif*, l'histoire et le roman : nous admettons la première division, comme plus facile pour l'étude que nous voulons faire.

CHAPITRE XIII.

GENRE ORATOIRE, OU ÉLOQUENCE.

L'éloquence est un don et un art. Comme don, elle renferme la faculté d'être ému, qui vient de la nature; comme art, c'est la faculté de communiquer aux autres l'émotion par le moyen de la parole. *C'est le cœur qui rend éloquent*, dit Quintilien.

Il faut observer que l'éloquence peut exister indépendamment de la parole; il suffit de l'émotion pour en produire l'effet : ainsi, il y a l'*éloquence du regard*, l'*éloquence du geste*, l'*éloquence des larmes*, et même l'*éloquence du silence*. Il y a de l'éloquence dans tout ce qui parle à l'âme et la remue, et toute parole qui ne va pas à l'âme n'atteint pas l'éloquence.

Ceux qui ont défini l'éloquence l'*art de persuader*, n'en ont donné qu'une idée incomplète et inexacte; car, comme nous venons de le dire, l'art ne fait pas toute l'éloquence; elle suppose toujours l'émotion éprouvée et transmise aux autres; de plus, elle n'a pas toujours pour effet la persuasion : le poète, l'écrivain, l'orateur, peuvent être éloquents sans persuader, et persuader sans être éloquents.

§ I. QUALITÉS DE L'ORATEUR.

Les anciens appelaient l'orateur *un homme de bien, habile à bien dire*. Ils montraient, par cette définition, que la vertu est inséparable de la vraie éloquence : c'est une vérité qui ne devrait jamais être oubliée.

L'émotion du cœur qui produit l'éloquence est le résultat d'une passion ; mais nous n'admettons comme bonnes et légitimes que les passions qui ont une noble aspiration vers le bien ; celles qui conduisent au mal peuvent avoir aussi une éloquence à elles ; mais cette éloquence, loin de pouvoir être proposée pour modèle, doit être combattue, comme tout ce qui a un principe vicieux et funeste. Le vice inspire mal l'orateur. Quand Demosthène, Cicéron, saint Bernard, Bossuet, Fénelon, ont remporté leurs beaux triomphes oratoires, c'est qu'ils étaient enflammés par de nobles pensées et par de vertueuses convictions. Un homme vicieux et hypocrite, qui voudrait singer le langage de la vertu, se trahirait bien vite derrière son masque. N'oublions pas ces belles paroles de Fénelon : « L'homme digne d'être écouté est celui qui ne se sert de la parole que pour la pensée, et de la pensée que pour la vérité et la vertu. »

§ II. RHÉTORIQUE.

L'étude de l'éloquence et des moyens de persuader, l'art de composer des discours et l'examen des chefs-d'œuvre des grands orateurs, sont l'objet de la science spéciale qu'on nomme *rhétorique*.

La rhétorique est donc le recueil des règles qui enseignent à bien parler et à bien écrire.

Ces règles ne créent pas l'éloquence, mais elles peuvent y conduire : elles sont le fruit de l'observation et de l'expérience.

La première partie de cet ouvrage a été consacrée à poser les règles de l'art de parler et d'écrire ; seulement, au lieu de restreindre ces principes, comme on le fait trop souvent, à l'éloquence et à la manière de composer des discours, nous les avons étendus à tous les genres de composition ; ce qui nous reste à faire ici, c'est d'étudier l'éloquence dans ses différentes applications.

On peut distinguer cinq espèces d'éloquence :

L'éloquence de la chaire, ou éloquence sacrée ;

L'éloquence de la tribune, ou éloquence politique ;

L'éloquence du barreau, ou éloquence judiciaire ;

L'éloquence militaire ;

L'éloquence académique.

§ III. ÉLOQUENCE DE LA CHAIRE.

L'*éloquence de la chaire* est celle qui parle au nom de Dieu et de la religion, pour combattre l'erreur par le dogme ou par le raisonnement, et les passions par la morale.

La prédication religieuse s'appuie sur les saintes Écritures, sur la doctrine des Pères et des conciles.

C'est aux prêtres que Dieu a donné mission de prêcher et d'enseigner les vérités religieuses ; à eux appartient le droit de moraliser et de reprendre, à l'imitation des apôtres et de Jésus-Christ lui-même. Revêtu du caractère sacré, le prêtre est l'envoyé du ciel ; il est investi d'une autorité qui donne à sa parole quelque chose d'auguste et de solennel.

Ministre de la vérité et de la vertu, il a à combattre de puissants ennemis : d'un côté, les erreurs de l'esprit, où la faiblesse et l'orgueil entraînent les hommes ; de l'autre, les passions du cœur, jamais satisfaites, jamais calmées. Mais le prêtre n'est pas un homme ordinaire, ni un orateur parlant en son propre nom ; du haut de la chaire, une auréole mystérieuse enveloppe sa tête ; il est placé entre le ciel et la terre ; il s'adresse au sentiment le plus vif et le plus profond de la conscience, au sentiment religieux ; il n'agite pas un intérêt d'un moment, mais un intérêt éternel. Le passé, l'avenir, l'homme placé *comme un point entre deux éternités,* selon la belle expression de Pascal ; tous les mystères de la vie et de la mort, dont la religion nous soulève le voile ; le perpétuel combat du bien et du mal, dans lequel la foi chrétienne vient interposer sa morale divine et son autorité : voilà les grandes et sublimes questions sur lesquelles s'exerce l'éloquence sacrée. Est-il rien de plus important, de plus solennel ?

Aussi l'éloquence sacrée n'est-elle pas un art ordinaire ; elle n'a pas besoin de ces ménagements, de ces artifices dont fait usage l'éloquence profane, et qui montrent qu'elle se défie de ses forces. La parole de Dieu est un glaive qui tranche au vif toutes les questions ; elle commande aux passions avec autorité ; elle impose à la raison, convaincue d'aveuglement et de faiblesse, des vérités surnaturelles enveloppées d'un nuage de mystère. Tantôt simple, onctueuse et persuasive, quand elle expose les douceurs de la vertu, les miracles de la charité, les miséricordes de la religion ; elle est hardie, impétueuse, foudroyante, quand elle tonne contre le vice, ou qu'elle annonce les grandes vérités de la foi.

Cependant, l'éloquence de la chaire ne s'appuie pas exclusivement sur l'autorité divine, elle emploie aussi les armes humaines du raisonnement, selon les auditeurs auxquels elle s'adresse; elle sait aussi prouver que les vérités qu'elle enseigne ne sont pas contraires aux lois de la raison; mais elle nous met en garde contre les erreurs et les faiblesses de l'eprit; là où la raison trébuche, l'autorité étend sa main bienfaisante pour la soutenir. C'est ainsi que l'éloquence sacrée touche et enseigne, et qu'elle porte à la fois la conviction dans les cœurs et dans les esprits.

La qualité essentielle à un prédicateur est une foi ardente et profonde; l'étude, la science, lui sont utiles sans doute, mais avec elles seules il n'aurait aucune action sur les âmes; la rhétorique n'a jamais converti personne. Les apôtres, les Pères de l'Église, ne couraient pas après les fleurs du langage ni après les subtilités de la dialectique; ils parlaient avec l'émotion et l'entraînement d'une âme convaincue, et les passions et l'erreur pliaient sous le souffle de leur parole inspirée.

Différentes sortes de discours sacrés.

L'éloquence sacrée peut revêtir les formes suivantes : le *sermon*, le *prône*, l'*homélie*, le *panégyrique*, l'*oraison funèbre*.

Le *sermon* est un discours régulier sur un sujet religieux. L'orateur choisit ordinairement pour point de départ un texte de l'Écriture qui sert comme de pivot à son discours, et il le divise en plusieurs parties qu'on appelle *points* : il y a rarement plus de trois points.

Le *prône* est un discours simple, moins méthodique, moins solennel que le sermon : il roule sur l'épître ou sur l'évangile du jour.

L'*homélie* est une sorte d'entretien, une instruction chrétienne où dominent la chaleur et l'onction; elle a assez de ressemblance avec le prône. Les Pères de l'Église nous ont laissé beaucoup d'homélies.

Le *panégyrique sacré* est l'éloge d'un saint; il a pour objet de célébrer les vertus des pieux héros que l'Église honore d'un culte particulier, et d'édifier les fidèles en les excitant à suivre leurs traces.

L'*oraison funèbre* est le panégyrique religieux d'un mort; elle est surtout consacrée à la mémoire des princes et des grands. Ce discours a un double but : il fait ressortir la grandeur, les talents, les vertus du personnage qu'il célèbre, en le proposant à l'admiration et à l'imitation des auditeurs; puis il montre la mort triomphant de la grandeur et de la gloire, et l'orgueil humain confondu devant l'égalité de la tombe. Par ce double enseignement, à la fois religieux et moral, l'oraison funèbre évite de tomber dans l'écueil d'une profane et plate adulation; elle montre la main de la Providence dans tous les évènements humains, et rapporte toute la vie du personnage à la nécessité de pratiquer la piété et la vertu.

Le nom de Bossuet est inséparable de l'oraison funèbre : il a donné à ce genre un caractère de grandeur et de perfection sublime qui ne sera sans doute jamais surpassé.

L'oraison funèbre demande plus d'élévation, plus d'éclat que le sermon; l'art oratoire peut y déployer toutes ses ressources, la majesté dans le ton, la vigueur, la richesse dans les narrations et les tableaux, la force, la dignité dans le style (1).

---

(1) Principaux orateurs chrétiens :

PÈRES GRECS.

Saint Athanase, saint Grégoire de Nazianze, saint Basile, saint Chrysostome.

§ IV. ÉLOQUENCE DE LA TRIBUNE.

L'*éloquence de la tribune*, nommée aussi *éloquence politique* ou *parlementaire*, comprend les discours prononcés dans les assemblées délibérantes sur les affaires publiques. C'est l'éloquence des hommes d'État, appelés à gouverner ou à diriger les peuples.

Dans la bouche d'hommes éclairés, intègres et dévoués au bien public, l'éloquence de la tribune a quelque chose de solennel et d'imposant, parce qu'elle est l'instrument de la justice, de la vérité et de la vertu ; elle parle le langage du bon sens et de la sagesse ; elle contribue au bien général. Mais dans la bouche de ces hommes turbulents et pervers, qui font de la tribune un piédestal pour leur vanité et leur ambition, cette éloquence oublie son but véritable, et dégénère en fléau ; elle soulève les passions avides et ignorantes, égare les esprits de la multitude et bouleverse l'ordre des sociétés.

L'éloquence de la tribune varie autant que les circonstances qui la font naître et que les auditeurs auxquels elle

---

PÈRES LATINS.

Saint Hilaire de Poitiers, saint Ambroise, saint Jérôme, saint Augustin, saint Bernard.

PRÉDICATEURS RUSSES.

Procopovitch, Bratanofski, Levanda, Koniski, Platon, Philarète, Innocent.

PRÉDICATEURS FRANÇAIS.

Saint François de Sales, saint Vincent de Paul, Mascaron, Bossuet, Fléchier, Bourdaloue, Fénelon, Massillon, Bridaine, Maury, Frayssinous, Maccarthy, Cœur, Ravignan, Lacordaire.

s'adresse : au milieu d'un sénat, dans une assemblée de sages politiques, elle sera grave, réfléchie, pleine de simplicité et de raison ; elle s'occupera plus de discuter, de convaincre les esprits, que d'émouvoir les cœurs ; elle pourra préparer à loisir ses moyens de persuader, soigner sa diction et son style. S'il s'agit de quelque question importante, d'une circonstance qui intéresse vivement le bien public ou le salut de la patrie, elle pourra s'élever, s'animer, devenir vive, impétueuse, passionnée ; l'argumentation prendra plus de nerf, plus de puissance, et, soutenue par l'émotion de l'orateur, elle entraînera la conviction de l'auditoire.

Devant un peuple assemblé, l'éloquence prend un autre ton, un autre caractère ; elle s'adresse moins à la logique qu'à la passion ; elle emprunte plus de puissance à la voix, au geste, au regard, aux images, qu'à l'enchaînement des mots et des idées ; elle sait que son triomphe tient à l'ébranlement momentané des cœurs. Cette éloquence est la plus dangereuse et la moins pure ; elle peut avoir de beaux élans d'inspiration, mais elle produit rarement des œuvres durables et dignes d'être conservées.

L'éloquence de la tribune est souvent improvisée. Il est rare que dans l'assemblée un orateur puisse prévoir le tour que prendra la discussion, les adversaires qu'il aura à combattre, les arguments, les opinions qu'il faudra réfuter ; un discours préparé d'avance ne trouve pas toujours la place ni l'à-propos qui lui convient. L'orateur est donc obligé souvent de parler sans préparation, d'*improviser* : c'est un talent qui tient à la nature, mais qui se développe par de fortes études et par une longue pratique. L'écueil de l'improvisation, c'est de manquer parfois de clarté, de méthode ; c'est d'être lâche, diffuse, négligée ; mais elle a sur un discours écrit l'avantage d'être plus vraie, plus émue, de mieux se mettre en communication avec le sujet et l'auditoire (1).

§ V. ÉLOQUENCE DU BARREAU, OU ÉLOQUENCE JUDICIAIRE.

Cette éloquence est ainsi nommée, parce qu'elle se déploie dans un tribunal devant les juges. Son but est d'accuser, de défendre et d'éclairer les délibérations judiciaires. L'orateur du barreau est un avocat ou un magistrat qui doit prouver et convaincre ; il s'agit de faire condamner un coupable ou de faire absoudre un innocent, en s'appuyant sur la justice et sur la loi.

C'est donc un noble et saint ministère que celui de l'homme qui tient dans sa bouche la réputation, la vie de son semblable ; c'est une fonction qui demande toute la délicatesse de la conscience la plus pure, toute l'attention, toute l'étude, toute l'éloquence d'un talent élevé.

L'orateur du barreau doit connaître à fond la jurisprudence, ce qu'on appelle le *droit* : c'est le répertoire fonda-

---

(1) Principaux orateurs politiques :

GRECS.

Périclès, Eschine, Démosthène.

LATINS.

Caton, Crassus, M. Antoine, Cicéron, J. César.

FRANÇAIS.

Maury, Cazalès, Barnave, Vergniaux, Mirabeau, de Serre, Villèle, Foy, Martignac, Royer-Collard, Benjamin-Constant, Garnier-Pagès, Sauzet, Mauguin, Odilon-Barrot, Dupin, Berryer, Lamartine, Thiers, Guizot, Arago, La Rochejaquelein, Dufaure, Montalembert.

ANGLAIS.

Chatham, Pitt, Burke, Fox, Sheridan, O'Connel, R. Peel, J. Russel, Stanley.

mental de la science judiciaire ; elle est renfermée dans les *codes*.

L'éloquence du barreau doit faire triompher la justice et la vérité ; il lui est défendu de se prêter à soutenir l'injustice et le mensonge. Un avocat ne peut donc soutenir comme juste une cause qu'il sait être mauvaise ; il mentirait à sa conscience, à la conscience publique ; il ne serait pas honnête homme. Ce qui lui est permis, s'il est convaincu de la culpabilité de son client, c'est de chercher à faire ressortir tout ce qui peut l'atténuer.

Le rôle de l'avocat est de défendre un accusé ; celui du magistrat public, président ou procureur, est de poursuivre le coupable pour venger la loi et la société outragées. On donne aussi au tribunal le nom de *parquet*.

L'éloquence judiciaire est assez bornée ; elle doit s'attacher à la discussion du vrai et du faux, du juste et de l'injuste ; il s'agit de prouver plutôt que d'émouvoir. Ce n'est pas que l'orateur ne puisse être animé, chaleureux, pressant. Il peut, il doit même mettre de l'art dans son discours, bien ordonner ses preuves, les développer avec vigueur, argumenter avec l'élan de la conviction ; enfin, dans certains cas où le sentiment n'est pas déplacé, il peut avoir recours aux mouvements pathétiques et faire partager à l'auditoire la passion qui l'anime.

Mais l'orateur du barreau doit éviter les recherches du langage et les ornements fleuris de la rhétorique, la prolixité qui fatigue le juge et affaiblit la cause, les arguments étrangers au sujet, les citations inutiles et pédantesques, les mouvements passionnés hors de saison, les éclats, les contorsions qui annoncent moins de conviction que d'impuissance.

L'éloquence judiciaire comprend plusieurs sortes de discours, dont les uns sont parlés et les autres seulement écrits ; ce sont :

1° Les *plaidoyers*, discours d'un avocat pour défendre un client ; 2° les *réquisitoires*, discours d'un magistrat public, dans le but de *requérir*, au nom de la société, le châtiment d'un coupable ; 3° les *mémoires*, discours écrits pour éclairer les questions judiciaires ; 4° les *rapports*, résultats des enquêtes de la justice, où la cause se trouve relatée ; 5° les *consultations*, sorte de mémoires écrits par un avocat sur une cause pour laquelle on le consulte (1).

§ VI. ÉLOQUENCE MILITAIRE.

L'éloquence militaire s'adresse aux soldats avant la bataille. Un général, pour exciter l'ardeur de ses troupes, leur adresse une *harangue* ou une *proclamation*.

Les *harangues militaires* étaient fort en usage dans l'antiquité. Celles que les historiens mettent si souvent dans la bouche des généraux n'ont pas toujours été prononcées telles qu'on les lit, mais elles sont au moins vraisemblables.

Chez les modernes, ces harangues sont rares ; elles se réduisent le plus souvent à quelques mots éloquents destinés à se propager dans les rangs de l'armée pour élec-

---

(1) Orateurs célèbres du barreau :

GRECS.

Lisias, Isocrate, Isée, Démosthène, Eschine.

LATINS.

Hortensius, Cicéron, Quintilien, Tacite.

FRANÇAIS.

L'Hospital, Pithou, Arnauld, Patru, Pellisson, d'Aguessau, Lally-Tollendal, Voltaire, Beaumarchais, Desèze, Malesherbes, Portalis, de Serre, Martignac, Berryer, Sauzet, Dupin, Mauguin, O. Barrot.

triser sa valeur. Henri IV trouva souvent à propos ces élans d'éloquence guerrière ; il disait, à la bataille d'Ivry :

« Compagnons, vous êtes Français, je suis votre roi, voilà l'ennemi ; nous courons aujourdhui même fortune. Enfants, si les cornettes vous manquent, ralliez-vous autour de mon panache blanc : vous le trouverez toujours sur le chemin de l'honneur. »

Napoléon, avant la bataille des Pyramides, disait : « Soldats, souvenez-vous que, du haut de ces pyramides, quarante siècles vous contemplent ! »

Aucune harangue peut-être n'est comparable aux paroles suivantes, que La Rochejaquelein disait aux Vendéens soulevés contre la République : « Si j'avance, suivez-moi ; si je recule, tuez-moi ; si je meurs, vengez-moi. »

Il est d'usage maintenant que les chefs d'armée, avant une bataille, adressent aux troupes un discours écrit qu'on nomme *proclamation*. Plusieurs des proclamations de Napoléon sont des chefs-d'œuvre d'éloquence énergique, simple et concise.

§ VII. ÉLOQUENCE ACADÉMIQUE.

L'*éloquence académique* comprend les discours prononcés dans les académies ou les sociétés savantes.

Ce genre a surtout pour but de plaire ; il n'offre pas l'intérêt vif et puissant de l'éloquence de la chaire, de la tribune et du barreau. Son utilité n'est que secondaire ; il n'est ordinairement qu'une brillante gymnastique de pensée et de style. On peut y déployer un art pompeux, des images éclatantes et hardies, une harmonie périodique et soutenue. Pourtant il faut une certaine retenue dans ces ornements ; la pensée ne doit pas être entièrement sacrifiée à l'élégance et à la recherche; cet excès de richesse engendre la satiété, la monotonie: le style devient déclamatoire : c'est le défaut qu'on reproche souvent au genre académique.

Voici les différentes espèces de discours qui se rapportent à l'éloquence académique :

1° Les *discours de réception*, prononcés par un membre nouvellement élu à l'Académie. Cet usage s'est introduit à l'Académie française depuis la réception de Patru en 1640. Cet avocat fit un discours de remercîments à la société des *quarante immortels*, et il fut tellement goûté, que, depuis, tout récipiendaire fut obligé d'en faire autant. D'après l'usage établi, le nouvel élu doit louer son prédécesseur; le président lui répond, et fait son éloge en même temps que celui de l'académicien décédé. Pendant longtemps le discours de réception resta purement élogieux; on avait coutume d'y rendre hommage au roi et au cardinal de Richelieu, fondateur de l'Académie. Voltaire, le premier, imagina de secouer cet usage, et de traiter une question littéraire; ce qu'il fit avec son talent habituel. Depuis, on a suivi cet exemple. Buffon prononça un discours remarquable sur le *style*: on a vu même de nos jours les questions politiques envahir les paisibles solennités de l'Académie.

2° Les *éloges historiques* et les *questions de concours*. Les académies proposent, pour le prix d'éloquence qu'elles doivent décerner, les éloges des écrivains distingués, des grands hommes dont l'humanité s'honore, ou bien des questions philosophiques, morales, littéraires. C'est une heureuse pensée qui excite l'émulation des écrivains, l'intérêt du public, et agrandit le domaine de l'éloquence. Au lieu de se renfermer dans les bornes étroites et monotones de l'éloge, les concurrents académiques prennent un vol plus élevé; ils ne s'évertuent plus, comme Thomas dans ses *Éloges*, à balancer harmonieusement des périodes, à courir après les effets du style ; plusieurs ont produit d'excellents morceaux de critique, des dissertations aussi solidement pensées que bien écrites (1).

3° Le *panégyrique profane* est un discours à la louange d'un personnage célèbre. Les *Apologies de Socrate*, par Platon et par Xénophon, peuvent se rapporter à ce genre. Tel est encore le *Panégyrique d'Athènes*, par Isocrate ; le *Panégyrique de Trajan*, par Pline ; le *Panégyrique de Louis XIV*, par Pellisson.

4° L'*oraison funèbre profane*. C'est un hommage rendu à la mémoire des morts, et souvent prononcé sur leur tombe. Cet éloge a pour but moral d'inspirer aux vivants le respect des morts, et de proposer leurs vertus comme exemple. On le trouve en usage chez les Égyptiens, en Grèce, à Rome, chez presque tous les peuples. Thucydide nous a conservé le beau discours de Périclès en l'honneur des guerriers morts dans la première année de la guerre du Péloponèse.

L'éloquence ne se trouve pas exclusivement dans les discours parlés ou écrits, comme ceux dont nous venons d'étudier les divers caractères ; elle peut exister dans les ouvrages destinés à convaincre les esprits et à toucher les cœurs. Il y a de l'éloquence partout où le style s'anime et prend l'empreinte de l'émotion de l'écrivain. C'est ainsi qu'on trouve l'éloquence dans les ouvrages du moraliste et du philosophe, dans les récits de l'historien, dans les vers du poète, et parfois même dans une simple lettre. Nous croyons inutile d'entrer dans le détail de ces différentes sortes d'éloquence ; elles se rattachent à celles qui précèdent, et ce que nous avons dit plus haut suffit pour que

---

(1) Tels sont : l'abbé Guénard, J.-J. Rousseau, Labarpe, Villemain, Patin, Saint-Marc Girardin, Sainte-Beuve, etc.

l'homme de goût et de sentiment puisse apprécier l'éloquence partout où elle se trouve.

CHAPITRE XIV.

GENRE HISTORIQUE.

L'histoire a pour but de raconter les évènements véritables.

L'objet spécial de l'historien, c'est la vérité; il peut chercher à la rendre intéressante, mais s'il l'altère ou la néglige, il manque au premier de ses devoirs.

Études de l'historien.

Aucun genre de composition ne demande plus d'étude, plus de jugement, plus de connaissances que l'histoire. Outre les connaissances spéciales, les recherches particulières au sujet qu'il traite, un historien, pour être complet, doit avoir pénétré les secrets de la nature et du cœur humain, étudié les lois et les constitutions des peuples, et acquis sur la politique, la religion, la philosophie, la littérature, les arts, le commerce, l'industrie, l'économie politique, des notions générales et suffisantes. Car l'histoire n'est pas seulement le récit des faits qui sont les évolutions extérieures de l'humanité; elle doit encore remonter aux causes, apprécier les résultats, et signaler l'influence réciproque des idées sur les faits, et des faits sur les idées. L'histoire n'est pas comme la peinture, qui ne donne que des surfaces et des physionomies ; elle va au fond des choses, elle montre l'homme sous tous les aspects, et, des évènements qu'elle analyse, elle doit savoir tirer des conséquences qui présentent à l'esprit un enseignement solide et profitable.

C'est donc par de sérieuses études que l'écrivain doit se préparer à l'histoire. Quand il aborde ensuite un sujet spécial, il ne doit rien négliger pour le connaître à fond. Remonter aux sources originales, fouiller les bibliothèques et les archives, compulser tous les documents qui peuvent concourir à débrouiller les faits, comparer, analyser, critiquer, ne rien admettre légèrement et sans preuves : voilà le travail préliminaire de l'historien qui veut être consciencieux et vrai ; il ne dira pas ce mot qu'on reproche à Vertot au sujet de son *Histoire de Malte* : « Mon siége est fait. »

§ I. IMPARTIALITÉ.

L'historien doit être impartial, c'est-à-dire exposer la vérité tout entière, et rien que la vérité, sans ménagements, sans faiblesse, sans se laisser influencer par l'esprit de secte, de parti ou de système.

Quand nous parlons de l'impartialité de l'historien, nous sommes loin de prétendre qu'il doive rester impassible et froid, ni garder une indifférence complète entre le crime et la vertu. Non, certes ; l'historien est homme, et il parle à des hommes ; rien de ce qui est humain ne lui est étranger : son âme doit palpiter d'admiration devant le bien, s'indigner et frémir à la vue du mal. Sans manifester, comme l'orateur, des passions ardentes, sans sortir de la dignité, de la modération qui convient à l'histoire, il nous communiquera les émotions généreuses de son cœur, il flétrira le vice, et prendra hautement la défense de la vertu : c'est ainsi seulement que l'histoire peut devenir une école de morale.

Loin de nous ce système fataliste, préconisé de nos jours, qui veut faire de l'historien un automate sans entrailles, narrant avec la même indifférence le bien et le mal, sans haine comme sans sympathie. Cette froide insensibilité n'est pas dans la nature ; de plus, elle est contraire à la justice et à la vérité. Sans amener continuellement des réflexions philosophiques et morales, l'historien doit donner aux faits leur vrai caractère, et montrer partout l'expression d'une âme honnête et vertueuse ; le récit n'en devient que plus sympathique et plus intéressant : c'est là ce qui fait de Tacite un historien admirable et complet.

§ II. UNITÉ.

S'il est un genre de composition où l'ordre et la clarté soient nécessaires, c'est surtout l'histoire. Pour arriver à ce résultat, l'auteur, après avoir approfondi son sujet, doit se tracer un plan, et lui donner pour caractère essentiel l'*unité*.

Par l'unité, toutes les parties se relieront entre elles, se rattacheront à un centre commun, et formeront un ensemble complet. Malgré la diversité que peuvent présenter les événements de l'histoire, ils se développent toujours d'après certaine loi, sous certaine influence, et ils tendent toujours vers un but : c'est à ce fil général que l'historien se rattachera pour grouper les membres épars du récit, et c'est ainsi qu'il trouvera l'unité. Polybe et Bossuet nous en offrent de beaux modèles : le premier donne pour centre à son *Histoire générale* l'agrandissement de la puissance romaine ; le second, dans son *Histoire universelle,* montr partout le doigt de la Providence dirigeant les évènements humains d'après ses desseins éternels : on croit sentir en le lisant qu'il a vu dans les cieux les secrets qu'il révèle à la terre. La pensée religieuse donne une magnifique unité à cet ouvrage, qui, comme l'a dit Voltaire, *n'a eu ni modèle ni imitateurs, et dont le style n'a trouvé que des admirateurs.*

Présentée avec cet ensemble et cette unité, l'histoire devient une vaste épopée où circulent la vie et l'intérêt, et elle attache d'autant plus fortement l'esprit que l'intérêt repose sur la vérité.

§ III. DÉTAILS DE L'HISTOIRE.

Les détails de l'histoire doivent être subordonnés au plan que l'on adopte : dans une histoire abrégée, on ne présente que la substance des faits, on se borne aux principaux évènements ; si l'on veut faire une histoire complète et détaillée, on peut s'étendre, et ne rien omettre de ce qui offre de l'intérêt. L'histoire détaillée est plus instructive, plus attachante; elle offre plus de prise à l'imagination, parce qu'elle peint les évènements et les caractères, et qu'elle met en relief les mœurs , les lois et les institutions. Mais il faut faire un choix dans les détails, et ne rien mettre d'inutile. — Sans cette sobriété, qui dépend du tact et du goût de l'historien, la narration devient prolixe et diffuse : tout ce qui ne va pas droit au but doit être mis de côté.

Il y a, du reste, plusieurs manières de présenter l'histoire. L'une, qu'on peut appeler *narrative*, consiste à détailler beaucoup les évènements, en laissant au lecteur à tirer lui-même les conséquences; elle s'adresse plus à la mémoire et à l'imagination. L'autre, qui s'adresse plutôt au jugement, peut se nommer *philosophique*; elle suppose chez le lecteur une connaissance préalable des faits ; elle les serre, les abrége et les groupe pour en faire sortir un enseignement. Tite-Live dans son *Histoire romaine*, M. de Barante dans son *Histoire des ducs de Bourgogne*, ont adopté la première manière; Tacite, Bossuet, ont choisi la seconde. On peut, en combinant habilement ces deux méthodes, réunir les avantages de l'une et de l'autre.

§ IV. CHRONOLOGIE.

L'ordre chronologique est nécessaire à l'histoire ; mais on est parfois obligé de s'en écarter, pour ne pas couper un récit et disloquer l'enchaînement des faits. L'historien, entraîné en avant malgré lui, est obligé de revenir sur ses pas. C'est ce qui se rencontre fréquemment dans l'histoire générale, où les évènements séparés et multiples, ne peuvent tous être conduits de front.

§ V. NARRATION HISTORIQUE.

Style.

La narration historique veut être vive et rapide; elle doit marcher et ne jamais languir. Si elle peint les hommes et les choses sous des couleurs vraies et saisissantes, si elle dessine avec justesse et originalité les caractères, si dans un récit simple et clair elle mêle une certaine chaleur tempérée de dignité et de noblesse, elle ne peut manquer d'intéresser le lecteur. Le style sera clair, précis, grave et naturel ; il variera dans ses formes, suivant le sujet et les circonstances.

§ VI. DIFFÉRENTES FORMES DE L'HISTOIRE.

Histoire primitive.

LÉGENDES, ANNALES, CHRONIQUES.

Dans l'enfance des peuples, les souvenirs historiques se conservent par la tradition orale, par les chants des poètes ou par des monuments simples et grossiers.

Quand la prose paraît, on pense à transmettre à la postérité les évènements d'une manière plus positive, et l'on voit paraître les *annales*, les *légendes* et les *chroniques*, qui sont plutôt des matériaux pour l'histoire que l'histoire même.

Les *annales* se contentent de consigner les noms, les faits et les dates, sans songer à les mettre en récit. A Rome, les annales étaient rédigées par les grands pontifes, dans les *livres pontificaux*.

Les *légendes* n'appartiennent qu'indirectement à l'histoire ; ce sont des récits naïfs et populaires, fondés souvent sur des faits véritables, mais altérés par l'imagination ignorante et avide de merveilleux ; il est difficile souvent d'y démêler la vérité du mensonge, car l'invention romanesque y domine.

La *chronique* est l'enfance de l'histoire : elle est naïve et de bonne foi ; elle raconte pour raconter ; elle ne se pique pas d'ordre ni de science, mais elle plaît, elle intéresse par sa simplicité même et son abandon (1).

---

(1) En France, les plus célèbres chroniqueurs sont Villehardouin, Joinville et Froissart.

Histoire proprement dite.

L'histoire proprement dite appartient aux âges déjà éclairés par la civilisation, car elle exige des recherches, de la réflexion et de vastes connaissances. On peut la diviser, quant à la forme et au sujet, en plusieurs espèces.

D'abord on distingue l'*histoire sacrée* et l'*histoire profane*.

L'histoire sacrée raconte les faits relatifs à la religion : on la nomme *histoire sainte* quand elle renferme les évènements religieux antérieurs au Messie ; c'est l'Ancien Testament qui en est la source. On donne le nom d'*histoire ecclésiastique* à celle qui raconte les évènements religieux depuis Jésus-Christ jusqu'à nos jours. L'histoire sacrée est souvent mêlée à l'histoire profane dans les auteurs.

L'*histoire profane*, qui s'occupe spécialement des évènements humains, nous offre les divisions suivantes :

L'*histoire universelle*, qui embrasse tous les peuples, depuis l'origine du monde jusqu'à nos jours (Bossuet, de Ségur).

L'*histoire générale*, qui comprend les faits de toute une époque ou de tout un empire (telle est l'*Histoire* d'Hérodote, l'*Histoire d'Angleterre* par Lingard, etc.)

L'*histoire particulière*, qui raconte seulement une période de l'histoire, ou un grand évènement isolé (la *Retraite des dix mille*, par Xénophon ; l'*Histoire des Croisades*, par Michaud : la *Conquête de l'Angleterre par les Normands*, d'Augustin Thierry, etc.).

La *biographie* renferme la vie d'un homme remarquable et qui a joué un rôle dans la société. Si l'on veut faire l'histoire d'un homme, on le représente principalement dans son existence publique ; si l'on veut raconter surtout *sa vie*, c'est plutôt l'homme privé que l'on considère ; mais on peut embrasser simultanément l'un et l'autre point de vue (les *Vies des hommes illustres,* par Plutarque ; la *Vie d'Agricola,* par Tacite, etc.).

Les *mémoires* ne contiennent pas une histoire suivie et complète, ils relatent les faits, les impressions personnelles à l'auteur, ce qu'il a vu, ce qu'il a entendu dire, ce à quoi il a pris part directement ou indirectement ; plus il s'est trouvé haut placé, plus ses récits offrent d'importance et d'intérêt.

Les mémoires ne sont pas astreints à l'ordre, à la dignité sévère de l'histoire. On aime à y trouver un ton de liberté vif et animé, des portraits pittoresques, des anecdotes piquantes, des détails intimes de mœurs ; l'auteur peut s'y mettre en scène, et cette communication familière avec le lecteur donne un charme de plus au récit ; mais les mémoires ne doivent pas dégénérer en bavardage inutile. (*Mémoires* de Sully, du cardinal de Retz, de Saint-Simon, etc.).

La *philosophie de l'histoire* n'est pas un récit chronologique et suivi des évènements ; elle présente des vues générales sur l'histoire ; elle considère spécialement l'esprit des faits, examine les causes, indique les développements des idées et de la civilisation, et montre du doigt les résultats et les conséquences : c'est comme un complément nécessaire à l'histoire proprement dite ; elle s'adresse aux esprits murs et sérieux. Quand cette synthèse est faite par un homme de talent, par un philosophe aux idées larges, élevées, morales et religieuses, elle offre un des enseignements les plus utiles à l'humanité (Montesquieu, Guizot) (1).

---

(1) **Historiens remarquables :**

GRECS.

Hérodote, Thucydide, Xénophon, Polybe, Diodore de Sicile, Denys d'Halicarnasse, Josèphe, Plutarque.

L'*histoire de la littérature* est aussi un complément né-essaire de l'histoire politique : si celle-ci présente le ta-leau des évènements, celle-là fait comprendre la marche es esprits. C'est par la littérature que se traduit le génie 'une nation ; c'est là qu'il faut puiser pour le saisir dans es manifestations les plus vives et les plus complètes. nalyser avec goût les auteurs, soumettre les ouvrages à ne critique judicieuse et impartiale, étudier le caractère

---

LATINS.

Julés-César, Cornélius Népos, Salluste, Tite-Live, Tacite, uinte-Curce, Suétone.

FRANÇAIS.

Comines, Mézeray, Péréfixe, Bossuet, Daniel, Fleury, Saint-éal, Vertot, Rollin, Hénault, Crévier, Lebeau, Mably, Millot, oltaire, Anquetil, Daru, Lacretelle, Daunou, Barante, Guizot, lichaud, Ségur, Mignet, Michelet, Sismondi, A. Thierry, Thiers, urette, Capefigue.

ANGLAIS.

Gibbon, Hume, Robertson, Lingard.

ALLEMANDS.

Schlœzer, Mœser, Schrœkh, Müller, Becker, Luden, Leo, aumer, Schœll, Heeren, Niebuhr.

ITALIENS.

Villani, Pogge Bracciolini, P. Jove, Sigonio, Guichardin, Da-ila, Muratori, Cantu.

ESPAGNOLS.

Mendoza, Mariana, Herrera, Solis, Masden.

PORTUGAIS.

Barros, Diaman de Goes, Brito, Nunez de Liaô, Eryceyra.

DANOIS.

Holberg.

RUSSES.

Nestor (annales), Popofski, Mouravieff, Karamsin, Polévoï, Oustrialoff.

des écrivains, l'influence qu'ils ont reçue de leur siècle, celle qu'ils ont exercée sur lui à leur tour ; constater les progrès de la pensée et de la langue ; mêler à cette étude des observations justes et profondes sur les mœurs, le goût et l'art d'écrire : tel est l'objet multiple de l'histoire littéraire. Il n'est guère d'étude plus propre à former le jugement et l'imagination de la jeunesse (Laharpe, Fauriel, Villemain, Ampère, Sainte-Beuve, Philarète Chasles, Nisard).

CHAPITRE XV.

GENRE DIDACTIQUE EN PROSE.

C'est moins un genre particulier qu'un genre collectif, qui renferme des ouvrages bien différents par la forme et par l'objet. Les ouvrages didactiques sont en général des ouvrages sérieux, où le jugement a plus de part que l'imagination, et qui ont pour but de communiquer directement des connaissances sous forme d'enseignement.

Ce genre n'a donc pas de bornes déterminées ; il peut comprendre tous les traités, réguliers ou non, sur la philosophie, sur la morale, sur les arts et les sciences ; tous les livres de théorie, les études et les descriptions de la nature, les livres d'éducation, etc. C'est le genre le plus vaste de tous, et celui par conséquent auquel on peut le moins imposer de règles, car celles qui s'appliqueraient à une espèce d'ouvrages ne conviendraient pas à d'autres. La Bruyère, dans ses *Caractères*, n'écrit pas comme Buffon ou comme Bernardin de Saint-Pierre dans leurs études de la nature ; Aristote ne ressemble pas à Platon.

Les règles, dans chaque ouvrage didactique, sont tracées à l'auteur par le sujet même; c'est de son goût, de son jugement que dépendent la forme, le plan et le style convenables. Ce que nous avons dit sur l'art d'écrire en général, dans la première partie, peut trouver son application dans chaque genre. L'ordre, la clarté, la vérité, la justesse, telles sont les qualités essentielles à tout ouvrage dicté par la raison.

L'écueil le plus difficile à éviter dans un ouvrage didactique, c'est la sécheresse. Il faut donc, autant que possible, y semer la variété, chercher à rendre la science intéressante, et ne pas en bannir absolument l'imagination, si le sujet permet d'y jeter quelques fleurs. Le goût de l'écrivain doit le guider en cela.

Fontenelle, dans ses ouvrages scientifiques, nous montre souvent mal à propos le bel esprit; mais on aime à voir Buffon orner de brillantes couleurs ses descriptions de la nature; Chateaubriand, dans le *Génie du Christianisme*, animer de sa puissante imagination les preuves qu'il donne au sentiment religieux; et Platon faire circuler dans ses dialogues philosophiques le souffle inspiré de la poésie (1).

---

(1) Principaux écrivains didactiques :

GRECS.

Platon, Aristote, Théophraste, Xénophon, Lucien, Plutarque, Longin.

LATINS.

Cicéron, Sénèque, Quintilien, Pline l'Ancien.

FRANÇAIS.

Montaigne, Calvin, Balzac, Descartes, La Rochefoucault, Pascal, Nicole, Arnaud, Bossuet, Fénelon, La Bruyère, Bayle, Fontenelle, Montesquieu, Voltaire, J.-J. Rousseau, Buffon, Barthélemy, Vauvenargues, Duclos, Condillac, d'Alembert, Bernar-

CHAPITRE XVI.

GENRE DU ROMAN.

Le *roman* est un récit d'aventures, ordinairement imaginaires, qui doit avoir pour but d'instruire le lecteur en l'amusant.

§ I. ORIGINE DU ROMAN.

Quoique le roman, tel que nous le comprenons aujourd'hui, soit une véritable création des temps modernes, on peut dire que, dans tous les âges et dans tous les lieux, l'homme s'est plu à sortir en imagination de la vie ordinaire, et à rêver un ordre d'évènements plus varié, plus fantastique, plus en harmonie avec ses désirs.

Quel esprit ne bat la campagne?
Qui ne fait châteaux en Espagne?

LA FONTAINE.

---

din de Saint-Pierre, Madame de Staël, Châteaubriand, J. de Maistre, Cuvier, Cousin, Lamennais, Jouffroy, etc.

ITALIENS.

Machiavel, Vico, Beccaria, Bettinelli, Filangieri.

ANGLAIS.

Bacon, Clarke, Newton, Hobbes, Locke, Hume, Addison, Steele, Reid.

ALLEMANDS.

Leibniz, Wolf, Wieland, Lessing, Winckelmann, Herder, Goëthe, les deux Schlegel, Kant, Fichte, Schelling.

Voilà l'origine véritable du roman ; c'est le monde de la fantaisie et de l'idéal ; il a sa source dans les rêves de l'imagination : il est donc aussi ancien que l'homme lui-même.

Il ne faut pas s'étonner que le roman soit devenu un genre important de littérature ; il peut avoir de graves inconvénients, nous le savons, et nous en signalerons plus loin les abus ; mais il a aussi un charme universel qui fait sa force, et dont il faut tenir compte.

§ II. CARACTÈRE DU ROMAN.

Le roman diffère de l'histoire ; celle-ci raconte des faits véritables, l'autre vit de fictions ; mais le roman a aussi sa vérité à lui : il fait l'histoire du cœur humain.

L'histoire de l'homme ne consiste pas seulement dans les évènements extérieurs et publics, qui ne nous montrent guère que des princes, des héros, et les actions mémorables des grands hommes ; l'humanité a encore une autre face : c'est la vie privée, c'est la multitude, ce sont les passions, les intérêts, les accidents de tous les jours, les vertus, les vices, les mœurs, les usages, les caractères de la vie commune ; c'est l'histoire de chacun et l'histoire de tous : tels sont les éléments variés et féconds où le roman puise ses peintures et ses récits.

Le roman est donc à la fois fiction et vérité : fiction par la forme, vérité par l'expression. Il peint l'homme comme le théâtre ; avec moins de force et de vivacité sans doute, mais avec plus de liberté. Il dispose à son gré de sa matière, il n'est guère soumis qu'aux lois générales du bon sens et du goût ; pour le reste, il ne reçoit de règles que de lui-même et de son sujet. Toute la nature lui appartient ; il peut prendre tous les tons, toutes les formes, aborder toutes les matières, les étendre, les développer à son gré ; son héros est un centre autour duquel il fait rayonner tous les caprices de sa fantaisie.

§ III. MORALITÉ DU ROMAN.

Le roman devient ainsi la véritable épopée de la vie humaine : épopée prosaïque, sans merveilleux, sans prestige, mais par cela même plus réelle, plus attrayante que l'épopée héroïque. Sous cette forme, le romancier peut donner à son aise des leçons de philosophie et de morale pratiques, et communiquer à ses lecteurs l'expérience de la vie.

Il ne suffit pas, en effet, que le roman soit bien ordonné, que le récit en soit vif, intéressant, les peintures variées, les passions peintes avec naturel ; que les évènements s'enchainent, que les caractères soient bien tracés et bien soutenus, qualités qui appartiennent aussi au poème épique; il faut encore que le roman soit moral et instructif. Aucun ouvrage d'imagination ne doit avoir pour but exclusif d'amuser, encore moins d'amuser aux dépens de la vérité et des mœurs.

§ IV. ABUS ET DANGER DU ROMAN.

Hélas ! nous le savons, le roman atteint rarement le but élevé que nous venons d'indiquer. Trop souvent il peint les passions sous des couleurs vives et attrayantes ; trop souvent, dans les caprices ou le délire de l'imagination, il porte atteinte au bon goût, à la vérité, à la vertu.

De nos jours, les romanciers sont souvent des hommes sans conscience, qui font de leur talent un honteux trafic ;

ils veulent le succès, et, pour l'atteindre, tous les moyens leur sont bons. Voyant le public blasé sur les jouissances pures et délicates, ils cherchent à réveiller cette sensibilité émoussée en recourant au laid et en forçant la nature ; ils jettent en pâture au public des sentiments raffinés, des situations fausses, extravagantes, invraisemblables, des passions exagérées. La critique a beau élever sa voix sévère, le mal est plus fort que la raison et la vérité (1).

Les jeunes gens ne doivent pas s'étonner si on leur interdit ces frivoles et dangereuses lectures : leur cœur et leur esprit n'y peuvent rien gagner, ils ont tout à y perdre. A un âge où l'imagination est vivement impressionnable, il est important de ne la fausser sous aucun rapport. Leur âme ne doit recevoir que les inspirations bienfaisantes de la vertu, leur goût ne doit contempler que ce qui est pur et beau.

Rien n'est plus contraire aux progrès d'une éducation solide que la lecture des romans ; ces frivoles distractions dégoûtent des travaux sérieux, jettent le trouble dans les idées, et fanent promptement cette fleur de l'imagination qui a besoin de tant de délicats ménagements.

La lecture des romans, même les plus innocents en apparence, peut fausser l'esprit et troubler le cœur où règnent la candeur et la simplicité de la vertu ; car ils peignent un monde idéal et factice qui diffère toujours du monde réel. Quand une imagination naïve et jeune s'est peuplée de ces chimères, qu'elle est trop tentée de prendre au sérieux, elle veut transporter ensuite toutes ses illusions dans la vie

(1) Rendons justice aux romanciers anglais de nos jours : ils sont, pour la plupart, beaucoup plus réservés que les romanciers français, et ne sacrifient pas la morale à la recherche de l'effet.

pratique. Alors viennent les déceptions et les mécomptes; le cœur se brise à chaque pas qu'il fait dans la vie; tout l'ennuie, tout le dégoûte; il ne trouve rien en harmonie avec l'idéal de ses rêves; devant lui se creuse un abîme où trop souvent il s'engloutit.

§ V. HISTOIRE DU ROMAN.

Le roman nous apparaît d'abord chez les Orientaux, peuples ingénieux qui donnaient à toutes les œuvres de l'imagination la forme de l'allégorie et du symbole. Leurs récits cachent toujours une leçon morale sous une forme embellie de toutes les richesses de la fiction; ils brillent par une imagination féconde, crédule, amie du merveilleux. Les contes arabes des *Mille et une Nuits* et les contes persans des *Mille et un Jours* sont une preuve de cette extrême fertilité de l'invention orientale.

Les Grecs, hommes d'action avant tout, étaient moins portés que les Asiatiques à faire et à entendre ces longs récits qui supposent les doux loisirs d'une vie somnolente et contemplative.

« Tout l'empire de la fiction, dit M. Villemain, était pour ainsi dire envahi par le polythéisme ingénieux des Grecs. Cette croyance devait suffire aux imaginations les plus vives; elle satisfaisait ce besoin de fables et de merveilleux si naturel à l'homme. Chaque fête, en rappelant les aventures des dieux, occupait les âmes curieuses par des récits qui ne laissaient point de place à d'autres étonnements. Le théâtre, dont les solennités n'étaient point affaiblies par l'habitude, frappait les esprits par ce mélange d'intervention divine et d'histoire héroïque, qui faisait son merveilleux et sa terreur. De plus, chez une nation si heureusement née pour les arts, la fiction appelait naturellement les vers ; et l'on ne serait pas descendu de ces belles fables, si bien chantées par les poètes, à des récits en prose qui n'auraient renfermé que des mensonges vulgaires. Remarquons d'ailleurs combien tout était public et occupé dans la vie de ces petites et glorieuses nations de la Grèce : il n'y avait pour personne de distraction privée ni de solitude ; l'État se chargeait pour ainsi dire d'amuser les citoyens. Toute la Grèce courait aux jeux Olympiques pour entendre Hérodote lire son histoire.

» Sous d'autres rapports, cette forme de société fournissait peu à l'imitation des mœurs privées et à la fiction romanesque. La civilisation, quoique prodigieusement spirituelle et corrompue, était plus simple que la nôtre. L'esclavage domestique formait une première et grande uniformité ; le reste de la vie des citoyens, se passant sur la place publique, était trop ouvert à tous les yeux pour que l'on y pût supposer avec vraisemblance quelque aventure extraordinaire, quelque grande singularité de caractère ou de destinée ; enfin, la condition inférieure des femmes, leur vie retirée, affaiblissaient la puissance de cette passion, qui joue un si grand rôle dans les romans modernes. »

Pourtant la littérature grecque n'est pas absolument dépourvue de romans : la *Cyropédie* de Xénophon est un véritable roman philosophique, comme le remarque Cicéron ; c'est le *Télémaque* réduit aux formes de l'histoire. La belle fiction de l'*Atlantide*, dans Platon, présente un caractère à peu près semblable. Mais c'est surtout à l'époque de la décadence que nous trouvons le roman chez les Grecs. Les *Fables milésiennes*, dues à un certain Aristide de Milet, étaient des récits libres et naïfs, assez semblables à nos fabliaux du moyen âge. Les Latins imitèrent ces contes, témoin l'*Ane d'or* d'Apulée, où l'on trouve la fable si ingénieuse et si délicate de *Psyché*. — Les *Amours de Théagène et de Chariclée*, par Héliodore d'Émèse, sont célèbres pour avoir charmé la jeunesse de Racine et excité la mauvaise humeur de son maître Lancelot, qui lui en brûla deux exemplaires. C'est le premier roman où l'on trouve un récit d'aventures supposées, mais vraisemblables, écrites en prose avec art, pour le plaisir et l'instruction du lecteur. *Daphnis et Chloé*, par Longus, est un roman pastoral dont on a trop vanté la naïveté, parce qu'on l'a jugé d'après le vieux style d'Amyot qui l'a traduit. On ne sait rien de précis sur l'auteur, ni sur l'époque où il vécut. Il est certain que *Daphnis et Chloé* a servi de modèle à *Paul et Virginie* de Bernardin de Saint-Pierre ; mais combien l'auteur français l'emporte sur l'auteur grec par la pureté morale, par le naturel et la vérité, par la simplicité naïve et touchante qui fait de son livre une œuvre de génie !

La chevalerie du moyen-âge a fait naître un nouveau genre de récits qui brillent d'un vif éclat, d'abord chez les troubadours de la Provence, ensuite dans les ouvrages ingénieux des trouvères au nord de la France. Mais ces romans chevaleresques et poétiques, œuvres d'une époque d'enthousiasme, ne sont pas encore le roman moderne.

Le roman moderne est l'épopée populaire et prosaïque ; il commence à poindre au moment où la chevalerie pâlit et s'efface ; il naît de l'esprit pratique, posé, satirique, raisonneur, observateur des peuples septentrionaux. Il n'a rien de commun avec le Midi, pays des chimères, des aventures, des allégories et des symboles ; il sort tout armé de l'imagination rêveuse des hommes du Nord, qui se plaît à l'analyse des *caractères*, à l'examen détaillé des *individus* et à la peinture des *mœurs*.

Le roman de *Renard* est peut-être le premier type de ces récits où se trouve l'empreinte de l'analyse individuelle propre au génie septentrional. Ce roman est une vraie création originale, que nous trouvons chez tous les peuples d'origine germanique ; il remonte, sans nom d'auteur, au onzième siècle, et circule partout, dans toutes les classes de la société, tant il est profondément national : c'est l'œuvre de tout le monde, c'est la peinture de la vie humaine, analyse fine et narquoise, tableau grossier, naïf, plein de naturel et de vérité.

Cet esprit d'analyse se manifeste encore au quatorzième siècle en Allemagne dans les curieux ouvrages du maître d'école Hugo de Trimberg, qui semble annoncer de loin Addison, Sterne et Swift. Il eut pour successeur, au quinzième siècle, un jurisconsulte de Strasbourg, Sébastien Brandt, auteur du *Vaisseau des fous*.

Le roman de *Renard* était une allégorie ; la France la continuait d'une manière plus délicate, plus chevaleresque, mais moins profonde, dans le célèbre *Roman de la Rose*, dont la vogue dura plus de deux siècles.

Pendant ce temps, l'Italie avait sa langue déjà fixée ; elle chantait avec Dante et Pétrarque, elle écoutait les contes de Boccace, que Marguerite de Navarre, sœur de François Ier, devait imiter en France ; mais ces contes sont des récits d'aventures, et non des études de caractères et de mœurs.

L'Angleterre, au contraire, entre, comme l'Allemagne, dans la carrière de l'observation, où elle doit briller d'un si vif éclat. Chaucer emprunte aux Italiens la matière de ses récits, mais il y déploie le génie original et analytique qui caractérise sa nation ; il commence cette série d'observateurs, de peintres, d'humoristes, dont la gloire, non éclipsée de nos jours, se transmettra jusqu'à Walter Scott et Dickens, en passant par Shakspeare, Sterne, Swift, de Foe, Richardson, Fielding, Smollett, etc..

L'Espagne produit, au commencement du dix-septième

siècle, une œuvre étincelante de verve, de gaieté, d'esprit et de raison : c'est le *Don Quichotte* de Cervantes, qui excita la surprise et l'admiration universelles. Ce fut une vraie découverte ; on ne connaissait pas jusque-là ces peintures piquantes de mœurs, ce développement profond des caractères, cette habile ordonnance de l'intrigue, ce ton naturel et vrai de la narration, cette satire de bon goût qui devait chasser de la littérature toutes les fades et extravagantes aventures de la chevalerie. Pourtant, on trouve encore dans ce chef-d'œuvre la tendance symbolique du Midi : don Quichotte, c'est l'*âme* avec ses sublimes extravagances ; Sancho, c'est le *corps* qui songe à sa conservation.

L'Espagne avait eu ses *Amadis;* la France les imita, puis elle tomba dans les Artamènes, race de héros aussi fades qu'ennuyeux, aussi peu conformes à l'histoire qu'à la nature.

Depuis l'*Astrée* d'Honoré d'Urfé jusqu'aux interminables romans de mademoiselle Scudéry, tels que le *Grand Cyrus* et *Clélie*, le roman français languit dans le platonisme amoureux ; il était complètement en dehors de la vérité. Madame de La Fayette le ramena dans des voies plus délicates et plus vraies par la *Princesse de Clèves;* Scarron, par son *Roman comique*, mérite aussi d'être mentionné pour avoir esquissé quelques scènes amusantes et naturelles. Enfin, Lesage, dans *Gil-Blas*, offrit le premier et le plus parfait modèle du *roman de mœurs*, genre fécond, par lequel le roman entrait dans des destinées nouvelles. En Angleterre, Richardson suivait la même inspiration dans *Clarisse Harlowe* et *Paméla*. Depuis ce temps, le domaine du roman n'a cessé de s'agrandir.

Nous ne suivrons pas toutes les nuances de transformations qu'il a subies, autant par le caprice des auteurs que par les exigences d'un public avide d'émotions et d'histoires. Citons seulement le *roman historique* comme une des formes les plus nouvelles et les plus importantes. Rien de plus attrayant que cet effort de l'imagination et de la science qui s'empare d'une époque historique, ranime la poussière du passé, et fait revivre dans ses peintures, à l'aide de personnages et d'évènements supposés, les mœurs, les usages et l'esprit d'un autre âge. Walter Scott, qui a créé ce genre, n'a guère trouvé de rivaux parmi ses imitateurs, et l'on a pu dire de ses romans, sans se tromper, qu'ils sont plus vrais que l'histoire.

En résumant cette longue esquisse du roman, nous voyons que s'il paraît d'abord chez les peuples orientaux sous la forme de contes, c'est surtout dans le Nord qu'il se développe et qu'il prend son véritable caractère. C'est là qu'il trouve le principe de l'*Individualité;* il le puise à la fois dans l'indépendance germanique et dans la réflexion intérieure; il s'y empreint fortement de l'esprit d'observation et d'analyse intime; il peint le cœur humain en pénétrant dans tous ses replis les plus cachés; il affectionne les tableaux de famille, il entre dans tous les détails et les effets des passions. C'est surtout des sentiments du cœur qu'il tire ses plus grandes ressources. La position élevée des femmes dans la société moderne, leur action puissante dans la vie privée et publique, entrent pour beaucoup dans cette importance qu'a prise le roman dans nos mœurs actuelles.

Après ce que nous venons de dire, on comprendra, sans qu'il soit besoin de les expliquer, les différents noms que l'on a donnés aux divers romans, selon leur forme ou leur objet. C'est ainsi que l'on a les *romans d'intrigue*, les *romans d'amour*, les *romans de caractère*, les *romans de mœurs*, les *romans chevaleresques*, *historiques*, *philosophiques*, *satiriques*, *intimes*, etc.

Le *conte* en prose n'est au fond qu'une variété du roman ; pourtant il conserve toujours un ton plus léger, plus vif, une allure plus libre et plus capricieuse.

La *nouvelle* est un roman en miniature.

CHAPITRE XVII.

GENRE ÉPISTOLAIRE.

Le genre épistolaire est très-borné ; il ne contient réellement que les lettres simples et familières, écrites avec un talent remarquable, et que l'on a jugées dignes d'intéresser le public ou d'être proposées comme modèles. Car nous nous garderons de confondre avec les lettres véritables des ouvrages complets, soit traités philosophiques ou didactiques, soit romans, qui se présentent sous la forme épistolaire ; à peine a-t-on commencé à lire ces prétendues lettres, qu'on voit apparaître un auteur qui parle, non à un ami, mais au public.

La correspondance familière des grands écrivains ou des personnages remarquables offre un vif intérêt ; on aime à y chercher des traits particuliers de caractère et des détails intimes qu'il est impossible de trouver ailleurs. Une lettre écrite avec abandon est pleine de ces surprises de l'âme, de ces mouvements naturels qui ont été dérobés au public ; c'est souvent le portrait le plus ressemblant de l'auteur. Ajoutons à cela que les lettres peignent, non-seulement les hommes, mais encore toute la physionomie d'une époque : le meilleur tableau du règne de Louis XIV est certainement le recueil des lettres de madame de Sévigné. Il y a donc dans les lettres un intérêt à la fois littéraire et historique.

Parmi les écrivains dont la correspondance, tombée dans le domaine public, a de la célébrité, citons Cicéron, Pline le Jeune, Henri IV, Balzac, Voiture, Bossuet, Fénelon, Racine, madame de Sévigné, madame de Maintenon, Voltaire, Paul-Louis Courier.

Nous n'avons pas à parler ici du style épistolaire, dont les règles sont d'ailleurs aussi mobiles que l'imagination et la manière d'être de chaque individu ; nous avons traité cette matière au complet dans la première partie (page 108).

SUPPLÉMENT AUX EXEMPLES.

Manière de lire les vers.

C'est peu d'aimer les vers, il les faut savoir lire ;
Il faut avoir appris cet art mélodieux
De parler dignement le langage des dieux ;
Cet art qui, par les tons des phrases cadencées,
Donne de l'harmonie et du nombre aux pensées ;
Cet art de déclamer dont le charme vainqueur
Assujettit l'oreille et subjugue le cœur.
« D'où vient, me diras-tu, cette brusque apostrophe ?
Lisant pour m'éclairer, je lis en philosophe,
Plus un écrit est beau, moins il a besoin d'art,
Et le teint de Vénus peut se passer de fard.
L'harmonieux débit que ta muse me vante
Ne séduisit jamais une oreille savante.
De cette illusion qu'un autre soit épris ;
Mais la vérité nue a pour moi plus de prix. »
Eh quoi ! d'une lecture insipide et glacée
Tu prétends attrister mon oreille lassée !
Quoi ! traître, à tes côtés tu prétends m'enchaîner !
A loisir, en détail, tu veux m'assassiner ;
Dans de longs bâillements et des vapeurs mortelles
Ensevelir l'honneur des œuvres les plus belles ;
Et toujours méthodique, et toujours concerté,
Des élans d'un auteur abaisser la fierté,
Tomber quand il s'élève, et ramper quand il vole ?
Ah ! garde pour toi seul ton scrupule frivole :
Sois captif dans le cercle obscur et limité
Qui fut tracé des mains de l'uniformité ;
Aux lois de ton compas asservis Melpomène,
Et la douleur de Phèdre et l'amour de Chimène,
Ravale à ton niveau l'essor audacieux

De l'oiseau du tonnerre égaré dans les cieux ;
Meurs d'ennui, j'y consens : sois barbare à ton aise ;
Mais ne m'accable pas sous un joug qui me pèse ;
N'exige pas du moins, insensible lecteur,
Que jamais je me plie à ton goût destructeur.
Va, d'un débit heureux l'innocente imposture,
Sans la défigurer embellit la nature ;
Et les traits que la muse éternise en ses chants,
Récités avec art, en seront plus touchants :
Ils laisseront dans l'âme une trace durable
Du génie éloquent empreinte inaltérable,
Et rien ne plaira plus à tous les goûts divers
Qu'un organe flatteur déclamant de beaux vers.

FRANÇOIS DE NEUFCHATEAU.

L'Araignée et le Ver à soie.

L'Araignée en ces mots raillait le Ver à soie :
— Bon Dieu, que de lenteur dans tout ce que tu fais !
Vois combien peu de temps j'emploie
A tapisser un mur d'innombrables filets.
— Soit, répondit le Ver, mais ta toile est fragile ;
Et puis, à quoi sert-elle ? à rien.
Pour moi, mon travail est utile ;
Si je fais peu, je le fais bien.

LE BAILLY.

La Diligence.

Clic ! clac ! clic ! holà ! gare ! gare !
La foule se rangeait,
Et chacun s'écriait :
Peste ! quel tintamarre !
Quelle poussière ! ah ! c'est un grand seigneur !
C'est un prince du sang ! — c'est un ambassadeur !
La voiture s'arrête ; on accourt, on s'avance :
C'était... la Diligence,
Et... personne dedans.

Du bruit, du vide, amis, voilà, je pense,
Le portrait de beaucoup de gens.

GAUDY.

Le Pinson et la Pie.

— Apprends-moi donc une chanson
Demandait la bavarde Pie
A l'agréable et gai Pinson,
Qui chantait au printemps sur l'épine fleurie.
— Allez, vous vous moquez, ma mie ;
A gens de votre espèce, ah ! je gagerais bien
Que jamais on n'apprendra rien.
— Eh quoi ! la raison, je te prie?
— Mais c'est que, pour s'instruire et savoir bien chanter,
Il faudrait savoir écouter,
Et babillard n'écouta de sa vie.

Madame DE LA FÉRANDIÈRE.

La Guenon, le Singe et la Noix.

Une jeune Guenon cueillit
Une Noix dans sa coque verte.
Elle y porte la dent, fait la grimace... — Ah ! certe !
Dit-elle, ma mère mentit
Quand elle m'assura que les noix étaient bonnes.
Puis, croyez aux discours de ces vieilles personnes
Qui trompent la jeunesse ! Au diable soit le fruit !
Elle jette la Noix. Un singe la ramasse ;
Vite entre deux cailloux la casse,
L'épluche, la mange, et lui dit :
— Votre mère eut raison, ma mie,
Les noix ont fort bon goût, mais il faut les ouvrir.
Souvenez-vous que dans la vie
Sans un peu de travail, on n'a point de plaisir.

FLORIAN.

Prière.

Notre Père des cieux, père de tout le monde,
De vos petits enfants c'est vous qui prenez soin ;

Mais à tant de bontés vous voulez qu'on réponde,
Et qu'on demande aussi, dans une foi profonde,
Les choses dont on a besoin.

Vous m'avez tout donné : la vie et la lumière,
Le blé qui fait le pain, les fleurs qu'on aime à voir,
Et mon père et ma mère, et ma famille entière ;
Moi, je n'ai rien pour vous, mon Dieu, que la prière
Que je vous dis matin et soir.

Notre Père des cieux, bénissez ma jeunesse :
Pour mes parents, pour moi, je vous prie à genoux ;
Afin qu'ils soient heureux, donnez-moi la sagesse ;
Et puissent leurs enfants les contenter sans cesse,
Pour être aimés d'eux et de vous !

Madame TASTU.

Portrait de l'Ane.

Instruit par un lourdaud, conduit par le bâton,
Sa parure est un bât, son régal un chardon ;
Pour lui Mars n'ouvre pas sa glorieuse école :
Il n'est point conquérant, mais il est agricole ;
Enfant, il a sa grâce et ses folâtres jeux ;
Jeune, il est patient, robuste et courageux,
Et paie, en les servant avec persévérance,
Chez ses patrons ingrats sa triste vétérance.
Son service zélé n'est jamais suspendu ;
Porteur laborieux, pourvoyeur assidu,
Entre ses deux paniers de pesanteur égale,
Chez le riche bourgeois, chez la veuve frugale,
Il vient, les reins courbés et les flancs amaigris,
Souvent à jeun lui-même, alimenter Paris.
Quelquefois, consolé par une chance heureuse,
Il sert de Bucéphale à la beauté peureuse ;
Et sa compagne enfin va dans chaque cité
Porter aux teints flétris les fleurs de la santé.
Il marche sans broncher au bord du précipice,
Reconnaît son chemin, son maître et son hospice.
De tous nos serviteurs c'est le moins exigeant ;

Il naît, vieillit et meurt sous le chaume indigent!
Aux injustes rigueurs dont sa fierté s'indigne
Son malheur patient noblement se résigne.
Enfin, quoique son aigre et déchirante voix
De sa rauque allégresse importune les bois,
Qu'il offense à la fois et les yeux et l'oreille,
Que le châtiment seul en marchant le réveille,
Qu'il soit hargneux, revêche et désobéissant,
A force de malheur l'âne est intéressant;
Aussi le préjugé vainement le maltraite,
En dépit de l'orgueil il aura son poëte.

DELILLE.

L'Anniversaire.

Hélas! après dix ans je revois la journée
Où l'âme de mon père aux cieux est retournée,
L'heure sonne ; j'écoute... O regrets! ô douleurs!
Quand cette heure eut sonné, je n'avais plus de père:
On retenait mes pas loin du lit funéraire ;
On me disait: « Il dort; » et je versais des pleurs.
Mais du temple voisin, quand la cloche sacrée
Annonça qu'un mortel avait quitté le jour,
Chaque son retentit dans mon âme navrée,
Et je crus mourir à mon tour.
Tout ce qui m'entourait me racontait ma perte ;
Quand la nuit dans les airs jeta son crêpe noir,
Mon père à ses côtés ne me fit plus asseoir,
Et j'attendis en vain à sa place déserte,
Une tendre caresse et le baiser du soir.
Je voyais l'ombre auguste et chère
M'apparaître toutes les nuits ;
Inconsolable en mes ennuis
Je pleurais tous les jours, même auprès de ma mère;
Ce long regret, dix ans ne l'ont point adouci ;
Je ne puis voir un fils dans les bras de son père,
Sans dire en soupirant: « J'avais un père aussi ! »
Son image est toujours présente à ma tendresse,
Ah! quand la pâle automne aura jauni les bois,

Ô mon père, je veux promener ma tristesse
Aux lieux où je te vis pour la dernière fois.
Sur ces bords que la Somme arrose
J'irai chercher l'asile où ta cendre repose;
J'irai d'une modeste fleur
Orner ta tombe respectée,
Et, sur la pierre encor de larmes humectée,
Redire ce chant de douleur.

MILLEVOYE.

La Feuille.

De ta tige détachée,
Pauvre feuille desséchée,
Où vas-tu? — Je n'en sais rien.
L'orage a brisé le chêne
Qui seul était mon soutien.
De son inconstante haleine,
Le zéphir ou l'aquilon
Depuis ce jour me promène
De la forêt à la plaine,
De la montagne au valon;
Je vais où le vent me mène,
Sans me plaindre ou m'effrayer;
Je vais où va toute chose,
Où va la feuille de rose
Et la feuille de laurier.

ARNAULT.

Le Petit Savoyard.

J'ai faim; vous qui passez, daignez me secourir.
Voyez : la neige tombe et la terre est glacée;
J'ai froid : le vent se lève et l'heure est avancée,
Et je n'ai rien pour me couvrir.

Tandis qu'en vos palais tout flatte votre envie,
A genoux sur le seuil, j'y pleure bien souvent;
Donnez : peu me suffit; je ne suis qu'un enfant;
Un petit sou me rend la vie.

On m'a dit qu'à Paris je trouverais du pain ;
Plusieurs ont raconté, dans nos forêts lointaines,
Qu'ici le riche aidait le pauvre dans ses peines ;
Eh bien ! moi je suis pauvre, et je vous tends la main.

Faites-moi gagner mon salaire :
Où me faut-il courir ? Dites, j'y volerai.
Ma voix tremble de froid ; eh bien ! je chanterai,
Si mes chansons peuvent vous plaire.

Il ne m'écoute pas, il fuit ;
Il court dans une fête (et j'en entends le bruit)
Finir son heureuse journée.
Et moi, je vais chercher, pour y passer la nuit,
Cette guérite abandonnée.

Au foyer paternel quand pourrai-je m'asseoir !
Rendez-moi ma pauvre chaumière,
Le laitage durci qu'on partageait le soir.
Et quand la nuit tombait l'heure de la prière
Qui ne s'achevait pas sans laisser quelque espoir.

Ma mère, tu m'as dit, quand, loin de ta demeure
Je partis : Sois heureux, et reviens près de moi. —
Hélas ! et, tout petit, faudra-t-il que je meure
Sans avoir rien gagné pour toi !

Non, l'on ne meurt point à mon âge ;
Quelque chose me dit de reprendre courage...
Eh ! que sert d'espérer ! Que puis-je attendre enfin !
J'avais une marmotte, elle est morte de faim.

Et, faible, sur la terre il reposait sa tête :
Et la neige, en tombant, le couvrait à demi,
Lorsqu'une douce voix, à travers la tempête,
Vint réveiller l'enfant par le froid endormi.

Qu'il vienne à nous celui qui pleure,
Disait la voix, mêlée au murmure des vents ;
L'heure du péril est notre heure :
Les orphelins sont nos enfants,

Et deux femmes en deuil recueillaient sa misère.
Lui, docile et confus, se levait à leur voix.
Il s'étonnait d'abord, mais il vit dans leurs doigts
Briller la croix d'argent au bout du long rosaire ;
Et l'enfant les suivit, en se signant deux fois.

A. GUIRAUD.

Les Souvenirs du Collège.

Pourquoi devant mes yeux revenez-vous sans cesse,
O jours de mon enfance et de mon allégresse ?
Qui donc toujours vous r'ouvre en nos cœurs presqu'éteints,
O lumineuse fleur des souvenirs lointains ?
En classe, un banc de chêne, usé, lustré, splendide,
Une table, un pupitre, un lourd encrier noir,
Une lampe, humble sœur de l'étoile du soir,
M'accueillaient gravement et doucement ; mon maître,
Comme je vous l'ai dit souvent, était un prêtre,
Oh ! que j'étais heureux ! oh ! que j'étais candide !
A l'accent calme et bon, au regard réchauffant,
Naïf comme un savant, malin comme un enfant,
Qui m'embrassait, disant, car un éloge excite :
« Quoiqu'il n'ait que neuf ans, il explique Tacite. »
Puis près d'Eugène, esprit qu'hélas ! Dieu submergea,
Je travaillais dans l'ombre, — et je songeais déjà,
Tandis que j'écrivais — sans peur, mais sans système,
Versant le barbarisme à grands flots sur le thème,
Inventant aux auteurs des sens inattendus,
Le dos courbé, le front touchant presqu'au Gradus,
Je croyais, car toujours l'esprit de l'enfant veille,
Ouïr, confusément, tout près de mon oreille,
Les mots grecs et latins, bavards et familiers,
Barbouillés d'encre, et gais comme des écoliers,
Chuchotter, comme font les oiseaux dans une aire,
Entre les noirs feuillets du lourd dictionnaire.
Bruit plus doux que le bruit d'un essaim qui s'enfuit.
Souffles plus étouffés qu'un soupir de la nuit,
Qui faisaient, par instants, sous les fermoirs de cuivre,

Frissonner vaguement les pages du vieux livre !
Le devoir fait, légers comme de jeunes daims,
Nous fuyions à travers les immenses jardins,
Eclatant à la fois en cent propos contraires,
Moi, d'un pas inégal je suivais mes grands frères ;
Et les astres sereins s'allumaient dans les cieux ;
Et les mouches volaient dans l'air silencieux;
Et le doux rossignol, chantant dans l'ombre obscure,
Enseignait la musique à toute la nature ;
Tandis qu'enfant jaseur, aux gestes étourdis,
Jetant partout mes yeux ingénus et hardis,
D'où jaillissait la joie en vives étincelles,
Je portais sous mon bras, noués par trois ficelles,
Horace et les festins, Virgile et les forêts,
Tout l'Olympe, Thésée, Hercule, et toi, Cérès,
La cruelle Junon, Lerne, et l'hydre enflammée,
Et le vaste lion de la roche Némée.

VICTOR HUGO.

FIN.

TABLE DES MATIÈRES.

SECONDE PARTIE.

ÉTUDE DES GENRES DE LITTÉRATURE

EN VERS ET EN PROSE.

FIN DE LA TABLE DES MATIÈRES.

www.ingramcontent.com/pod-product-compliance
Ingram Content Group UK Ltd.
Pitfield, Milton Keynes, MK11 3LW, UK
UKHW020431200726
13857UKWH00002B/383

9 782012 970